# 公用企业的
## 法律定位研究

马良全◎著

GONGYONG QIYE DE
FALÜ DINGWEI YANJIU

 中国政法大学出版社

2022·北京

**图书在版编目（ＣＩＰ）数据**

公用企业的法律定位研究/马良全著. —北京：中国政法大学出版社，2022.12
ISBN 978-7-5764-0799-0

Ⅰ.①公… Ⅱ.①马… Ⅲ.①公用事业－企业法－研究－中国 Ⅳ.①D922.291.924

中国版本图书馆 CIP 数据核字(2022)第 258150 号

------------------------------------------------------------------------------------

出　版　者　　中国政法大学出版社

地　　　址　　北京市海淀区西土城路 25 号

邮寄地址　　北京 100088 信箱 8034 分箱　邮编 100088

网　　　址　　http://www.cuplpress.com (网络实名：中国政法大学出版社)

电　　　话　　010－58908586(编辑部) 58908334(邮购部)

编辑邮箱　　zhengfadch@126.com

承　　　印　　固安华明印业有限公司

开　　　本　　720mm×960mm　　1/16

印　　　张　　18.25

字　　　数　　320 千字

版　　　次　　2022 年 12 月第 1 版

印　　　次　　2022 年 12 月第 1 次印刷

定　　　价　　76.00 元

PREFACE

　　公用企业作为公用事业的经营者，其主要职责是为全体社会成员提供水、电、气、暖、通信、交通等公用产品，这些公用产品是全体社会成员生存和发展的必备物质条件，关乎政府是否为全体社会成员尽到了法定义务。作为整个社会系统有序运转的重要保障条件，公用企业扮演了不可或缺的角色。对于公用企业与消费者的法律关系，现行法律体系从私法层面对其给予了相应的规制，但这种规制只是基于平等主体的民事法律关系层面，没有真正全面地揭示公用企业在提供公用产品过程中的特殊性。公用企业担负着代替政府为全体社会成员提供公用产品的义务，扮演了政府的角色，行使了社会公共服务职能。随着行政法学理论的深入研究，逐步把不属于传统意义上的行政机关却行使了社会公共职能的授权组织纳入其视野。但是，理论上的研究成果并没有在实践中得到较好的运用，当公用企业因为法律、法规和规章授权对其行业领域行使行政法意义上的管理职能，与消费者之间发生的争议进入行政诉讼程序时，人民法院基本是以驳回起诉的方式结案。在今天建设法治政府的大背景下，其核心理念在于政府必须是"有限的政府、服务的政府"，政府的一切行为必须于法有据，且必须遵守法定程序。那么，公用企业理所应当遵循这一法治理念。因此，只有准确和清晰地界定公用企业的法律地位，才能保证公用企业在法治政府的轨道上正确运行。

　　本书通过案例分析、归纳、比较分析等研究方法，结合经济学领域的博弈理论提出了政府、公用企业与消费者的三维数学模型，借助模型分析理解三者之间不可割裂的紧密联系。通过相关的分析和研究，尝试提出制定统一的行政组织法以打破目前组织法狭窄的制度框架，同时探讨建立针对公用企业的行政公益诉讼制度，而这些也是本书的创新点。

本书采取提出问题、分析问题和解决问题的思路来构建文章的主要内容。具体结构如下：

第一章：公用企业的法律定位在实践中的凸显。首先，在司法实践层面，通过查阅裁判文书网，选取《贺某春因与榆林市红山热力有限责任公司供用热力合同纠纷二审民事判决书》《王某发与南昌铁路局行政确认违法二审行政裁定书》和《贾某宝、中国移动通信集团山东有限公司青岛分公司二审行政裁定书》三个案例。通过分析即可发现，人民法院在审理公用企业与消费者法律纠纷时，要么是通过民事诉讼的路径，但判决书的说理部分略显牵强，令人难以信服；要么认为原告的诉求于法无据，不符合目前行政诉讼法的规定，判决驳回起诉。其次，现行立法实践中大量存在公用企业被授予行政法上的权力（包括征收滞纳金）的现象。虽然有些观点认为此时的滞纳金实际上相当于民法上的违约金，但这种说法是不成立的。滞纳金的一个重要特征是强制性，是行政强制的一个重要措施，这一点和民法上的违约金有本质区别。基于公用企业的法律定位在司法实践和立法实践中的冲突和矛盾，为本书后面的研究找到了一个基点，即本书要解决的是在法治政府背景下公用企业到底是一个什么法律定位的问题。只有解决了这一问题，才能为法治政府的最终建立完成一块重要拼图。

从司法实践和立法现状来看，矛盾和冲突显而易见，其根源在于制度层面的缺位和模糊，导致了公用企业的法律定位不准确。公用企业在其运行过程中一直在"营利法人"与"非营利法人"之间纠结和徘徊，忽视了其产生的本源。在面对消费者时，在平等主体的形式下，却依据强大的主体优势，随意侵害消费者的合法权益。本章首先介绍了我国的公用企业法律定位的现状。主要表现为公用企业存在着天然"趋利性"，导致片面追求效益最大化而忽视其"公益性"本源、公用企业与消费者之间市场主体的地位不对等性、公用企业与消费者之间的信息不对称性。其次，介绍了我国公用企业法律地位的困境。主要表现为公用企业的行政主体属性的模糊性、监督机制的有限性和信息公开的有限性。

第二章：公用企业法律定位的演变与发展。以中华人民共和国成立、《民法通则》颁布实施、行政主体概念提出这三个重要节点为主线。从中华人民共和国成立到《民法通则》颁布实施这个阶段，我国公用企业以国营企业的身份出现，法律定位是一个空白地带，不能简单归为公法人或是私法人的身份；从《民法通则》颁布实施到行政主体概念的提出这个阶段，无论是从立法角度还是司法实践角度，公用企业都没定义为私法人的角度。此时，我国的行政法学还处于空白，所有的法律争议都被纳入民事关系。从20世纪90年代《行政诉讼法》颁布实施以来，行政法学理论研究取得了长足的进步，行政主体的概念应运而生，越来越多的行政法学者认为原来的行政机关已不能涵盖大量的社会组织扮演社会公共管理职能的角色，公用企业作为法律、法规和规章授权的组织向社会提供生存所需的基本物质条件，其享有行政主体的资格却在实践中没有得到很大的突破。

第三章：公用企业法治化的法理依据。本章从公用事业入手，以公用事业基本属性为基点，以公用事业发展的内在逻辑为支撑，逐步引出公用企业这一核心概念，通过分析公用企业的界定、基本属性以及现行私法体系把公用企业与消费者之间的法律关系界定为大一统的民事法律关系，没有考虑到公用企业产品的特殊性、组织机构的特殊性、行为内容的多样性，让我们初步看到现行私法体系并不足以完全和正确阐释公用企业与消费者的法律关系，为公法的切入找到了逻辑起点和潜在路径。基于前面的分析，结合十八届三中全会提出的推进国家治理体系和治理能力现代化以及法治政府的建设纲要，我们找到了公用企业法治化的逻辑起点。公用企业作为社会公共领域产品的提供者，是政府治理社会的有机组成部分。法治政府的价值观是依托于行政法学的理论支撑，而行政法学的理论基础一直是行政法学界最基础、最重要却又争议最多的问题。影响较大的"管理论""控权论"和"服务论"各有其特点和侧重点，价值取向也不尽相同。

第四章：相关领域的优秀理论为公用企业法治化提供了智力支持。"公共治理理论""公共行政理论"和"博弈理论"等管理学和经济学理论又为我们准确定位公用企业的法律地位打开了一个管道，同时也是清晰和准确定位公用企业法律地位的理论支撑。

第五章：域外公用企业法律定位的建构与审视。通过介绍域外国家对于公用企业的法律定位，我们可以看到大陆法系国家对于公用企业的法律定位还是倾向于公法层面，认为公用企业是不同于行政机关的一类特殊行政主体。公用企业行政主体地位清晰，同时强调了公用企业信息公开制度，毕竟"阳光是最好的防腐剂"。而英美法系国家由于没有公私法的划分，倾向于政府通过特许经营的方式，让民间资本参与公共服务领域，政府赋予企业较大的经营自主权，引入竞争机制，政府则通过立法加强管制。

第六章：完善公用企业法律定位的建议。通过构建政府-公民（消费者）-公用企业三维空间这一理论体系，分别就政府与公民的法律关系、公民与公用企业的法律关系、政府与公用企业的法律关系展开论述。基于这样一个铺垫，从行政法学基本制度层面考虑入手，尝试着提出我国应当尽快制定统一的《行政组织法》和《公用企业法》，用一般法与特别法相结合的手段明确公用企业的哪些行为属于"权力"行为，列举了公用企业可以成为行政主体的情形。同时，加强公用企业的信息公开制度设计，摆脱目前对于公用企业信息公开参照《政府信息公开条例》的尴尬局面。并且，针对公用企业在享有行政主体资格定位的情形下探索建立行政公益诉讼，为法治政府的最终建成添加一块重要的拼图。

# 目 录
CONTENTS

绪 论 ………………………………………………… 001

一、问题缘起 ……………………………………… 001

二、文献综述 ……………………………………… 003

三、研究方法及思路 ……………………………… 010

四、研究意义 ……………………………………… 011

第一章 公用企业法律定位在实践中的矛盾、现状和困境 …… 013

第一节 公用企业在司法实践中的具象 …………… 013

第二节 公用企业在立法实践中的具象 …………… 033

第三节 我国公用企业法律定位现状 ……………… 038

第四节 我国公用企业法律定位的困境 …………… 041

本章小结 …………………………………………… 047

第二章 中华人民共和国成立后我国公用企业法律定位的
演变及问题 ……………………………………… 048

第一节 我国公用企业法律定位由空白向私法人的演变 …… 048

第二节 我国公用企业法律定位界定存在的问题 …… 052

第三节 以公用企业与消费者法律关系为例反思现行私法理念 …… 053

本章小结 …………………………………………… 055

## 第三章 公用企业基本理论问题 ……………………… 057

第一节 公用事业基本理论 ……………………… 057

第二节 公用企业基本理论 ……………………… 063

本章小结 ……………………………………… 065

## 第四章 公用企业法治化的逻辑起点 …………… 066

第一节 法治政府的内涵与公用企业的价值观 ……… 066

第二节 法治政府的理论基础演进 ………………… 068

第三节 相关领域优秀理论为公用企业法律定位提供了可能性 ……… 076

本章小结 ……………………………………… 095

## 第五章 域外公用企业法律定位制度的建构与审视 ……… 097

第一节 大陆法系国家对公用企业的制度建构 ……… 097

第二节 英美法系国家对公用企业的制度建构 ……… 105

本章小结 ……………………………………… 111

## 第六章 完善公用企业法律定位的对策与建议 ……… 112

第一节 构建公用企业、政府与消费者"三位一体"的法律关系
逻辑体系 ……………………………………… 112

第二节 推进相关制度建设，完善公用企业的法律定位 ……… 127

本章小结 ……………………………………… 147

## 结束语 ……………………………………… 148

## 参考文献 ……………………………………… 150

## 附：

《邮电部关于加强经营管理，改善电信服务的若干规定》 ……… 162

《石家庄市电信管理办法》 ……………………… 172

《深圳经济特区城市供水用水条例》 …………… 180

《建设部、国家工商行政管理局关于印发〈城市供用水合同〉、〈城市供用气合同〉、〈城市供用热力合同〉示范文本的通知》 …………… 192

《北京市城市公共供水管理办法》 ……………………………… 205

《贵州省燃气管理条例》 ………………………………………… 209

《新疆维吾尔自治区城市供热供水供气管理办法》 …………… 218

《伊犁哈萨克自治州城镇供热条例》 …………………………… 229

《西安市集中供热条例》 ………………………………………… 239

《国家发展改革委、建设部关于印发〈城市供热价格管理暂行办法〉的通知》 ……………………………………………………… 252

《唐山市供热管理办法》 ………………………………………… 257

《吉林市有线电视管理条例》 …………………………………… 265

《国家广电总局关于印发〈广播电视有线数字付费频道业务管理暂行办法〉（试行）的通知》 ………………………………… 273

《广州市人民政府印发〈广州市有线广播电视设施保护规定〉的通知》 …… 280

# 绪　论

## 一、问题缘起

党的十八届三中全会提出"全面深化改革的总目标是完善和发展中国特色社会主义制度，推进国家治理体系和治理能力现代化"。将推进国家治理体系和治理能力现代化作为全面深化改革的总目标，对于中国的政治发展乃至整个社会主义现代化事业而言具有重大而深远的理论意义和现实意义。既然是"治理"，其核心便还是在于如何规范公权力的运用。一方面，政府应当逐步压缩手中掌握的权力，还权于民，让更多的社会组织参与国家治理。另一方面，包括政府在内的各个治理主体应当尊重市场经济规律，不应过度介入市场，社会组织应依法规范自己的行为。与之相应，公权力的范围也应该有所变化，"公权力等于行政机关的权力"的观点已不合时宜，越来越多的社会组织开始"染指"公权力，这已是一个不争的事实。基于这种现象，规范这些社会组织的法律地位是必要的。

2015 年中共中央、国务院印发的《法治政府建设实施纲要（2015-2020年）》指出："经过坚持不懈的努力，到 2020 年基本建成职能科学、权责法定、执法严明、公开公正、廉洁高效、守法诚信的法治政府。"依法全面履行政府职能；完善依法行政制度体系；推进行政决策科学化、民主化、法治化；坚持严格、规范、公正、文明执法；强化对行政权力的制约和监督；依法有效化解社会矛盾纠纷；全面提高政府工作人员的法治思维和依法行政能力。从这个纲要中我们可以看出国家在宏观层面对构建法治政府作出的清晰勾勒和设计。在市场经济条件下，未来的法治政府将是一个有限的政府、服务的政府。在微观层面上，涉及国计民生的供水、供电、供气、供热、邮政、有线电视和公共交通等领域的公用企业也应该在法治轨道上平稳运行，形成一个有机的法治体系，做出其应有的贡献。毫不夸张地说，公用企业是法治政府建设中必不可少的一环。

作为法治政府的重要理论支撑，行政法学首先要解决的课题是哪些组织应该受到行政法的规制。只有把主体问题弄清楚了，才能判定主体的行为性质问题，这也是区分民事行为和行政行为的重要标准。早期的行政法学认为，它只是规制国家行政的法，主体只能是行政机关。随着行政法学对主体问题研究的不断深入，政府权力结构的调整与权力的多中心化势必会带来行政主体的多元化。政府的有限性催生了一些社会组织，不是行政机关，但却行使了社会公共管理职能，国家行政的"势力范围"逐步被压缩，部分国家行政权开始向社会释放，社会公行政异军突起，影响和发挥作用的领域越来越广泛，呈现出了权力结构调整和权力多中心化的发展态势。人们发现在行政法学上使用"行政机关"一词已不合时宜，它不可能完全把实践中享有管理资格的组织完整收纳。为了克服以上缺陷并给行政机关以外的"管理者"以行政法上的关怀，学者们借鉴了国外的"行政主体"概念，它的范围应不仅限于行政机关，还应该包括法律、法规和规章授权的组织。这无疑突破了传统行政法对行政主体的认知范围，过去认为行政主体仅局限于国家行政机关的观点在现实面前已经无法解释和自圆其说了。

为回应社会公共服务发展的情势变化，行政主体这一概念应重新予以界定。尽管我们仍可以将行政主体的概念表述为享有行政权能，以自己的名义实施行政管理活动，并能独立承担自己行为所产生的法律责任的组织，但这里的"行政权"应当不仅限于狭义上的国家行政机关的权力，除了国家行政机关的权力外，还应包括社会公行政权力。这里的"行政管理活动"不仅指狭义上的国家行政管理活动，还包括社会公行政的管理活动。这样一来，行政主体的范围就应该既包括传统的国家行政机关这样的行政主体类型，也包括法律、法规和规章授权组织这样的行政主体类型。正如有学者所言："伴随着社会多元化和国家民主化进程的推进，权力不断从国家返还给社会，国家垄断公共服务的局面已经打破。国家权力已不是治理社会的唯一权力，与之并行或作为其补充互动力量的，还有非政府组织的社会权力。权力不只是集中于政府，而是部分地分配于相关的社会组织。"[1]公用企业作为公用事业的

---

[1] 郭道晖："权力的多元化与社会化"，载《法学研究》2001年第1期，第1~15页。

经营者，主要向全体社会成员提供基本的日常生活用品，这些物质条件是全体社会成员基本生存和发展的重要保障。在"全能型"政府背景下，这些公用产品都是由政府来提供的，但是政府逐渐意识到，完全可以把这些服务内容转交给一些社会组织。这样做的效果可能更好，政府可以抽出身来做其更擅长、更应该管的事。于是，政府通过一些法律规范授权给不同的公用企业部门，以保证扮演好这一角色。实践中，这样的做法很普遍。例如，《唐山市供热管理办法》第 40 条第 1 款规定："当年 12 月 31 日之前未交清热费的，供热单位可自次年 1 月 1 日起按拖欠热费总额每日加收 2‰滞纳金。"〔1〕《伊犁哈萨克自治州城镇供热条例》第 38 条规定："用热户应当按照供用热合同约定及时交纳热费。用热户逾期三十日未交纳热费，经催告在合理期限内仍不交的，供热单位可以对其按合同约定收取滞纳金、暂缓供热、限制供热或者停止供热，但不得损害其他用热户的用热权益。"〔2〕不难看出，通过授权，公用企业可以行使公法上的权力，收取滞纳金。公用企业作为一个由法律、法规和规章授权的组织，行使了类似政府的职能，完全有可能成为行政主体的一种类型。但是，在司法实践中，情况却不太乐观。在"贺某春因与榆林市红山热力有限责任公司供用热力合同纠纷案"〔3〕中，原告是通过民事诉讼的方式寻求救济，但是公用企业却征收了滞纳金；在"王某发与南昌铁路局行政确认违法案"〔4〕中，虽然铁路局为了保证铁路运行的安全而实施了拆除原告房屋的行为，但法院认为铁路局是企业，不属于《行政诉讼法》〔5〕所规定的被告的种类，进而驳回了原告的起诉。很显然，对于公用企业的法律定位，立法和司法实践存在很大的矛盾和冲突。如果不能对公用企业的法律定位正本清源，（公民）消费者的合法权利就不能得到有效的维护。

## 二、文献综述

以"公用企业"为关键词在知网上搜索，经济法相关文献有 715 篇；民

---

〔1〕　参见《唐山市供热管理办法》，自 2013 年 11 月 1 日实施。

〔2〕　参见《伊犁哈萨克自治州城镇供热条例》，自 2016 年 9 月 1 日实施。

〔3〕　参见《贺某春因与榆林市红山热力有限责任公司供用热力合同纠纷二审民事判决书》（〔2018〕陕 08 民终 1326 号）。

〔4〕　参见《王某发与南昌铁路局行政确认违法二审行政裁定书》（〔2014〕吉中行终字第 41 号）。

〔5〕　为论述方便，本书中所涉及的我国法律法规名称，全部省略"中华人民共和国"字样，下不赘述。

法相关文献有 55 篇；行政法相关文献有 71 篇。学界从不同角度对公用企业问题进行了深入研究。既有从法学理论角度探讨公用企业社会责任问题的、从合同法角度探讨对合同主体权益的保护问题的，也有从经济法角度探讨对公用企业进行有效规制问题的，还有结合行政主体理论来探讨公用企业的行政主体资格问题的。笔者尝试归纳了国内外对公用企业的研究现状，以便后续对公用企业的相关问题进行研究。

（一）国内研究现状

（1）经济法层面，孙晋教授在《论反垄断法承诺制度运行中三方利益的冲突——从中国电信、中国联通垄断案谈起》一文中认为，反垄断法的一项重要价值追求就是保护消费者的利益。在美国学术界，"近年来，尤其是芝加哥学派为主导的批评派甚至认为，增进消费者福利是反托拉斯法独一无二的目的"。美国前总统奥巴马也公开主张，反垄断执法"通过促进公正而且自由的竞争这一手段而实现一般消费者利益的保护和国民经济民主健全发展的目标"。这种观点在世界范围内逐渐成为主流。因此，消费者也应当被包含在以公共利益为代表的相关第三方之内。[1]郑少华老师在《论中国公用企业垄断行为的法律调控机制》一文中认为，公用企业的垄断行为带来的直接后果之一是消费者权益易遭受侵犯。他认为，在我国公用企业面前，国际社会公认的五项消费者权利——安全权、知情权、选择权、建议权与索赔权——均难以实现：①公用企业长期缺乏监督，也长期缺乏真正意义上的成本核算。因此在煤气、供水、铁路运输、民航等公用企业提供产品和服务时，消费者人身伤亡和财产受损的现象屡有发生。②行业行政主管部门制定规章，公用企业按规章运行，但这些规章缺乏透明度。因此，行业行政主管部门与公用企业垄断了"信息权"，消费者的知情权自然无从实现。③由于公用企业的自然垄断性，加之我国公用企业（铁路运输和民航除外）基本上是按行政区域来设置的。因此广大消费者在面对公用企业提供的产品和服务时并不具有选择权。④从理论上来说，公用企业基本上均为国有国营，凡中华人民共和国公民都有监督、检举、建议的权利。但在实践中，消费者的建议权仅仅是写在"纸上的法律"，并没有具体措施保证这一"纸上的权利"转化为"现实中的

---

〔1〕 孙晋："论反垄断法承诺制度运行中三方利益的冲突——从中国电信、中国联通垄断案谈起"，载《法商研究》2015 年第 6 期。

法律"。⑤我国的程序法中缺乏团体诉讼、公益诉讼、集团诉讼、小额简易诉讼等保障消费者索赔利益的法律机制。因此，消费者索赔的成本甚高，足以阻碍消费者索赔权利的实现。[1]

从以上文章中我们可以看到，两位学者的侧重点均在于消费者权益保护，基于公用企业的垄断地位，行业行政主管机关的处罚不足以保护消费者的合法权益。相比于违法成本而言，公用企业的垄断地位带来的利润会更大，所以从政府层面起动的规制手段对公用企业起不到治本的效果。

（2）民法层面，姚新华教授在《契约自由论》一文中谈到，公用企业与消费者的合同是一种强制缔约合同。他认为，在通常情况下，缔约自由和选择相对人自由并不会给当事人带来不利的结果。但在特殊场合，如任由当事人行使这些权利，就会遭遇与契约自由的价值背道而驰的情况。例如，供电、供水、供气、邮电、铁路等企业以选择相对人自由为由拒绝为某些人服务，那么后者就不可能再有另外的选择。因此，基于民生的考虑，要以法律的直接规定或政府行为来取代当事人的意思，使其负有强制缔约义务。即对于相对人的要约，负有强制缔约义务人非有正当理由不得拒绝承诺。我国现有法律尚未作出有强制缔约的规定，《铁路法》《邮政法》等行业垄断法中都没有强制缔约义务的规定。对于实践中时有发生的该类情况（例如出租汽车拒载等）也只能以"不正之风"定性，除舆论的呼吁外，消费者要么挨"斩"，要么以不消费抵抗，法律的救济实是微弱。[2]姚教授基于公用产品的特殊性和民生的考虑，认为公用企业不具有选择合同相对方的权利。

中南大学法学院的陈云良教授在《反垄断民事公益诉讼：消费者遭受垄断损害的救济之路》一文中指出，消费者权益保护法的部门法属性一直游离于民法与经济法之间。事实上，现代消费者权益保护法的内容是由私法和经济法两种不同的制度范式构成的。然而，从程序法角度看，消费者权益的救济机制仍然被归入普通民事诉讼，经济法属性未曾展现；从实体法角度来看，对消费者和经营者之间权利义务的倾斜性配置并未改变其法律关系的私法性质，经济法属性并不突出。消费者权益保护法并非专指某一部具体法律，而

---

〔1〕　郑少华："论中国公用企业垄断行为的法律调控机制"，载《华东政法大学学报》2002年第2期，第8~13页。

〔2〕　姚新华："契约自由论"，载《比较法研究》1997年第1期，第21~34页。

是由一系列旨在保护消费者权益的法律法规所构成的制度系统。这一制度系统所确认的消费者权益，有些可以通过普通民事诉讼得到救济，有些却无法从中得到救济。尤其是在市场经济发展中日益泛滥的垄断行为，已经成为侵害消费者权益的常见行为，但消费者却无法通过既有的诉讼机制得到充分的救济。如果经济法领域无法提供一套有效的诉讼机制对消费者予以救济，那么整个消费者权益保护法的制度系统无疑只能"单腿"行进。值得庆幸的是，新修订的《民事诉讼法》第58条规定："对污染环境、侵害众多消费者合法权益等损害社会公共利益的行为，法律规定的机关和有关组织可以向人民法院提起诉讼。"这一规定确立了消费者权益保护的民事公益诉讼机制。[1]很明显，陈云良教授认为，公用企业与消费者之间是一种平等民事主体关系。这种观点忽略了公用企业的主体特殊性。公用企业不是一般的法人，与其他性质的企业不一样，它是一种经过授权、从事社会公共管理与服务的组织，这样的组织形式应该被归为公法上的组织，救济路径应该按照公法上的制度来设计。

（3）行政法层面，目前学界将公用事业的外延分为狭义、广义和最广义三种。狭义的公用事业即区域性网络型公用事业，包括燃气、供热、供水和污水处理、公共交通、垃圾回收及处理、有线电视等产业，区域性公用事业与我国相关立法规范中所称的市政公用事业基本一致；广义的公用事业包括所有网络型的公用事业产业，除了区域性网络型公用事业之外，还包括全国性网络型公用事业，如电力、电信、邮政、铁路、交通运输等产业；最广义的公用事业除了网络型公用事业以外还包括园林绿化、环境卫生甚至水利等事业。张莉莉认为，公用事业是依社会公益性的需要而依法成立的、依赖网络性基础设施为社会公众提供普遍性的产品与服务的企业法人。[2]邢鸿飞则认为，公用企业是公用事业的经营者，公用事业是指"政府在基于公共利益的规制下，由公用企业通过基础设施向公众提供普遍服务的公共性事业的总称"。[3]

---

〔1〕 陈云良："反垄断民事公益诉讼：消费者遭受垄断损害的救济之路"，载《现代法学》2018年第5期，第131~145页。

〔2〕 张莉莉、王建文："公用企业基本法立法的逻辑证成与基本结构"，载《南京社会科学》2011年第10期，第104~109页。

〔3〕 邢鸿飞、徐金海：《公用事业法原论》，中国方正出版社2009年版，第18页。

　　国内对公用企业法律定位的研究，基于不同维度提出了不同观点，主要集中在对公用企业的公法抑或私法性质的探讨上。一种观点为公法规范说。杨海坤教授在《公用事业民营化管制与公共利益保护》一文中认为，公用企业的法律人格属性是行政主体，而非商事主体，应该赋予公用企业行政主体的法律地位，以此扩大民营化背景下公法义务和责任的承受主体范围。因为政府维持公用事业的正常运作并确保其向社会公众消费者提供不间断的公共服务是国家秩序行政的一种需要，政府的这种行政法律义务不可以通过特许权让与的形式加以遁避，即我们通常所说的政府不能通过私法渠道躲避公法义务。在新的社会发展情形下，为适应民营化以及政府行政功能扩展的需要，大陆法系的行政主体也已不再局限于公法人的范畴，而是基于行为本身的性质以及涉及权力的性质来判断一个组织体是否具备行政主体资格。普遍认为，行政主体应该具备下列几项主要权力内容：预算、财政和人事权等，同时还需独立承担由于实施公务而产生的法律责任，这些法律责任应该属于公法上的责任。[1]

　　另一种为私法调整说。邢鸿飞教授在《论公用事业的法律调整：法域归属与理念定位》一文中认为，公用事业法律调整的本位主体应当为私法自治范畴。因为在现行法律体系中，主体立法更加普遍。任何一个法律关系离开了主体的参与都不具有法律意义。由此认为，判定部门法性质的标准并非公法规范或者是私法规范的存在，而是立法所规范的主体利益。如果立法的目标是规范公权主体之公权力的内容及其运行，那么它是公法；如果立法的目的是确立和保护私主体的独立资格和独立行为，那么它是私法。而公用事业法律调整中的主体有两种形式：一种是提供公共产品的公用事业企业（公用企业），另一种是确保公用事业秩序和效率的政府规制机构。显然，公用企业通过向公众提供公共产品和服务实现企业的主体收益，它们不享有行政权力或因授权行使对公共生活的调控权，属于私权主体的范畴；在对公用事业的监管中，政府规制机构是为监督公用事业活动而建立的，有权制定规章并加以执行。[2]

---

　　〔1〕　杨海坤、郭朋："公用事业民营化管制与公共利益保护"，载《当代法学》2006 年第 5 期，第 20 页。

　　〔2〕　邢鸿飞、徐金海："论公用事业的法律调整：法域归属与理念定位"，载《法学杂志》2009 年第 8 期，第 30 页。

(4) 从研究层次来看，涉及公用企业的博士学位论文有 6 篇，硕士学位论文有 145 篇。从博士学位论文来看，中南大学的郑艳馨撰写的《我国公用企业垄断力滥用之法律规制》主要从《反垄断法》角度来分析公用企业的垄断行为；上海社会科学院的李旭晨撰写的《公用企业的治理与运营》主要从企业管理的角度来探讨公用企业的治理模式选择问题；吉林大学的宋平平撰写的《中国城市公用企业经营绩效评价研究》主要从绩效的指标体系来分析公用企业的运营机制问题；浙江工商大学的孙文博撰写的《中国公用企业治理结构研究》主要从公司治理的角度来关注公用企业的效率改进问题；吉林大学的沈颂东撰写的《中国公用企业规制改革的经济学分析》主要从经济学的角度来探讨公用企业的规制问题；四川大学的唐晓东撰写的《投资视角下城市公用企业研究》主要从投资的角度来对公用企业进行研究。从硕士学位论文来看，主要从公用企业民营化政府如何规制的角度以及从《反垄断法》的角度来进行研究。主要代表论文有华东政法大学的杨丽娟撰写的《公用事业民营化及其政府规制》和华东政法大学的张家礼撰写的《我国公用事业管制革新与反垄断法律规制研究》。从这些博士和硕士学位论文来看，研究的角度要么是企业管理，要么是反垄断，均没有从公用企业被授予行政法意义上的行政权力的角度进行研究。本书正是从公用企业被"授权"的角度来探讨公用企业在某些情形下具有行政主体资格的可能性。

（二）国外研究现状

斯图尔特（R. B. Stewart）教授认为，就美国而言，传统上行政法的核心理念是确保法律规则的实现，同时通过正当、中立的行政程序在立法机构颁布的成文法授权范围内活动，从而保护公民的自由和权利。在美国公用事业改革方面，各级政府在公共服务输出方面采取了市场化取向的改革措施，即在政府公共服务输出领域引进市场机制，将政府权威与市场交换的功能优势有机组合，提高政府公共服务功能输出的能力。在美国，行政法规定了行政管制机构在政府体制中的地位，特别规定了管制机构的决策程序以及管制行为必须接受独立司法审查的范围和可行性。[1]奥利弗·弗莱德（Oliver P. Flied）教授认为，公用事业的基本宗旨是为社会公众提供公用产品，为确

---

〔1〕 R. B. Stewart, "The Reformation of American Administrative Law", *Harvard Law Review*, 1975, 88（8），pp. 1667~1813.

保公用事业服务的稳定性和持续性，作为规制者，政府要求公用企业不得在市场上有太多的自由选择权。在 1872 年的美国联邦案例中，法官的附带意见指出："当成为国家交通的一部分之后，铁路则不能随意退出。而且，通过国家权威迫使铁路继续运营并履行对公众的全部责任，是毫无疑问的。"萨瓦斯认为："问题的实质不在于公营还是私营，而在于垄断还是竞争。在提供低成本、高质量的物品和服务方面，竞争往往优于垄断，而大多数政府活动又毫无必要地以垄断方式组织和运营。"〔1〕

与大多数国家一样，法国的行政主体不仅包括国家、地方团体还包括另外一种行政主体："某一行政职能的执行，要求具有一定的独立性，法律把它从国家或地方团体的一般职能中分离出来，成立一个专门的行政主体实施这种公务，并负担由此产生的权利、义务和责任。这个专门的行政主体因此具有独立的法律人格，是一个以实施公务为目的而成立的公法人，法国法律称这类具有独立人格的公务机关为公共设施或公共机构。"如果社会矛盾激发各种职能互相充斥，必定会造就新的法律技术。公务法人就是国家公务分权的产物，也是社会公共服务的需要，需要一个具有独立性的公共设施。此时，国家法律就会产生新的动力，从一般的行政主体和地方团体中抽离来，建立一种新的具有独立性的实体，赋予其相应的权利、义务、责任。此为公务法人，即是被赋予了人格的管理机构。〔2〕德国学者沃尔夫认为："行政法和私法不再是两个相互截然分离的局部法律制度，而是灵活的、着眼于问题的、相互补充的法律调整方法，行政机关可以整合利用以发挥两者的全部潜能。"〔3〕

我们可以看到，大陆法系国家对公用企业的法律定位还是倾向于公法层面，认为公用企业是不同于行政机关的一类特殊行政主体。公用企业行政主体地位清晰，同时强调了公用企业信息公开制度。毕竟，"阳光是最好的防腐剂"。而英美法系国家由于没有公私法的划分，倾向于政府通过特许经营的方式，让民间资本参与公共服务领域，政府赋予企业较大的经营自主权，引入竞争机制，政府则通过立法加强管制。

---

〔1〕［美］E. S. 萨瓦斯：《民营化与公私部门的伙伴关系》，周志忍等译，中国人民大学出版社 2002 年版，第 264~265 页。

〔2〕王名扬：《法国行政法》，北京大学出版社 2007 年版，第 32~33 页。

〔3〕［德］汉斯·J. 沃尔夫、奥托·巴霍夫、罗尔夫·施托贝尔：《行政法》（第 3 卷），高家伟译，商务印书馆 2007 年版，第 198~199 页。

## 三、研究方法及思路

### 1. 研究方法

（1）案例分析法。通过查询裁判文书网，笔者选取了《贺某春因与榆林市红山热力有限责任公司供用热力合同纠纷二审民事判决书》《王某发与南昌铁路局行政确认违法二审行政裁定书》和《贾某宝、中国移动通信集团山东有限公司青岛分公司二审行政裁定书》三个案例，通过分析每一个案件的争议焦点，集中反映我国目前司法实践中公用企业与消费者的争议以及在诉讼路径适用上存在的问题。这些问题的根源在于公用企业主体法律定位不明确，导致对公用企业的授权行为的法律属性存在较大争议。

（2）归纳法。笔者搜集了全国范围内公用企业比较典型的授权行为。这些行为具有一个明显的特征——不是平等主体的民事行为，而是一种行政行为，比如收取滞纳金。笔者希望通过归纳整理，直观地证明在对公用企业的法律定位问题上司法和立法存在着很大的矛盾和冲突，以此为后面的写作和研究打下一个坚实的基础。

（3）比较法。笔者将在第五章分别介绍大陆法系国家和英美法系国家对公用企业的法律地位。通过比较我们可以看到，大陆法系国家对公用企业的法律定位还是倾向于公法层面，认为公用企业是不同于行政机关的一类特殊行政主体。而英美法系国家由于没有公私法的划分，倾向于政府通过特许经营的方式，让民间资本进入公共服务领域，由政府赋予企业较大的经营自主权，引入竞争机制，政府则通过立法加强管制。

（4）数学模型法。为了更直观地了解博弈理论在社会公共服务领域内各方主体的价值碰撞，笔者尝试着搭建一个数学模型。在社会公共服务领域，一般来说涉及三个主体：政府、公用企业和公民（消费者）。以供电企业为例，我们假设电价是因变量，政府、电力企业和消费者是自变量。假设电力企业的利润为 $a$，政府的法治能力为 $b$，消费者的获得感为 $c$，电价为 $p$，则可得出 $P = a / b \times c$。通过建立这样一个数学模型，笔者对各个变量之间的数学关系进行了初步探讨，从中我们可以看到公共服务领域三方主体的博弈与平衡。

### 2. 研究思路

本书开篇明义，提出问题。通过我国裁判文书网公布的三个涉及公用企业的典型案例，我们可以看到，公用企业在与消费者发生争议时，人民法院要么是通过依据《合同法》（已失效，现为《民法典》）等民事诉讼法律法规来处理双方的纠纷；要么是以不符合现行《行政诉讼法》的规定为由驳回起诉。针对公用企业在司法实践中的现状，总结归纳目前全国公用企业的相关法律法规，我们可以清晰地看到，很多公用企业都被赋予了诸如征收滞纳金等行政法意义上的行政主体行为内容。二者的矛盾和冲突是本书的立意所在。司法实践与立法现状的矛盾和冲突为本书的写作打下了基础。公用企业法律的定位现状与困境让我们必须回到公用企业的本源问题，只有充分地认识到公用企业区别于其他企业的属性特征，才能为最终找到完善公用企业法律定位的对策与建议提出切实可行的方案。在十八届三中全会提出推进国家治理体系和治理能力的现代化以及建设法治政府的宏伟目标的推动下，作为政府管理社会事务的子系统，公用企业扮演了重要的执行者角色。由于传统认识的不足和现行法律的缺位，公用企业在市场垄断性支配地位的作用下，表面上与消费者是平等主体，却忽视和掩盖了二者之间复杂的法律地位和关系。大陆法系国家和英美法系国家对公用企业的法律规定可以为我国准确定位公用企业的法律地位提供经验，本书也将基于此提出一些有针对性的解决方案。

## 四、研究意义

目前，我国规制公用企业规制的法律主要有《民法典》和《反垄断法》。前者是基于公用企业与消费者是平等的民事主体关系，而后者则是政府基于公用企业违反了市场规则而履行监管职能。公用企业在日常的经营活动中所依据的大量法律、法规和规章授予了公用企业行政法意义上的行政职权，这些职权在行使过程中与消费者之间发生的争议在司法实践中并没有一个准确的定性。通过本书的研究，我们可以清晰地看到公用企业与消费者法律关系的多样性，既有民事法律关系，也有行政法律关系。对于二者民事法律关系的情形，现有的法律制度已较为成熟。结合行政法学的相关理论，公用企业与消费者还存在着行政法律关系。公用企业作为法律、法规和规章授权的组织，应该是行政主体的一种形式。只有准确定性公用企业与消费者之间的法律关系，才能让公用企业在法治政府的轨道上相向而行，消费者才能通过正确的路径维护自己的合法权益。

在建设法治政府这样的大背景下，核心理念在于政府必须是有限的政府、服务的政府，政府的一切行为都必须于法有据，且必须遵守法定程序。由此，公用企业理所应当遵循这一法治理念。准确和清晰地界定公用企业的法律地位显得尤为迫切，如此才能保证公用企业在法治政府的轨道上正确运行。公用事业作为其中重要的拼图，直接关系到法治政府能否最终建成和实现。

# 第一章

# 公用企业法律定位在实践中的矛盾、现状和困境

## 第一节　公用企业在司法实践中的具象

　　笔者查阅了裁判文书网，在行政诉讼中很少能查到以公用企业为被告的案例，但是在民事诉讼案例中却可以找到一些公用企业与消费者发生纠纷的案例。令人感到遗憾的是，在判决书中，判决书的说理部分还是略显牵强，现有的民事法律规定不足以清楚阐释公用企业与消费者之间的法律关系，办案法官由此陷入了两难境地。法官既不能按一般意义上的民事纠纷来裁决，也"吃不准"现有《行政诉讼法》关于被告范围的规定。由此可见，法官在碰到公用企业与消费者发生纠纷时也是比较为难的。下面，笔者选取了三个案例来分析一下公用企业法律定位在司法实践中的表现。

　　案例一：《贺某春因与榆林市红山热力有限责任公司供用热力合同纠纷二审民事判决书》（［2018］陕08民终1326号）[1]

　　（一）案情介绍

　　上诉人（原审被告）：贺某春，男，1968年9月2日出生，汉族，住陕西省榆林市榆阳区。

　　被上诉人（原审原告）：榆林市红山热力有限责任公司，住所地陕西省榆林市榆阳区，统一社会信用代码91××××5793。

---

　　〔1〕　参见《贺某春因与榆林市红山热力有限责任公司供用热力合同纠纷二审民事判决书》（［2018］陕08民终1326号）。

法定代表人：李某华，系该公司总经理。

委托诉讼代理人：张旭，陕西格道律师事务所律师。

上诉人贺某春因与被上诉人榆林市红山热力有限责任公司供用热力合同纠纷一案，不服陕西省榆林市榆阳区人民法院作出的［2017］陕0802民初8282号民事判决，向本院提起上诉，本院受理后依法组成合议庭公开开庭进行了审理。上诉人贺某春、被上诉人榆林市红山热力有限责任公司的委托代理人张旭到庭参加诉讼。本案现已审理终结。

贺某春上诉请求：①撤销原判，并将本案发回重审；②本案一、二审诉讼费由被上诉人承担。事实及理由是：①一审法院判决上诉人按照所欠供热费每日2‰向被上诉人共承担6851元滞纳金的判决属于认定事实不清，适用法律有误；②原审庭审中被上诉人没有对其向上诉人提供了供热服务的事实进行举证，应承担举证不能的责任；③一审法院审判程序违法，剥夺了上诉人的诉讼权利，应予发回重审；④针对本案中的热力费，上诉人已经缴纳于大管家物业公司，不应再向榆林市红山热力有限责任公司支付取暖费。

榆林市红山热力有限责任公司辩称：一审判决认定事实清楚，适用法律正确，应予维持。

榆林市红山热力有限责任公司向一审法院诉讼请求：①判令被告向原告支付供热费28 544元，并支付逾期滞纳金6851元，共计人民币35 395元；②由被告承担本案诉讼费用。

一审法院认定事实：原告是榆林市政府设立的提供集中供热的公益性社会公用企业。被告所有的榆林市榆阳区金沙路馨富园小区×幢×层×号商铺位于原告的供热范围内，该房屋的建筑面积为713.59m²。2016年至2017年间，原告为被告的该商铺所在的小区提供了热力服务，供热费单价为8元/m²/月，被告未向原告交纳该年度的供热费。原告经催要未果后，现向本院提起诉讼。一审法院审理认为，被告贺某春所有的房屋位于政府划定的集中供热区域用热范围内，原告已给馨富园小区供热，被告作为该小区的商户所有权人，享受了原告提供的供热服务，双方形成了事实供用热力合同关系，该合同为有效合同。现原告要求被告支付所欠供热费用的诉求，合法合理，本院予以支持。原告主张由被告承担逾期违约金的诉讼请求，也符合法律规定，本院应以其诉请为限予以支持。被告的抗辩主张缺乏事实及法律依据，本院对此不予采纳。综上，为了保护合同双方当事人的合法权益，依照《合同法》第60

条第 1 款、第 107 条、第 184 条规定，判决如下：本判决生效后 10 日内，由被告贺某春支付原告榆林市红山热力有限责任公司供热费 28 543.6 元、逾期违约金 6851 元，共计 35 394.6 元。如果未按本判决指定的期间履行给付金钱义务，应当依照《民事诉讼法》第 253 条之规定，加倍支付迟延履行期间的债务利息。案件受理费为 340 元，由被告贺某春负担。

二审中，当事人并未向本院提交新的证据。二审查明的事实与一审查明的事实相同，本院依法予以确认。

本院认为，本案争议的焦点是上诉人是否应向被上诉人缴纳供热费以及滞纳金。

本案中，上诉人贺某春所有的房屋属于市政府划定的集中供热区域，其房屋已被纳入集中供热系统，以面积供热价收取费用，上诉人与被上诉人对双方之间事实上存在供用热力合同关系没有异议，且被上诉人现仍在向上诉人供热。被上诉人已经证明了向上诉人供热的事实，是否履行了缴纳供热费的义务的举证责任应由上诉人承担，上诉人不能提供证据对其已经缴纳了供热费的述称予以佐证，其应承担举证不能的法律后果。至于对所欠供热费收取滞纳金，亦符合相关法律规定。据此，本院对上诉人的上诉请求不予支持。

综上所述，上诉人贺某春的上诉请求不能成立，应予驳回；一审判决认定事实清楚，适用法律正确，应予维持。依照《民事诉讼法》第 170 条第 1 款第 1 项的规定，判决如下：

驳回上诉，维持原判。

二审案件受理费 680 元，由上诉人贺某春负担。

本判决为终审判决。

（二）争议焦点：

1. 主体的认定

榆林市红山热力有限责任公司作为本案的被告，是当地为消费者提供热能的唯一主体。通过查阅《陕西省集中供热管理试行办法》，我们可以看到，该被告系普通法人。那么，作为一个普通的民事主体，在供热过程中和消费者形成的就应该是一个民事行为，最直接的体现应该是双方的地位平等。但实际上，供热作为一项民生工程，是政府执政为民的重要任务。从人民政府的本质来看，供热是政府保障人民在天寒地冻的恶劣天气下渡过难关的基本义务。基于有限政府的限制，政府通过一定行政认可形式允许社会资本扮演本应由政府扮演的角色。不难看出，该被上诉人肩负的是一项社会公共服务职能，而这种职能的法定行使主体是政府，只不过是政府通过法定的形式委托给企业来行使。那么，如果是一个普通的企业，它与消费者在发生纠纷时解决的路径就应该是民事诉讼或者仲裁。在判决中我们能清楚地看到法官在说理部分有这样一句话："供热合同具有不同于其他民事合同的公共服务性、行政强制性、相对垄断性的特点，属政府民生工程的一部分。"这句话包含了丰富的信息内容。

（1）供热企业是指为社会提供热能从事经营性供热的法人。供热企业具备如下四个特征：①供热企业首先是一个企业法人，应该具备市场主体经营资格，必须取得相应主管部门颁发的证照以从事相关的经营活动。②供热企业应该是自产热能或提供热能销售中介服务的企业，供热企业从事热能经营活动必须经过政府相关部门的许可程序，获得相应的资质。③供热企业呈现出明显的地域性，不同的供热企业经营的地域范围是不同的，不同行政区域的各级政府根据本区域的实际情况设立有限制性许可的供热企业。其负责向所辖区域内的社会成员提供热能服务，由政府对供热企业进行必要的监管。④供热企业通过法定程序获得向一定区域内的社会成员提供热能，保障其能抵御严寒天气的资格。为了保障供热企业能够有效运作，地方立法机关通过立法程序授予供热企业一定程度的权限，这种授权的公法属性比较明显。因此，供热企业同时也扮演着保障热能安全经营的授权主体角色。公用企业的法律人格属性是行政主体，而非商事主体，应该赋予公用企业行政主体的法律地位，以此扩大民营化背景下公法义务和责任的承受主体范围。政府维持公用事业的正常运作并确保其向全体社会成员提供稳定、持续和高质量的公共服务是国家秩序行政的一种需要。政府不可以通过特许权转嫁的方式规避这一行政法律义务，即我们通常所说的政府不能通过私法渠道躲避公法义务。在新的社会发展情形下，为适应民营化以及政府行政功能扩展的需要，大陆法系的行政主体也已不再局限于公法人的范畴，而是从行为本身的性质以及涉及权力的性质出发判断一个组织体是否具备行政主体资格。普遍认为，行政主体应该具备几项主要的权力内容，即预算、财政和人事权等。同时，还需独立承担由实施公务引发的法律责任，这些法律责任应该属于公法上

的责任。〔1〕

（2）我们在判断法律关系的属性时，核心命题在于权利义务法律关系。作为供热企业，根据相关的法律、法规或规章的授权，供热企业主要享有供热收费的权利。其含义有二：①供热企业有根据消费者所消费的用热量依据有关的法律法规收取费用的权利，作为供热企业与消费者之间最基本的合同关系，这是供热企业享有的权利，同时也是消费者的法定义务；②为了保证供热企业的有效运转，供热企业有权按照法定的时限、法定的收费方式收取供热费。在用户过期没有缴纳取暖费时，供热企业可以自逾期之日起，按一定的比例收取滞纳金。

2. 滞纳金的认定

在我国，滞纳金最早出现在中华人民共和国成立不久后。此时，经过连年战乱，百废待兴。中国的经济在崩溃边缘苦苦挣扎，由于经济建设需要财政收入提供强有力的保障，为了保证财政收入得以及时、足额入库，政府在全国范围内统一财经政策。当时的中央人民政府于 1950 年 1 月正式颁布了《工商业税暂行条例》。其第 27 条明确规定："不按期缴纳税款者，除限日追缴外，并按日处以应纳税额百分之一的滞纳金；必要时，得由中央人民政府财政部以命令增减之。"同年，中央人民政府还颁布了《公营企业缴纳工商业税暂行办法》。其第 9 条明确规定："纳税单位必须照章缴纳工商税，拖欠税款的，要在其经费中扣除或在银行存款中扣除，并要按日课以所欠税款百分之三的滞纳金，并对其单位负责人，依情节轻重，予以适当处分。"

基于滞纳金制度在税收领域追缴拖欠税金方面发挥的良好示范作用，该制度也开始在其他领域和行业推而广之。大量的公用企业均在其行业法律规范当中明文规定了对在法定期限内不缴纳费用的消费者可以征收滞纳金。

通过考察滞纳金的含义，我们发现了一个重要的问题。滞纳金具有法定性、惩罚性和强制性等特征。从严格意义上说，它应该是行政法上的概念，特指行政主体对不按期限履行金钱给付义务的相对人课以新的金钱给付义务的手段。其目的是促使相对人履行行政主体所设定的义务，是行政强制执行中执行罚的一种具体形式。其特征是：①适用于负有金钱给付义务。②义务

---

〔1〕　杨海坤、郭朋："公用事业民营化管制与公共利益保护"，载《当代法学》2006 年第 5 期，第 20 页。

人超过规定期限不履行义务。③可以反复为之，具体表现为按日加收。如按照税法有关规定，税务机关对不按规定期限交纳税款的单位和个人，就其拖欠税款，依法按日加征一定比例的罚金。其主要适用于税收领域，但不限于此。其他管理领域凡存在金钱给付义务的，当相对人不履行义务时，都有采用滞纳金的可能，如环保领域的排污费等。滞纳金措施既可以避免因义务人不履行义务而使国家利益受损害，同时也能避免因直接施加于相对人而使其权益受损，并能促使其尽快履行义务，因而可作为行政管理的有效手段。很明显，在用热主体逾期不履行缴费义务时，供热企业收取的是滞纳金，而不是违约金。虽然只有两个字的区别，但其背后反映的法律关系性质却是截然不同的。我们在查阅民事法律法条时会发现在合同履行过程中违约方负有支付违约金的义务。而滞纳金只能出现在行政法律关系当中，只要行政相对人负有对行政主体的法定给付义务而逾期不予履行，就会导致被行政主体征收滞纳金。根据行政法学理论，滞纳金属于行政强制执行中的执行罚。执行罚是指"义务人不履行法定义务，而该义务又不能由他人代为履行，有执行权的机关可通过使不履行义务的法定义务人承担新的持续不断的给付义务，促使其履行义务"。滞纳金作为一种执行罚方式，"乃是一种以金钱对义务人施以心理压迫，间接促其履行义务之行政强制措施"。行政强制执行属于损益相对人权利较重之手段，它的使用是有严格限制条件的。一般来说，对于行政强制这种对相对人的人身权和财产权可能会带来损益后果的具体行政行为，立法上的宗旨是尽量不要使用，即使要使用，也应该符合最小侵害原则，以保证行政权力对公民权利实施最大限度的保护。

回到滞纳金本源，我们知道，滞纳金是行政主体对逾期不履行义务的行政相对人课以的金钱给付义务，它追求的是行政目的的实现。滞纳金必须要满足几个条件：①实施主体必须是行政主体，其他组织或个人无权启动这个程序。②行政主体实施的起因是行政相对人负有行政法上的义务，而且这种法定义务是逾期不履行。③它实施的对象是财产或称金钱，而且只能是法定相对人自己的财产，对其他人的财产或金钱行政主体无权实施。并且，不能针对人身，我国对于人身权的损益有严格的法律规定。④实施的标准和方式。标准基本延续中华人民共和国成立初期的3%，即每日加增法定义务本金的3%，可以反复征收。当时并没有规定上限。现在，这方面的立法已经有了一点变化，规定滞纳金征收的上限不能超过法定义务的本金额。

　　鉴于滞纳金体现出来的特点，属性已经非常明确，它是一个行政法上的概念，只适用于行政法律关系。在民事法律关系当中，不存在滞纳金一说，只能是违约金。在实践当中，针对有些合同中约定的滞纳金，有些专业人士建议视为违约金，看起来非常荒谬。要么是偷换概念，要么是不知道二者的界限。公用企业所依据的地方法规和规章里仍清楚地规定可以收取滞纳金，我们有充分的法律依据认定其属于行政行为。

　　3. 供热合同的认定

　　按照现行的法律规定，供热合同是一个民事合同，不难发现，其与一般意义上的民事合同还是有很大区别的。

　　(1) 具有行业垄断性。北方的冬季天气恶劣，暖气是保证公民基本生存的必然要求，同时提供清洁、环保和高质量的热能又是政府应尽的义务。为了补齐工作中的短板，政府通过对供热企业设定一定的门槛条件及法定审批程序，许可有资质的企业从事供热服务工作，除此以外的企业断然不能进入供热领域。符合条件的企业代替政府完成本应由其履行的义务。

　　(2) 具有合同的形式格式性，但与民事合同当中的格式化是有明显区别的。1999 年《合同法》第 40 条明确规定："格式条款具有本法第五十二条和第五十三条规定情形的，或者提供格式条款一方免除其责任、加重对方责任、主要义务、排除对方主要权利的，该条款无效。"但是，在供热合同中是否能适用这样一个规定还是值得商榷的。供热格式合同主要是针对经济活动中反复出现的同样的交易内容，为了增加效率、降低签订成本，供热企业在事先没有与公民商定的前提下，基于其行业垄断优势，事先拟定并在供热的情况下与公民签订该合同。公民在合同订立、履行和变更过程中处于完全被动的地位，没有选择权，要么就只能选择自己取暖。

　　(3) 具有强制缔约性。对于民事合同而言，双方在基于平等地位协商一致和真实意思表示的前提下签订合同，不能体现出强制性，而强制性又是行政行为导致行政法律关系产生的典型性特征。强制缔约是指合同相对方要求个人或者单位与其签署合同，个人或单位负有与其签约的义务，对于相对方的要约在没有正当理由的情况下不得拒绝作出承诺。我国的公用企业基本都采取了这一缔约方式。供热企业作为我国公用企业的一部分，也是遵循这一规则的。对于供热企业而言，他没有选择供热用户的权利，在没有正当理由的情况下必须与受热用户签订合同，只要受热用户缴纳了供热费用，供热企业就应当提供保质保量的热源。对于受热用户而言，如果想在寒冷的冬天获得稳定的、安全的热源，便只能选定政府通过法定程序确定的供热企业，其强制性不言而喻。而且，从供热合同生效开始，受热用户便要接受供热企业的管理，按时交费，遵循法定的安全注意事项，不然就会带来不利的后果。供热企业和受热用户之间的法律地位明显不对等。在出现纠纷和争议时，现有的法律规定通过民事争议解决方式是否真正揭示了其中的争议性质、是否真正解释了受热用户内心存在的困惑还值得商榷。

姜明安教授在其主编的《行政法与行政诉讼法》一书中提出，行政合同的行政性表现在：①合同的主体必须至少有一方是行政机关。这里的"行政机关"是以行使行政职权为目而与行政相对人订立合同的主体，如果行政机关系基于其他目的则订立的便不是行政合同。②合同的内容是具有公益性的行政管理事务。合同内容是私益还是公益是决定其是民事合同还是行政合同的重要标准。③行政机关在合同中享有行政优益权。[1]除上述三项标准外，有学者还增加了其他因素。杨临宏教授在行政合同的主体、目的和行政优益权标准外，还列举了如下判断标准：①从适用的法律来看，行政机关基于行政主体地位订立行政合同时，适用行政法律规范；行政机关基于平行的机关法人地位订立民事合同时，则适用民事法律规范。②从订立原则来看。行政机关订立行政合同，要以执行公务为原则；行政机关订立民事合同则必须遵循诚实信用、等价有偿、协商一致的原则。③从纠纷解决方式来看，行政合同纠纷的解决采用行政诉讼的方式，行政机关基于民事合同发生争议时应寻求民事诉讼途径解决。[2]惠生武教授在其主编的《行政法与行政诉讼法教程》一书中也将救济途径作为行政合同的识别标准。[3]此外，也有学者仅以其中一项为判断标准。如王万华教授认为，区分行政合同与民事合同的最重要标准是签订合同的直接目的，前者以完成行政管理任务为直接目的，后者以实现私人利益为直接目的。[4]

---

〔1〕 姜明安主编：《行政法与行政诉讼法》（第6版），北京大学出版社、高等教育出版社2015年版，第311页。

〔2〕 杨临宏：《行政汉：原理与制度》，云南大学出版社2010年版，第595页。

〔3〕 惠生武主编：《行政法与行政诉讼法教程》，中国政法大学出版社2011年版，第196~197页；罗referanse才、湛中乐：《行政法学》（第3版），北京大学出版社2012年版，第279~280页。

〔4〕 王万华：《中国行政程序法典试拟稿及立法理由》，中国法制出版社2010年版，第414页。

　　从以上对行政合同的判定标准来看，不同学者各有其侧重点。首先，姜明安教授认为合同一方必须是行政机关。如果我们狭义地去理解行政机关这个概念，供热合同肯定不是一个行政合同。很简单，供热企业不是一个传统意义上的行政机关。如果我们从一个职权行政主体的角度来理解行政机关，则供热企业是一个经过法律、法规和规章授权的组织，自然获得了行使某项权力的资格。其次，供热合同明显是一个公益性的合同。供热企业基于公共利益的角度代表国家为公民提供热能是为了让全体社会成员享有基本的生存物质条件。这样的出发点完全符合行政合同公益性的基本特征。至于其他学者提到的订立合同适用的法律、原则和救济路径，笔者认为它并不是根本性问题，应该只是在认定一个合同是行政合同的前提下引导出来的其他重要方面。基于对以上标准的把握，供热合同是行政合同应该没有技术层面的障碍。

　　**案例二：**《王某发与南昌铁路局行政确认违法二审行政裁定书》（［2014］吉中行终字第 41 号）[1]

（一）案情介绍

　　上诉人王某发因其不服被上诉人南昌铁路局作出的铁地监字［2013］第 11 号《责令停止违法违规使用铁路用地行为通知书》（以下简称《通知书》），要求确认违法并请求赔偿其房屋被强制拆除损失提起的行政诉讼一案中永新县人民法院作出的［2014］永行初字第 1 号行政裁定，向本院提起上诉。本院受理后依法组成合议庭，对本案进行了审理。本案现已审理终结。

　　一审法院认为，具体行政行为是指国家行政机关以及法律、法规或规章授权的组织的工作人员在行政管理活动中行使行政职权，针对特定的公民、法人或者其他组织，就特定的具体事项作出的影响公民、法人或其他组织权利义务的一次性单方行为。本案中，南昌铁路局系全民所有制企业，并非国家行政机关，既没有具体的法律法规授权其行使房屋、土地的行政管理职权，也没有行政机关委托其行使具体的行政管理职权。因此，南昌铁路局作出铁地监字［2013］第 11 号《通知书》的行为不属于具体行政行为。南昌铁路局

---

〔1〕 参见《王某发与南昌铁路局行政确认违法二审行政裁定书》（［2014］吉中行终字第41号）。

作为本案的被告主体不适格。依据《行政诉讼法》第 41 条、《最高人民法院关于执行〈中华人民共和国行政诉讼法〉若干问题的解释》第 23 条第 1 款、第 32 条第 2 款之规定，裁定驳回王某发的起诉。

王某发不服上述裁定，上诉请求二审撤销一审判决并责令一审法院对本案继续审理。其理由是：①一审认定事实不清。王某发建筑面积为 170 平方米的房屋为其合法财产，南昌铁路局在没有告知王某发的情况下，便于 2013 年 6 月 19 日向王某发下发了铁地监字〔2013〕第 11 号《通知书》，在未给予王某发任何补偿的情况下，于 2013 年 8 月 14 日强制拆除了王某发的房屋，给王某发造成了严重的经济损失。一审法院对此事实未予认定，而只是审查南昌铁路局的被告主体资格是否适格。②一审适用法律错误，导致认定南昌铁路局作出的铁地监字〔2013〕第 11 号的行为不属于具体行政行为错误。首先，南昌铁路局是公用企业，为授权性行政主体，具备行政主体资格；其次，《铁路用地管理办法》授予了南昌铁路局相应的行政管理职能，包括对铁路用地的检查、土地利用管理、用地监察职能；最后，虽然南昌铁路局作出的铁地监字〔2013〕第 11 号《通知书》的行为超出了《铁路用地管理办法》的授权范围，但依据《行政诉讼法》第 25 条第 4 款及《最高人民法院关于执行〈中华人民共和国行政诉讼法〉若干问题的解释》第 20 条第 3 款的规定，本案的适格被告为南昌铁路局。

南昌铁路局答辩称，南昌铁路局不具有土地行政执法权限，不是本案的适格被告，所作出的《通知书》系铁路用地使用权人对侵占其使用权者所行使的民事救济行为，而非具体行政行为。一审认定事实清楚、适用法律正确，应予以维持。

本院经审理查明：本案中，王某发被拆除的房屋建于 1993 年，建房所用40 平方米土地系 1989 年由永新县文竹乡人民政府（以下简称"文竹镇政府"）审批。1971 年，因修建井冈山铁路（文竹线），南昌铁路局将包括王某发房屋所占土地在内的 48 886 平方米土地作为铁路建设用地予以了征用，并支付了土地征用补偿款。1994 年 5 月 7 日，永新县人民政府向南昌铁路局核发了永国用（籍）字第 0141 号国有土地使用证。2013 年 6 月 19 日，南昌铁路局向王某发发出铁地监字〔2013〕第 11 号《通知书》，载明："王某发：你在分文线 DK153+850 处未经我办批准，擅自搭建违章建筑物违反了 2004 年第十届全国人民代表大会常务委员会第十一次会议《关于修改〈中华人民共和国土地管理法〉的决定》第 13 条;《中华人民共和国铁路法》第 37 条;国家土地管理局和中华人民共和国铁道部(1992)国土(建)字第 144 号《铁路用地管理办法》第 24 条的规定,现责令你停止侵占铁路土地行为,并在 2013 年 6 月 30 日之前自行恢复原状,逾期未恢复我办将采取措施,由此产生的一切责任及损失由你单位(户)承担。"2013 年 8 月,南昌铁路局协助文竹镇政府将王某发的房屋拆除。2014 年 5 月 22 日,王某发提起行政诉讼,请求确认南昌铁路局于 2013 年 6 月 19 日作出的铁地监字〔2013〕第 11 号《通知书》违法,并赔偿其房屋被强制拆除的全部损失。

本院经审查认为,南昌铁路局只是国家铁路运输企业,并非行政事业单位,虽然 2009 年《铁路法》第 3 条第 2 款规定其有权行使法律、行政法规授予的部分行政管理职能,但该法同时也在第 37 条第 2 款明确规定"侵占铁路建设用地的,由县级以上地方人民政府土地管理部门责令停止侵占、赔偿损失"。因此,南昌铁路局对侵占铁路用地的行为不具有行政处罚权。从南昌铁路局 2013 年 6 月 19 日向王某发发出的《通知书》所载"现责令你停止侵占铁路土地行为,并在 2013 年 6 月 30 日之前自行恢复原状,逾期未恢复我办将采取措施,由此产生的一切责任及损失由你单位(户)承担"的内容来看,南昌铁路局制止王某发在所属铁路建设用地上建房,是履行铁路用地使用权人停止侵害、恢复原状的告知义务的行为,并无行政处罚的相关意思表示。原审认定南昌铁路局不具有本案行政主体资格,不是本案适格被告并无不当。王某发关于该《通知书》系具体行政行为,南昌铁路局超越行政职权应承担行政赔偿责任的上诉理由,依法不能成立。南昌铁路局未经永新县政府土地管理部门调处便协助文竹镇政府拆除王某发涉案房屋的行为属民事案件管辖范畴,王某发依法可通过民事诉讼程序予以救济。据此,依照《行政诉讼法》第 61 条第 1 项的规定,裁定如下:

驳回上诉,维持原裁定。

本裁定为终审裁定。

(二)争议焦点:

1. 主体认定

通过对关键词"状告铁路局"进行百度搜索,我们可以看到,无论是女大学生状告铁路局设置吸烟区,还是乘客在列车上跌倒受伤,基本上都是按照合同违约、通过民事诉讼的路径来解决的。此案作为裁判文书网公布的指导案例，有着一定的典型代表意义。2009 年《铁路法》第 3 条第 2 款明确规定："国家铁路运输企业行使法律、行政法规授予的行政管理职能。"《铁路法》历经了数次修改，现行规定透露出了一些重要的信息。首先，铁路企业首先是一个企业法人，承担着为整个社会提供铁路运输服务，为广大乘客的出行提供方便的责任；其次，铁路企业根据全国人大制定的《铁路法》，被授予了一定的行政管理职能，清晰地表明铁路企业是一个法律、法规或规章授权的组织，是一个社会公行政主体。它虽然是一个企业，却行使了社会公行政的管理职能。而且，1994 年国务院办公厅印发的《铁道部职能配置、内设机构和人员编制方案》（国办发〔1994〕16 号）明确指出：铁道部肩负管理者和经营者的双重职能。1998 年机构改革时，国务院办公厅印发的《铁道部职能配置、内设机构和人员编制规定》（国办发〔1998〕85 号）指出："铁道部实行政企分开，根据行业特点和当前实际，通过改革界定政府管理职能、社会管理职能、企业管理职能并逐步分离。"不难看出，长期以来，我国对铁路企业的管理模式还是政企不分，铁路企业既具有铁路行业行政主管机关的职能，又是铁路运输经营活动的市场主体。铁路部门历年来的改革都是在逐步促使铁路行政主管机关与铁路运输企业脱钩，让铁路运输企业转变为企业法人。但铁路运输是一个高度垄断的行业，有着鲜明的特殊性，国家对铁路行业方面的监督和管理仍有许多方面要依靠铁路运输企业去落实和实施。

本案就反映出了上述现状，南昌铁路局根据原铁道部的部委规章《铁路用地管理办法》作出了铁地监字〔2013〕第 11 号《责令停止违法违规使用铁路用地行为通知书》，并在未给予王某发任何补偿的情况下于 2013 年 8 月 14 日强制拆除了王某发的房屋，给王某发造成了严重的经济损失。1989 年《行政诉讼法》第 25 条第 4 款规定"由法律、法规授权的组织所作的具体行政行为，该组织是被告"，《最高人民法院关于执行〈中华人民共和国行政诉讼法〉若干问题的解释》扩展了"授权组织"的范围，即由原来的法律、法规扩大为现在的法律、法规或者规章。即不仅仅指代法律、法规授权的组织可以成为行政诉讼的被告，规章授权的组织也可以成为行政诉讼的被告。本案中，南昌铁路局作为非传统意义上的行政主体依据全国人大制定的《铁路法》和原铁道部部委规章《铁路用地管理办法》行使了行政职能，应属行政诉讼的适格被告形式。

2. 拆除房屋的行为认定

铁路运输企业作为一个典型的公用企业，它对于全体社会成员而言具有极其重要的意义。相比较其他出行方式来看，乘坐火车出行是一种既经济又安全的方式。为了保障公民能有一个安全可靠的交通工具，铁路企业必须要采取措施保证运输的安全性，这也是铁路运输企业的法定职责。拆除王某发房屋的决定是南昌铁路局基于公共利益作出的，不是追求利润的行为，目的是确保铁路的安全运营环境。同时，它应该是一种依职权行为，即它的权力不是自己创设的，而是来自于国家层面的法律、法规或规章的授权。

2009年《铁路法》第3条第2款明确规定："国家铁路运输企业行使法律、行政法规授予的行政管理职能。"我们可以看到，南昌铁路局针对王某发的房屋占用铁路用地下发的通知应该属于行政强制。也就是说，南昌铁路局依据相关的授权，认为王某发违反了相关的法律、法规和规章，其负有拆除房屋的法定义务，在违反了相应的法定程序后，实施强拆行为。如果认为南昌铁路局与王某发是平等主体的民事法律关系，双方应该针对这个房屋是否侵占了铁路局合法用地权进行协商，协商不成，南昌铁路局应该向人民法院提起民事诉讼。但是，南昌铁路局是基于相应的授权对王某发的房屋实施拆除行为，这个行为具有典型的行政行为的特征，是根本不需要王某发的意思表示而单方面作出的。虽然现行法条明确规定，拆迁行为应该由当地土地主管部门来实施，但这并不影响南昌铁路局实施的这个拆迁行为的实质特征。

其实，不仅本案中南昌铁路局拆除王某发房屋的行为具有行政行为的特征。我们还可以看到1997年《铁路旅客运输规程》第44条规定："有下列行为时，除按规定补票，核收手续费以外，还必须加收应补票价50%的票款：1. 无票乘车时，补收自乘车站（不能判明时自始发站）起至到站止车票票价。持失效车票乘车按无票处理。2. 持用伪造或涂改的车票乘车时，除按无票处理外并送交公安部门处理。3. 持站台票上车并在开车20分钟后仍不声明时，按无票处理。下列情况只核收手续费：1. 持用低等级的车票乘坐高等级列车、铺位、座席时，补收所乘区间的票价差额。2. 旅客持半价票没有规定的减价凭证或不符合减价条件时，补收全价票价与半价票价的差额。"从以上规定中我们可以看出，对于无票的乘客，铁路企业可以加收50%的票款。那么，"加收"到底是一种什么性质的法律行为？是民事行为有些牵强，是罚款又没有一个明确的说法。2017年《行政处罚法》第17条规定："法律、法规授权的具有管理公共事务职能的组织可以在法定授权范围内实施行政处罚。"很显然，对于铁路企业而言，它是一个履行管理公共事务职能的组织，有明确的法律、法规和规章授权，实施的是给相对人的财产带来损益的行为。"加收"票款的行为应该属于行政处罚中的"罚款"，铁路运输企业在某些条件下完全可以成为行政主体。

十八届四中全会决议指出，公正是法治的生命线。司法公正对社会公正具有重要引领作用，司法不公对社会公正具有致命破坏作用。必须完善司法管理体制和司法权力运行机制，规范司法行为，加强对司法活动的监督，努力让人民群众在每一个司法案件中感受到公平正义。承办法官在说理部分矛盾比较明显，判决的结果也只是驳回起诉，这样的结果难以让原告信服。南昌铁路局虽然只是国家铁路运输企业，但它和一般法人的企业有很大的区别，铁路局作为公用企业的一种形式，承担着社会公共领域的运输职能。而且，铁路局也不是传统意义上的行政机关，当然也不能通过判断行政机关的行为特点来判断铁路局的行为。既然2009年《铁路法》第3条第2款明确规定其有权行使法律、行政法规授予的部分行政管理职能，本案就是其行使行政管理职能的有力佐证。但现实却是令人失望的，铁路局和其他公用企业呈现出了一个特点：一方面，大量的法律、法规和规章授权给了公用企业行政管理职能，似乎让我们看到了公用企业作为行政主体的可能；另一方面，法官在遇到类似的纠纷时却认为铁路局和其他公用企业一样，都仅仅只是企业法人，公用企业和相对人的纠纷应该是民事争议。这样的做法只是看到了铁路局和其他公用企业表面的主体属性，却没有对这些公用企业的行为属性作一个准确的法律定位。当然，司法虽然是维护社会正义的最后一道防线，但司法不是万能的，也不是没有边际的。任何国家的司法审查都要坚持有限性原则，即使是号称司法审查不受立法限制的国家也是如此，国家行为、外交行为等均不在司法审查的范围之列。

我国对于行政诉讼的受案范围在立法上采取了两种方式：一种是概括式，用原则性抽象性的语言加以描述。另一种则是列举式，用直观的方法呈现可以受案的具体行政行为的种类，便于在实践中操作。无论是哪种方式，针对的都是行政行为。也就是说，必须是行政主体作出来的，与相对人发生了争议，相对人主观上认定它侵害了自己的合法权益。这样的争议也必须是一个行政法律关系，出现在这个法律关系当中的主体必须是地位不对等的，这不同于民事法律关系。铁路局和王某发在这个纠纷中的地位明显是不对等的，而且铁路局拆除房屋的行为是依据部委规章的授权作出的，实践当中法院运用类似的纠纷结案方式还是值得商榷的。张树义教授在《寻求行政诉讼制度发展的良性循环》一书中认为："一是行政行为的违法性标准；二是行政行为的侵权性标准。依法行政的要求是只有违法的行政行为才具有可诉性，合法的行政行为即使侵犯了他人的权益，也不具有可诉性。"[1]为此，张树义教授认为凡是符合上述两个标准的行政行为，均在可诉之列。

> **案例三：**《贾某宝、中国移动通信集团山东有限公司青岛分公司二审行政裁定书》（［2017］鲁 02 行终 650 号）[2]

（一）案情介绍

上诉人贾某宝就诉被上诉人中国移动通信集团山东有限公司青岛分公司（以下简称"青岛移动公司"）政府信息公开一案，不服青岛市市南区人民法院［2016］鲁 0202 行初 234 号行政裁定，在法定期限内向审理法院提起上诉。审理法院依法组成合议庭审理了本案。本案现已审理终结。

原审法院查明：2016 年 6 月 19 日，原告贾某宝通过挂号信向被告青岛移动公司邮寄政府信息公开申请书，被告于次日签收该挂号信。原告主张其申请的信息为："依法公开在中国移动集团对外公开自 2015 年 10 月 1 日实施流量不清零政策起，你单位向本人收取费用的所销售或提供上网流量的查询路径及流量费内容详单情况和你单位采用的流量计量计费器具，电话计时计费器具取得的检验合格证的政府信息。"被告未对原告的上述申请作出答复。原告不服，遂提起行政诉讼。

原审法院认为，2007 年《政府信息公开条例》第 37 条规定："教育、医疗卫生、计划生育、供水、供电、供气、供热、环保、公共交通等与人民群众利益密切相关的公共企事业单位在提供社会公共服务过程中制作、获取的信息的公开，参照本条例执行，具体办法由国务院有关主管部门或者机构制

---

〔1〕　参见张树义主编：《寻求行政诉讼制度发展的良性循环》，中国政法大学出版社 2000 年版。

〔2〕　参见《贾某宝、中国移动通信集团山东有限公司青岛分公司二审行政裁定书》（［2017］鲁 02 行终 650 号）。

定。"《山东省政府信息公开办法》第 40 条规定："教育、医疗卫生、计划生育、供水、供电、供气、供热、环保、公共交通、邮政、通信、金融以及殡葬等与人民群众利益密切相关的公共企事业单位，在提供社会公共服务过程中制作、获取的信息的公开，参照本办法执行。"根据上述规定，被告作为通信企业，与人民群众利益密切相关，属于公用企业，其在提供社会公共服务过程中制作、获取的信息的公开，参照上述条例执行。

被告系企业单位，不属于行政主体，也没有根据法律、法规授权行使行政管理职责，但因从事的通信服务领域与人民群众利益密切相关，所以其制作、保存的相关信息应当依法予以公开，考虑到被告主体的特殊性，其依法公开的信息应当是被严格限于法律所规定的"提供社会公共服务过程中制作、获取的信息"范围内的。该类信息应是面向社会公众，与公众利益密切相关的，而不应包括用户个人与通信公司之间基于履行服务协议所产生的相关信息。对于"提供社会公共服务过程中制作、获取的信息"的具体范畴，根据 2007 年《政府信息公开条例》第 37 条的规定，应由有关主管部门进一步明确。对此，2008 年《工业和信息化部政府信息公开工作办法》第 28 条仅规定："具有管理公共事务职能或与人民群众利益密切相关的部直属事业单位，其提供社会公共服务过程中制作、获取的信息的公开，参照本办法执行，并应根据本单位实际制订实施细则或补充规定。"并未规定相关公用企业单位的信息公开办法。对于原告申请的信息，因没有相关主管部门的明确规定，本着审慎的态度，无法将该等信息认定为被告"提供社会公共服务过程中制作、获取的信息"。因而，原告申请的信息不属于条例的调整范围，本案不属于人民法院行政诉讼受案范围，其起诉不符合法定起诉条件，故对原告的起诉，依法应予以驳回。依照《行政诉讼法》第 49 条、《最高人民法院关于适用〈中华人民共和国行政诉讼法〉若干问题的解释》第 3 条第 1 款第 1 项之规定，裁定驳回原告贾某宝的起诉。案件受理费人民币 50 元，予以退回。

上诉人贾某宝不服原审裁定上诉称，上诉人于 2016 年 5 月 19 日通过邮寄挂号信的形式邮寄了政府信息公开申请表，然截至一审裁判之日，被上诉人仍未作出任何答复，明显违背了法律规定和法定程序。被上诉人作为提供通信服务的公用企业，属于《政府信息公开条例》规定的与人民群众利益密切相关的公共企事业单位，对被上诉人提出的信息公开负有法定的义务。其次，结合目前的行政审判实践案例，即裁判文书网公布的"汪某与中国移动通信集团有限公司信息公开案""程某林与中国移动通信集团湖北有限公司、中国电信股份有限公司湖北分公司，柯某辉与中国电信股份有限公司广东分公司其他二审行政判决书案"等，尤其是山东省高级人民法院二审终审判决的两宗公共企事业单位的特定信息公开案，即［2016］鲁行终1433号、1434号，司法实践明确了公共企事业单位的特定信息公开行为应被纳入行政诉讼受案范围。如公民认为事业单位未履行相关信息公开义务，可以以该公共企事业单位作为被告向人民法院提起行政诉讼。这些案例亦有效地回应了公共企事业单位信息公开案件行政审判中遇到的法律瓶颈，明确了公共企事业单位信息公开行为的可诉性及审理依据，对于本省审理公共企事业单位信息公开类案件具有典型的指导示范意义。该案通过对青岛市政府的消极复议驳回决定进行全面、严格的审查，确立了公共企事业单位负有信息公开答复职责的基调。这一点已跟现全国多地法院行政审判的观点基本趋于一致，有助于统一司法裁量尺度，全面推进公共企事业单位的办事公开力度。现行法律及大量的行政审判实践案例均已确认移动公司作为信息公开的主体具有法定的信息公开答复职责，故被告以通信行业未被纳入上述条例执行范围为由主张自身非信息公开的主体，显然于法无据。威海、烟台、潍坊、枣庄等本省其他地级市移动、联通、电信三大电信运营商均按照相关规定，积极履行了法定的主动公开和依申请公开职责。尤其是威海市政府官网等可直接在线申请。故上诉人的起诉属于行政诉讼受案范围，被上诉人具有对上诉人提交的信息公开申请进行处理和答复的法定职责。综上，原审法院故意参照最早的电信企业信息公开案，即2013年"王某才诉中国联合通信有限公司南阳市分公司信息公开案"公然与全国多地法院分庭抗礼，背离了新行政诉讼法的立法初衷和立法宗旨。综上，请求：①撤销青岛市市南区人民法院作出［2016］鲁0202行初234号行政裁定书；②发回重审或者直接进行审理，依法确认被上诉人未在法定期限内对上诉人2016年5月19日提交的《政府信息公开申请表》的信息公开申请作出答复的行为违法，并判令被上诉人限期依法作出答复；本案诉讼费由被上诉人承担。

被上诉人青岛移动公司辩称：①移动公司并非政府信息公开主体，上诉人起诉移动公司主体不适格。移动公司并非行政主体，既不属于法律、法规授权行使行政管理职权的组织，也不是2007年《政府信息公开条例》第37条规定的公共企事业单位。该条针对企事业单位适用《政府信息公开条例》的前提是"提供社会公共服务过程中"制作、获取的信息。我国并非判例法国家，上诉人以其他案件为由认定移动公司为信息公开主体没有法律依据，且个案案情不同、上诉人起诉公开内容不同，故以案例为由认定移动公司为公开主体无事实和法律依据。在本案中，上诉人申请公开的信息明显为上诉人个人信息，并非移动公司需向社会公众公开的与公众利益相关的信息。在此情形下，移动公司不应被认定为有行政公开义务的企事业单位。上诉人起诉的主体不适格。②移动公司不具有法定答复职责。《政府信息公开条例》允许公开的范围主要涉及法律法规及政策的公开、涉及公共利益的内容公开、政府机构设置及办事流程的公开，而上诉人要求公开的内容为个人计费问题，不属于公开范围。而且，根据条例的规定，在提供社会公共服务过程中制作、获取的信息的具体范畴应由相应行业主管部门进一步明确。目前，有关部门并未制订相应的公开程序、方式。2008年《工业和信息化部政府信息公开工作办法》第28条规定："具有管理公共事务职能或与人民群众利益密切相关的部直属事业单位，其提供社会公共服务过程中制作、获取的信息的公开，参照本办法执行，并应根据本单位实际制订实施细则或补充规定。"该办法也并未确认上诉人申请公开的内容属于信息公开的内容。③上诉人的诉讼行为已经被认定为权利滥用，不具有诉的利益，其常年进行行政诉讼，涉及移动公司的就有2件，还曾向移动公司发送过多封信息公开申请。对此，济南市中级人民法院也曾作出行政裁定，以上诉人滥用诉权为由进行界定。因此，请求综合其政府信息公开的诉讼行为及目的，驳回其上诉，避免司法资源浪费。

审理法院认为，2007年《政府信息公开条例》第37条规定："教育、医疗卫生、计划生育、供水、供电、供气、供热、环保、公共交通等与人民群众利益密切相关的公共企事业单位在提供社会公共服务过程中制作、获取的信息的公开，参照本条例执行，具体办法由国务院有关主管部门或者机构制定。"《山东省政府信息公开办法》第40条规定："教育、医疗卫生、计划生育、供水、供电、供气、供热、环保、公共交通、邮政、通信、金融以及殡葬等与人民群众利益密切相关的公共企事业单位，在提供社会公共服务过程中制作、获取的信息的公开，参照本办法执行。"根据上述规定，被上诉人作为通信企业，与人民群众利益密切相关，属于公用企业，其在提供社会公共服务过程中制作、获取的信息的公开，参照上述规定执行。但具体办法应由有关主管部门进一步明确。由于有关主管部门并未规定相关公用企业单位的信息公开办法，鉴于《政府信息公开条例》的规定，公共企事业单位依法公开的信息应当是被严格限于"提供社会公共服务过程中制作、获取的信息"，而不应包括用户个人与通信公司之间基于履行服务协议所产生的相关信息。本案中，上诉人申请公开的是"依法公开在我国移动集团对外公开自2015年10月1日实施流量不清零政策起，你单位向本人收取费用的所销售或提供上网流量的查询路径及流量费内容详单情况和你单位采用的流量计量计费器具，电话计时计费器具取得的检验合格证的政府信息"。因此，上诉人所申请公开的内容均系其个人与被上诉人之间基于通信服务协议所产生的信息，上诉人所申请公开的内容并非《政府信息公开条例》的调整范围。综上，原审法院认定事实清楚，适用法律正确，审判程序合法。上诉人的上诉理由不成立，依法不予支持。依照《行政诉讼法》第89条第1款第1项的规定，裁定如下：

驳回上诉，维持原裁定。

本裁定为终审裁定。

（二）争议焦点

1. 主体认定

当前，社会已进入全面信息化时代，人们日常学习、工作、生活的重要内容就是充分占有、使用和处理信息，为社会成员提供丰富的信息资源已成为政府一项应尽的法定义务。本案中的移动公司作为面向社会公众提供与人民群众利益密切相关的电讯信息资源的企业，根据2007年《政府信息公开条例》第37条的规定，负有信息公开的法定义务，属于信息公开的适格主体。

事实上，这一点已经为国内大多数法院经过大量的司法实践所确认，并无不当。根据上述规定可以得出，2007年《政府信息公开条例》第37条明确将与社会公众利益密切相关的公共企事业单位纳入了政府信息公开范围，而邮政、电信等行业应属此类公共企事业单位，通信企业是政府信息公开的主体，符合行政法规的规定。过去那种狭义的等类解释和理解完全不符合新行政诉讼法认定被告情形的法律内涵。同时，2007年《政府信息公开条例》第2条规定："本条例所称政府信息，是指行政机关在履行职责过程中制作或者获取的，通过一定形式记录、保存的信息。"

2. 关于无参照执行的国务院有关主管部门或者机构制定的具体办法，便无法确认电信企业信息公开答复范畴的问题。

结合上述案件，贾某宝在庭审意见中认为其所申请的信息属于移动公司在提供社会公共服务过程中制作、获取的信息，应予以公开。理由是《电信服务规范》第7条明确规定："电信业务经营者应建立健全服务质量管理体系，并按照规定的时限、内容和方式向电信管理机构报告，同时向社会通报本企业服务质量状况。"故其申请公开事项为青岛移动公司向社会提供公共服务这一过程中所制作、获取的信息，理应属于法定应予公开的范围。

同时，即使青岛移动公司认为其申请的公开信息不属于条例所规定的信息公开范畴，亦应履行法定的说明理由义务，而不应弃置不顾、不进行任何处理和答复，更不应不承认违背基本的诚信原则，否认收到过贾某宝的相关信息公开申请。但对此，一审、二审法院却均未予以批评指正。

此外，据悉，青岛市中级人民法院收到贾某宝行政上诉后，主审该案的蒋某龙并未与其进行任何联系，而是径行直接作出驳回上诉裁定。而贾某宝在二审期间却向法院邮寄了中国移动通信集团山东有限公司威海分公司对同一依申请作出的政府信息公开告知书。该告知书明确载明：需求信息已在威海市政府网站中的威海移动2015年信息公开年度报告中公布了网址。登录该网址后确实发现有威海移动告知的部分信息。

而青岛市南区人民法院和青岛市中级人民法院在法庭调查环节中却均未要求青岛移动公司提供相关证据证明其在提供社会公共服务过程中未制作、获取贾某宝申请公开的信息，系错误地分配了举证责任，导致举证责任分配倒置，无形中加重了原告的负担和义务，一审、二审的裁判结果自然显失公正。

综合上述信息，可以确认贾某宝向青岛移动公司申请的"该单位2015年的服务质量状况的信息"确系属于电信企业在提供社会公共服务过程中制作、获取的信息，属于《政府信息公开条例》和《电信服务规范》等法规规定的应当主动公开的信息。

而其他公开的"2015年接到的本人举报、投诉你单位业务和服务问题后，你单位接到工信部和山东省通管局工单后的受理和答复情况、记录保存情况等相关信息及相应的法律依据"则属于电信业务经营者提供服务之范围或提供社会公共服务过程中所制作或者获取的，通过某种形式记录、保存的信息。

尽管国务院有关主管部门或者机构尚未制定相关具体办法，但是《政府信息公开条例》相关规定和精神却已明确，公共企事业单位的信息公开应该参照执行，结合大量司法实践案例（如［2016］粤7101行初581号、［2015］

鄂武汉中行终字第 00407 号、[2014] 深中法行终字第 526 号、[2016] 鲁 01 行终 8 号），无论是否属于信息公开范畴，移动公司都应当执行《政府信息公开条例》第 21 条和第 24 条的规定，在法定的 15 日内对相关申请人依法作出相应答复，即便确系不属于公开范畴的信息，也应依据 2007 年《政府信息公开条例》第 21 条第 2 项的规定，履行法定告知和说明理由的义务。

故青岛移动公司不但矢口否认收到过相关申请，且当庭亦未就属于其应主动公开的法定事项作出答复或说明理由，明显不当。一审、二审法院故意将 2007 年《政府信息公开条例》第 37 条的规定割裂适用，有刻意包庇移动公司之嫌，否则如按照两审法院的判法，国务院有关主管部门或者机构亦尚未制定相关具体实施办法以明确信息公开的主体，即是否涵盖该案的青岛移动公司，则不宜认定移动公司是信息公开的主体。而既然认定其是信息公开主体，却又不能依据《政府信息公开条例》的规定界定其信息公开的范围，实质上等同于未认定移动公司为政府信息公开主体，故两审法院认定事实的依据和裁判结果明显是前后矛盾的，确有不妥。

实际上，参照其他多数法院的正确做法，理想判决方式应为：

（1）贾某宝以青岛移动公司收到其邮寄的信息公开申请后未予答复系不履行法定职责为由提起行政诉讼，符合《最高人民法院关于审理政府信息公开行政案件若干问题的规定》第 1 条第 1 款第（五）项的规定。

（2）庭审中，青岛移动公司收到贾某宝邮寄的信息公开申请后至今未予答复，其不作为违反了 2007 年《政府信息公开条例》第 21 条和第 24 条的规定，违反了正当程序原则，形式上侵犯了贾某宝的程序性权利，实际上侵犯了其作为电信用户的知情权和监督权等合法权益。故应依照《行政诉讼法》第 72 条之规定，判决青岛移动公司未对贾某宝提出的信息公开申请作出答复违法，并责令青岛移动公司对贾某宝提出的信息公开申请限期依法作出答复。

## 第二节　公用企业在立法实践中的具象

目前，我国关于公用企业的立法主要表现为：在狭义的法律层面有《合同法》第 176 条至第 184 条，《反垄断法》和《反不正当竞争法》以及行政法规 2007 年——《政府信息公开条例》第 37 条。但在地方性法规和规章这个层面还有大量赋予公用企业行政管理权的规定。同时，很多规范性文件也赋予了公用企业一定的正常经营活动权限。可以说，公用企业在绝大多数情况下都是以后面三种情形作为日常的行为规范。下面，笔者将用图表来直观地呈现（部分筛选）。

| 公用企业　　法律层级 | 通信 |
|---|---|
| 法律 | |
| 行政法规 | |
| 地方性法规 | |
| 部委规章（广义） | 《邮电部关于加强经营管理，改善电信服务的若干规定》第 6 条第 6 款第 3 项："对用户欠费，要多做催缴工作，采取电话口头催款、送语音通知、收取滞纳金、上门催缴等措施，督促用户缴费。"〔1〕 |
| 地方规章 | 《石家庄市电信管理办法》第 48 条第 2 项："违反第（四）项规定的，电信主管部门可从发出催缴通知第十一日起，每日加收应缴资费百分之一的滞纳金；逾期一个月不缴的，可暂停对其服务；逾期六个月不缴的，可拆机终止对其服务，并追缴所欠资费。"〔2〕 |

| 公用企业　　法律层级 | 水 |
|---|---|
| 法律 | |
| 行政法规 | |
| 地方性法规 | 《深圳经济特区城市供水用水条例》（2017 年）第 65 条第 1 款："用户应当按《水费交纳通知书》规定的时间交纳水费，逾期未交纳的，供水企业或者其委托机构可按日加收应交水费百分之一的滞纳金。逾期六十日仍未交纳的，供水企业可停止供水；采取停止供水的，供水企业应当提前十日通知用户。"〔3〕 |

---

〔1〕 详见《邮电部关于加强经营管理，改善电信服务的若干规定》第 6 条第 6 款第 3 项，1994年 4 月 22 日公布。

〔2〕 详见《石家庄市电信管理办法》第 48 条第 2 款，自 1997 年 4 月 1 日实施。

〔3〕 详见《深圳经济特区城市供水用水条例》第 65 条，自 1996 年 5 月 1 日实施，2017 年修订。

| 法律层级 \ 公用企业 | 水 |
|---|---|
| 部委规章（广义） | 《建设部、国家工商行政管理局关于印发〈城市供用水合同〉、〈城市供用气合同〉、〈城市供用热力合同〉示范文本的通知》"城市供用水合同"第5条第2款："用水人逾期不缴纳水费，供水人有权从逾期之日起向用水人收取水费滞纳金。"〔1〕 |
| 地方规章 | 《北京市城市公共供水管理办法》（2010年）第20条："用户不按规定交纳水费或者拒付水费、擅自改变用水性质、临时用水违反本办法规定的，应当向供水企业交纳所欠水费，并由供水企业按日加收所欠水费0.1%的滞纳金。逾期4个月不交纳水费的，可依法停止供水。"〔2〕 |

| 法律层级 \ 公用企业 | 气 |
|---|---|
| 法律 | |
| 行政法规 | |
| 地方性法规 | 《贵州省燃气管理条例》第31条："管道燃气用户应当按照规定交纳燃气费。逾期未交纳的，管道燃气企业可以从逾期之日起，对生产经营性用户每日按照所欠燃气费的1%收取滞纳金，对其他用户每日按照所欠燃气费的5‰收取滞纳金；自催缴之日起30日内仍不缴纳燃气费的，管道燃气企业可以对其中止供气。"〔3〕 |
| 部委规章（广义） | 《建设部、国家工商行政管理局关于印发〈城市供用水合同〉、〈城市供用气合同〉、〈城市供用热力合同〉示范文本的通知》"城市供用气合同"第5条第3款："用气人逾期不交燃气费，供气人有权从逾期之日起向用气人收取滞纳金。"〔4〕 |

〔1〕 详见《建设部、国家工商行政管理局关于印发〈城市供用水合同〉〈城市供用气合同〉、〈城市供用热力合同〉示范文本的通知》城市供用水合同第5条第2款，自1999年11月1日实施。
〔2〕 详见《北京市城市公共供水管理办法》第20条，自1992年12月20日实施，2010年修订。
〔3〕 详见《贵州省燃气管理条例》第31条，自2001年3月1日实施，2015修正。
〔4〕 详见《建设部、国家工商行政管理局关于印发〈城市供用水合同〉、〈城市供用气合同〉、〈城市供用热力合同〉示范文本的通知》城市供用水合同第5条第3款，自1999年11月1日实施。

续表

| 公用企业 / 法律层级 | 气 |
|---|---|
| 地方规章 | 《新疆维吾尔自治区城市供热供水供气管理办法》第61条："用户应当按照合同约定缴纳供用热、水、气费。逾期不缴纳的，经营者可以自行或者通过物业管理委员会催缴，并可以按照合同约定对用户收取滞纳金；也可以通过仲裁、诉讼等方式解决。"[1] |

| 公用企业 / 法律层级 | 暖 |
|---|---|
| 法律 | |
| 行政法规 | |
| 地方性法规 | 《伊犁哈萨克自治州城镇供热条例》第38条："用热户应当按照供用热合同约定及时交纳热费。用热户逾期三十日未交纳热费，经催告在合理期限内仍不交纳，供热单位可对其按合同约定收取滞纳金、暂缓供热、限制供热或者停止供热，但不得损害其他用热户的用热权益。"[2]《西安市集中供热条例》第28条第2款："供用热合同除应当符合国家关于供用热合同的规定外，还应当包括计费标准、违约责任及滞纳金标准、供热设施维护责任及双方约定的其他事项。"[3] |
| 部委规章（广义） | 《国家发展改革委、建设部关于印发〈城市供热价格管理暂行办法〉的通知》第30条："用户应当按照规定的热价按时交纳供热费用。对无正当理由拒交供热费用的用户，供热企业可以按有关规定加收滞纳金。"[4] |
| 地方规章 | 《唐山市供热管理办法》第40条第1款："当年12月31日之前未交清热费的，供热单位可自次年1月1日起按拖欠热费总额每日加收2‰滞纳金。"[5] |

[1] 详见《新疆维吾尔自治区城市供热供水供气管理办法》第61条，自2007年1月1日实施。
[2] 详见《伊犁哈萨克自治州城镇供热条例》第38条，自2016年9月1日实施。
[3] 详见《西安市集中供热条例》第28条第2款，自2018年7月1日实施。
[4] 详见《国家发展改革委、建设部关于印发〈城市供热价格管理暂行办法〉的通知》第30条，自2007年10月1日实施。
[5] 详见《唐山市供热管理办法》第40条第1款，自2013年11月1日实施。

| 公用企业<br>法律层级 | 有线电视 |
|---|---|
| 法律 | |
| 行政法规 | |
| 地方性法规 | 《吉林市有线电视管理条例》第 39 条第 4 项："违反第十五条规定，有线电视用户逾期交纳收视维护费者，每日按年应交金额的 1% 交纳滞纳金，一年以上不交纳者，取消其收视资格；有线电视台（站）在收取用户初装费或者移装费后 30 日未安装的，从逾期之日起至安装之日止，每日向用户支付交费金额 1%的补偿费。"〔1〕 |
| 部委规章<br>（广义） | 《国家广电总局关于印发〈广播电视有线数字付费频道业务管理暂行办法〉（试行）的通知》第 31 条第 2 款："用户逾期不交纳收视费的，用户接入运营机构有权要求用户补交收视费。用户逾期不交纳收视费超过收费约定期限 10 日的，用户接入运营机构可以暂停或终止付费频道服务，并可以依法追缴欠费、违约金或滞纳金。用户补足应缴费用的，用户接入运营机构应在 24 小时内恢复暂停的付费频道服务。"〔2〕 |
| 地方规章 | 《广州市人民政府印发〈广州市有线广播电视设施保护规定〉的通知》第 9 条："市有线电视用户每月应按规定缴交用于网络维修与保护的维护管理费和用于网络建设的有线电视安装费，逾期不缴交者，每逾期 1 天，按应缴费额的 2% 缴纳滞纳金，逾期 30 天仍不缴交的，可停止服务。"〔3〕 |

从以上司法实践和立法实践当中，我们可以看出，我国对于公用企业的法律定位是非常矛盾的。从立法层面看，《民法典》强调契约精神，它主要调整合同双方的民事法律关系，而《反垄断法》《反不正当竞争法》则强调国家对经济层面的管控，相关职能部门作为行政主体对行政相对人公用企业进行有效的监督和管理。《政府信息公开条例》对公用企业的规定用到了"参照"一词。其中的模糊性显而易见，原因在于没有指出公用企业与政府的关系是什么？公用企业的法律定位又是什么？从上面的图表中我们可以清楚看到，

---

〔1〕 详见《吉林市有线电视管理条例》第 39 条第 4 款，自 1996 年 11 月 22 日实施，2004 修改。

〔2〕 详见《国家广电总局关于印发〈广播电视有线数字付费频道业务管理暂行办法〉（试行）的通知》第 31 条，自 2003 年 12 月 1 日实施。

〔3〕 详见《广州市人民政府印发〈广州市有线广播电视设施保护规定〉的通知》第 9 条，自 1996 年 2 月 28 日实施。

作为公用企业日常行为规范的地方性法规、规章以及规范性文件赋予了公用企业"行政权力"，公用企业是可以征收滞纳金并对逾期不履行义务的相对人采取行政强制措施的。而从司法实践层面来看，公用企业作为行政主体被纳入行政诉讼范围的进程是举步维艰的。在笔者看来，这一"乱象"的根源在于没有准确定位公用企业的法律地位。在今天我们努力建设法治政府的宏伟蓝图背景下，这个任务显得尤为迫切。

# 第三节　我国公用企业法律定位现状

## 一、公用企业的"趋利性"本质与"公益性"本源不对应性

如果作为一般法人的企业，追逐利润的最大化天经地义，这也是企业的生存之本。而作为公用企业，其所经营和从事的行业涉及国计民生，最初是由政府投资兴办，政府负责监管。这种运动员兼裁判的角色定位让公用企业的发展无法满足公民对美好生活的需求。21世纪以来，我国公用企业进入了全面市场化改革阶段。主要体现在放宽民间资本的公用企业领域市场准入条件，通过有限性行政许可制度规制其行为。不可否认，随着公用企业市场化改革的不断深入，人民生活有了极大的改善和提高。改革开放四十年来，我国供水、供气等基础设施发生了翻天覆地的变化，保障能力大幅度增强。2007年，城市供水总量达到500亿立方米，是1980年的近6倍，用水普及率接近94%，比1980年提高了近13%；城市供气管道长度超过22万公里，是1980年的近40倍，用气普及率达87%，而1980年只有不到17%。民生得到极大改善的同时，另一个问题也不容忽视，现在的公用企业经营采取的是资本混合式，也就是说在公用企业里，国家资本占部分比例，民间资本也占部分比例。相关资料显示：2007年在公用企业上市公司中，国有资本占比65%，民间资本占比35%。很显然，不同的出资主体的诉求是不一样的。作为政府来说，体现公用企业的公益性是其主要任务，追逐利润不是它的首要目标，切实改善人民生活质量是其追求的终极目标。而对于民间资本来说，公益性是政府应该考虑的事，与其没有多大的法律关系，追求让自己的投入获得最丰厚的回报是他们最看重的。

我国目前在积极推进公用企业市场化，主要通过层级比较低的部门规章，

甚至是所谓的"红头文件"。这样的法律规范和政策透露出来的要义是要求各级政府通过特许经营协议赋予公用企业相应的政策和帮扶，以保证公用企业的盈利能力和水平，却把公用企业的社会公益性放在了次要位置。不可否认，公用企业作为市场经济的主体，自主经营、自负盈亏，保持其一定的盈利水平是保证其生存和发展的必需条件。但是公用企业还扮演着为社会公众提供生存和发展的保障条件，保证社会公众追求美好生活愿望的基础条件这一重要角色，所以逐利并不是公用企业的最终目标，其所盈的只能是"微利"而非"暴利"。如果把公用企业的盈利能力作为终极目标，只能是舍本逐末，让公用企业的本来面目逐渐模糊，最终的结果是公用企业理论上被标榜的公益性只能是一件美丽的外衣。

## 二、公用企业与消费者之间市场主体的地位不对等性

对于一般企业而言，其与消费者之间具有明显的平等性，双方只有在真实意思表示下，你情我愿，才会发生买卖行为，这是典型的民事法律关系的特征。反之，则根本不可能。而对于公用企业而言，因为它所提供的产品具有稀缺性和垄断性，如果消费者认为产品达不到其要求，其也很难从其他渠道获得相同内容的服务。在这样的背景下，消费者是很掌握话语权的。比如与我们密切相关的有线电视，为了能吸引尽可能多的用户，会有不断优化和增加有线电视节目频道的设置。但是另一方面，有线电视服务又是垄断性质的，即一个地方只有一家提供有线电视服务的公司，用户没有选择不同有线电视网络产品的机会。这样就会形成即便本地网络公司设置的频道不符合自己的口味，用户也只能"将就"的局面。有学者就认为，在通常情况下，选择相对人自由和缔约自由并不会给双方当事人带来不利的结果。但在某些情形下，如任由当事人行使这些权利，就会导致与契约自由的价值南辕北辙的效果。[1]公民有决定是否安装有线电视的自由，但是消费者在有线电视节目频道的设置上没有任何话语权。就此而言，现行的有线电视在具体的节目供给上具有一定的"强制交易"性质，用户在购买电视台节目时根本没有选择权。当前，大多数地方的有线电视收费均受到了价格管理部门的管制，但是有关节目频道设置却基本处于监督真空当中。再比如，在公用企业的产品定

---

〔1〕　姚新华："契约自由论"，载《比较法研究》1997年第1期，第21~34页。

价规则问题上，主要的法律依据有《价格法》《政府制定价格规则》《政府价格决策听证办法》和《政府制定价格成本监审办法》等不同位阶的法律规范，应该说是比较完善的，基于法律规范所制定的公用产品价格应该是既可以保障公用产品的公益属性，又可以保证公用企业有一定的盈利空间以维持企业的生存发展的。即使出现了价格需要变动的情形，通过听证等合法的方式和程序也是能使公用企业和消费者之间形成一个和谐的法律关系的。

但在实际中，政府和公用企业存在千丝万缕的法律关系。一方面，政府对公用企业的监管不到位、不彻底，很多的监管措施流于形式；另一方面，公用企业利用市场优势地位，扩大成本、缩小利润，在价格的制定上完全偏离了公用企业的本质。虽然有价格听证这一法律制度，但呈现给我们的是听证的程序设计、听证的参与人、听证的作用和价值等等，体现的基本上只有公用企业的角度。最终的结果可想而知，消费者在整个过程中基本上均处于配合者的地位，其真正的地位并没有得到合理、合法的彰显，因为起主导作用的是公用企业，而且是在政府的密切配合下。从以上所提到的公用企业的产品内容和价格上我们可以看到，消费者在公用企业面前显得那么苍白无力，对于消费者而言，现行制度的设计对维护其合法权益而言作用还是非常有限的。众所周知，任何权力不受制约都难免会被滥用，更何况是与公民的生活息息相关的公共服务产品。

### 三、公用企业与消费者之间的信息不对称性

2007年《政府信息公开条例》第37条规定："教育、医疗卫生、计划生育、供水、供电、供气、供热、环保、公共交通等与人民群众利益密切相关的公用企事业在提供社会公共服务过程中制作、获取的信息的公开，参照本条例执行，具体办法由国务院有关主管部门或者机构制定。"很明显，公用企业也应当负有信息公开的义务。一方面，这些公用企业在很大程度上依赖于国有资金的支持，接受政府的委托向整个社会提供生存和发展的公用产品，通俗地说，公用企业承担本应由政府履行的义务，理所应当有公开信息、接受监督的义务；另一方面，这些公用企业在提供社会公共服务的过程中所制作和保存的信息，与人民群众的生产、生活密不可分，利益攸关，关系到人民群众获取公用产品的成本和质量，因此这些公用企业在提供公用产品过程

中制作和获取的信息应当公开。但是，公用企业毕竟也拥有自主经营或自主运作的权利，不可能完全适用本条例，只能参照执行。信息公开是对公用企业履行公共服务职能最好的监督方式之一。信息的充分与透明对政府主管机构、使用者以及公用企业维护各自的权益都非常重要。尤其是对社会公众而言，只有公用企业的重要信息以便民、高效及最大范围的方式对外公开，才能使公众的知情权、监督权得以落实。政府部门应当积极促使公用企业在提供公用产品的过程中积极履行信息披露义务，尤其是公司的基本情况、经营范围、经营目标、年度业务发展情况（主要是公用产品或服务的供给情况）、年度财务情况（主要包括年度营业额、盈利亏损情况、资产负债情况）、获得的政府特许经营权、政府补贴及补贴依据、政府给予的税收优惠等政策、重大交易、关联交易、董事监事及高管的薪酬情况、雇员情况及薪酬等。我们通过增强公用企业的市场透明度，对公用企业利用公共资源的情况以及公用产品的供给效率进行分析，并对公用企业在公用产品的供给效率和责任承担方面存在的明显失职或不当行为给予相应的处罚。为了切实加强公用企业在信息方面的披露义务，立法还可借鉴上市公司的信息披露管理经验，针对虚假披露行为规定相应的法律责任。

而在实践中，公用企业的信息公开呈现出了一个明显的经过筛选的特征，公用企业在多数情况下会最大限度地公开有利的信息，尽可能少地公开对自己不利的信息；或者公开一些没有意义的信息，出发点可能是为了应付检查评比，而消费者想得到信息却不知道从何种渠道获取。行政机关依据公用企业提供的不真实甚至错误的信息作出的规制有可能完全偏向于公用企业，消费者的利益有可能被忽视。这种信息的单一性来源于信息的不对等性，只会让公用企业越来越偏离法治轨道。

## 第四节　我国公用企业法律定位的困境

### 一、行政主体属性的模糊

从严格意义上说，行政主体不是一个法律术语，而是一个法学概念，虽然现行《行政诉讼法》及相关司法解释已采纳了这一概念，但它对于我们把握哪些主体受行政法调整起到了重要作用。对于行政机关是行政主体的一种形式，我们很好理解。但社会公行政领域的法律、法规和规章授权的公用企业作为另外一种行政主体形式在实践中却遇到了很多问题，很多争议被以行政诉讼的方式提交法院后，法院要么不受理，要么驳回起诉，根本原因在于我国没有对法律、法规和规章授权的组织给出一个清晰的界定，现行的法条更是没有明确体现。这些问题的出现与行政组织法是有很大关系的。行政组织法是规范行政主体及其相互法律关系的各种法律规范的总称，主要由有关行政主体的设置、任务、地位、组成、职权、职责、活动程序和方法、编制，以及有关行政工作人员（公务员）的录用、培训、考核、奖惩、晋升、调动及其职务上的权利义务等方面的规范所组成。我国早期行政法理论认为，国家是唯一的社会公共服务领域的职责主体，其他主体不得进入。代表国家的行政机关也是唯一合法的行政组织。而从行政组织的概念来说，它是指由国家通过法定程序设定、专门从事国家和社会行政事务管理的国家组织，主要是指狭义的行政机关。而在资本主义国家，主流的观点认为社会公共行政可以被分为以政府为主体的社会公共行政和以社会为主体的社会公共行政。政府的社会公共行政仅指行政机关代表国家行使行政权、管理社会公共事务；社会的社会公共行政是指政府以外的其他组织，对特定领域内的社会公共事务进行的服务和管理。相应地，行政组织包含两种类型：政府组织与非政府组织。

从中华人民共和国成立以来至 20 世纪 90 年代《行政诉讼法》颁布前，我国的立法建设侧重于民法、刑法及其相关的程序法。在此之前，从严格意义上讲，我国是没有行政法及其相应的程序法的。也就是说，一个法律关系如果是刑事法律关系，就按刑法的规定来进行相应的刑事处罚；如果一个法律关系是民事法律关系，双方的地位既然是平等的，那么就按民法的规定来处理双方的权利义务法律关系。这种非黑即白的法律体系既没有完全揭示社会关系中复杂的法律关系的种类，本质上也没有厘清法律关系中主体之间的权利义务法律关系以及双方在这样的法律关系中所处的地位。造成的后果要么是留下法律空白，要么是在不同的界定中游离。这种情况带来的直接后果就是公用企业完全游离于法治之外，进而导致消费者的合法权益无法得到根本、有效的保障。

在我国，随着市场经济体制的建立和逐步完善，政府职能的转变也有悄然转变。政府对原来由自己一手包办的社会公共服务领域尤其是专业性很强的事项，由于各种原因选择了"放手"，更准确地说是授权给某些社会团体、中介组织甚至是公用企业管理。这些社会组织经法律、法规或规章的授权而对特定范围的社会公共事务进行服务和管理，有的学者称之为"准行政主体"，有的学者称之为"类行政组织"，还有的学者称之为"行政主体以外的行政组织"。对于这样一种变化，我们可以从行政法学的教材中看到一些端倪。但这一研究成果并没有转换成现实运用。

因此，基于法治政府的宏伟目标，行政主体的范围应该秉持一种开放、扩大的姿态。它应既包括狭义上的专门行使国家行政职能的国务院、国务院各部委、地方各级人民政府和派出机关，也包括依据法律、法规和规章的授权来管理特定社会公共事务的社会组织，不是行政机关职能却类似行政机关，公用企业就是其中一种。

### 二、监督机制的有限性

公用企业作为市场主体，它的经营活动应该受到政府的约束和监督。新组建的市场监督管理局代替工商局行使主体监督职能，《反垄断法》代替《反不正当竞争法》行使法律规范职能。在实践运行过程中，这样的监督机制的有限性是显而易见的，主要原因在于：

（1）利益法律关系纷繁复杂性。公用企业从其设立来看，要么是政府出资设立的，要么是政府和民间资本共同成立的；从市场地位来看，要么是在市场中具有垄断地位的，要么是对国计民生具有基础性影响的。完全可以说，公用企业都是具有相当背景的企业，在调查其违法行为的过程中，遭遇的牵制因素较多，牵一发而动全身。有些是垂直管理部门，对其处罚影响本行业在当地的投入，故受到各方的干扰较大。公用企业在市场垄断地位的心理优势支配下，追逐利润的方式方法层出不穷。市场监管部门囿于专业能力的限制，无法提取有效证据，对其的规制也只是隔靴搔痒，没有伤筋动骨，达不到治本的效果。有的企业财大气粗，不配合监管部门，或受到相关部门领导干预，久而久之，影响到了执法人员的积极性。而对于普通消费者来说，他们是公用企业服务的核心对象，从理论上来说，消费者就是上帝，公用企业的核心使命就是为消费者提供越来越优质的服务。但在实践中，双方的要求和目的并不一致，是一对矛盾的统一体，消费者在其中无疑是弱势的一方。

（2）立法上的不明确导致救济路径多样性。通过裁判文书网查询，我们可以看到在民事案件中涉及公用企业的案例有 120 件，在行政案例中涉及公用企业的案例有 46 件。好像是可以对公用企业加以调整和约束，比如《合同法》在第十章用 8 个条款对供电合同进行了规定，并在第 184 条作出了供用水、供用气、供用热力合同，参照供用电合同的有关规定。行政法律也可以对其加以约束和调整，应该说，现行的立法对公用企业的监督机制似乎很全面、很到位。其实不尽然，在前述的案例中我们可以清楚地看到，原告选择民事诉讼也是迫于无奈，法官的说理也显得有些牵强。个中的根源在于，对于公用企业与消费者之间的争议到底是一个什么样的法律关系，立法并没有给出一个明确的说法，进而造成在司法实践中对公用企业与消费者的法律纠纷的救济途径不一。

（3）执法监管的软弱性。法律规定，"法律法规另有规定的，从其规定"。基于历史原因和部门利益，不同的公用企业有不同的行业主管部门，不同的主管部门均根据自身行业管理情况相继公布了许多行业管理法规，实际情况是"婆婆管媳妇，一家人对一家人"。据权威统计：近年来，各行业部门运用自身法律查处的案件总和不及工商、发改部门一年时间查处的公用企业违法案件数，直接影响了法律的严肃性和统一性。原《反不正当竞争法》有专门针对公用企业查处的法则，新修订的《反不正当竞争法》删除了相应条款，取而代之的是全部以《反垄断法》进行规制，而《反垄断法》又在修订中，原有制度设计不足以有效惩治公用企业相关行为，法律的缺位导致监管出现盲区。原国家工商行政管理总局《关于禁止公用企业限制竞争行为的若干规定》要求，本规定中的违法行为，由省级工商行政管理机关或者设区的市工商行政管理机关管理。必要时县级工商行政管理部门接受委托可以协助调查案情。对公用企业垄断行为的处罚，更是规定国家市场监管总局才是执法主体，可委托省局调查处理，直接剥夺了市级以下监管部门的执法权，导致设区的市以下市场监管部门对公用企业监管工作的参与度和积极性大打折扣。

## 三、信息公开的有限性

供水、供电、供气、供热等与群众利益密切相关领域的公用企业在提供社会公共服务的过程中制作、获取了大量社会公共信息。及时、便民、有效地公开这些与人民群众关系密切的社会公共信息，将会极大地保障和维护广大人民群众的知情权、财产权。2007 年《政府信息公开条例》经国务院第一百六十五次常务会议通过，自 2008 年 5 月 1 日起施行。该条例第 37 条专门将公用企业作为信息公开的主体，具体办法由国务院有关主管部门或者机构制定。

"行政知情近代宪政内在蕴含的公民应当普遍具有的权利，是实现公民其他权利的前提性与基础性权利，具有不可或缺性、不可转让性、不可替代性、母体权利的稳定性与世界范围内的共同性与相似性。"[1]现代行政法发展的趋势已经非常明显，过去的那种管理法思维已不合时宜，代之的是政府和相对人应该是服务和被服务的法律关系。它的精髓在于政府在作出一个决定前会通过各种法定程序和有效的沟通方式让相对人参与到整个过程之中，使政府的决定更具有合法性和科学性。信息公开就是一个很好的途径。《政府信息公开条例》已经清楚表明，相对人不仅对作为传统意义上的行政主体的政府的信息享有知情权，而且提供公共基础服务的公用企业的信息也应该成为相对人享有知情权的重要内容。

而且，不仅仅是《政府信息公开条例》作了相关的规定，从作为我国根本大法的《宪法》中我们也可以找到相应的依据。《宪法》第 2 条规定，人民可以"通过各种途径和形式，管理国家事务，管理经济和文化事业，管理社会事务"。公用企业代替政府提供公用产品和服务，作为国家主人的人民当然有权知晓和掌握这一社会事务的相关信息，以体现其主体地位。其次，作为公民基本权利的监督权和表达权虽然针对的是国家机关，但是本应由国家机关履行的义务（即提供公民生存和发展的基本生活条件的公用产品）已经被委托给了公用企业，理所当然，公用企业也应当接受公民的监督，信息公开也成了其法定的义务。最后，公用企业在一定程度上享受了政府的扶持和资助，其资金来源是各级财政的拨款，而财政资金基本上是公民纳税的集合体。作为纳税人的公民有权知道自己的钱被用在了什么地方，是不是合理。如果不保障公民的知情权，公民的财产权实际上也会受到侵害。

尽管在制度层面已经对公用企业的信息公开有所规定，但在实际执行过程中，还是有不尽如人意的地方，还不满足公民对公用企业信息公开的要求。主要有以下表现：

（1）商业机密过于宽泛和抽象。《政府信息公开条例》对信息公开秉持

---

〔1〕　参见王献科："公共管理视角下的知情权保障研究"，华中师范大学 2007 年硕士学位论文。

的原则和宗旨是"以公开为原则，以不公开为例外"，其中对于商业秘密的保护就是一个例外，但是由于对商业秘密没有一个准确的界定，因此在实践中缺乏可操作性。如果公民申请公用企业公开其提供的公用产品的成本、收益、利润，公开与否的决定权还是掌握在公用企业手中，因为没有一个明确的定义，即使公民不认为其属于商业秘密，也无济于事。一句属于商业秘密的答复足以让提出申请的公民哑口无言。现行法条在涉及商业秘密时基本都采取一个概括式的定义，即使是规范市场有序经营的主要法律《反不正当竞争法》对商业秘密的定义也是不为公众所知悉、具有商业价值并经权利人采取相应保密措施的技术信息和经营信息。对于这样的一个现状，普通公民怎么去理解？普通公民的理解和公用企业的理解肯定也不在一个轨道上，这纯粹是一个主观判断的问题，结果是掌握话语权的一方只能是公用企业而不是公民。

（2）公用企业信息公开现状是带有利己心理的，选择性特征明显。目前，由于对公用企业的信息公开没有一个有力的监督和约束机制，因此其现状是信息公开具有明显的选择性。公用企业除了按照常规动作公开公用企业的一般信息外，通过一些官网和相关案例我们可以看到，公用企业在公开信息时，主要公开对其有利的信息，比如如何收费、企业成本、本企业的媒体报道。这些信息公开明显是站在公用企业的角度上的，对于消费者来说并没有实质意义。或者说，消费者并不关心这些信息。对于消费者来说，他们希望看到的是自己所付的费用和自己享受的服务是不是合理的；政府是否对公用企业进行了有效的规制；公用企业是不是完全履行了一个公用企业应尽的法定义务。应该说，现状是令人失望的。比如，某燃气公司在其收费项目里有这样的一个信息：燃气公司收取燃气换表费，采取复置金方式，每月2元。它针对的是燃气用户的燃气表达到6年年限，燃气公司会主动替用户更换。基本上全国的燃气公司都是采取这样一种做法，提前收取燃气表更换费，义务则是为达到6年的用户更换燃气表。但是，我们没有看到一个燃气公司公开这样一个信息，即有多少燃气公司主动上门更换了已达使用年限的燃气表。对于这样一个涉及千家万户安全的信息，作为公用企业的燃气公司却没有主动公开，不能不说，我们的燃气公司在信息公开上带有明显的选择性。当然，这种现象不仅在燃气公司上有所体现，对于其他公用企业而言也是一个通病。

# 本章小结

从《贺某春因与榆林市红山热力有限责任公司供用热力合同纠纷二审民事判决书》《王某发与南昌铁路局行政确认违法二审行政裁定书》和《贾某宝、中国移动通信集团山东有限公司青岛分公司二审行政裁定书》三个案例中我们可以看到，人民法院在审理公用企业与消费者法律纠纷时要么是通过民事诉讼的路径，但判决书的说理部分略显牵强，令人难以信服；要么认为原告的诉求于法无据，不符合目前行政诉讼法的规定，判决驳回起诉。同时，现行立法大量存在公用企业被授予行政法上的权力的现象，包括征收滞纳金。公用企业的法律定位在司法和立法制度中的矛盾和冲突为后面的研究打下了一个坚实的基础。

基于第一节、第二节的公用企业法律定位在立法实践和司法实践中的矛盾和冲突，第三节和第四节着眼于公用企业法律定位的现状和困境，以便突出本书研究的重点。本章首先介绍了我国的公用企业法律定位的现状。主要表现为公用企业存在着天然的"趋利性"，导致片面追求效益最大化而忽视其"公益性"本源、公用企业与消费者之间市场主体的地位不对等性、公用企业与消费者之间的信息不对称性。其次，介绍了我国公用企业法律地位的困境。主要表现为公用企业的行政主体属性的模糊性、监督机制的有限性和信息公开的有限性。

# 第二章

# 中华人民共和国成立后我国公用企业法律
# 定位的演变及问题

## 第一节　我国公用企业法律定位由空白向私法人的演变

由于我国直到 20 世纪 90 年代初《行政诉讼法》才正式出台，之前所有的法律争议都是通过民事路径来解决（包括行政争议），因此就对公用企业的法律定位而言，可以把《民法通则》作为一个重要的分水岭。

1. 1949 年中华人民共和国成立至 1986 年《民法通则》颁布

公用企业法律定位实际上处于空白地带。在这一阶段，我国社会处于百废待兴的状态，法制建设也较为落后，经济主要沿袭苏联的计划经济体制，公用企业并没一个明确的法律定位。1965 年 5 月发布的《国家编制委员会关于划分国家机关、事业、企业编制界限的意见（草案）》将单位区分为国家机关单位、事业单位和国营企业单位；1965 年发布的《关于一九六五年的劳动工资计划和编制管理的联合通知》在其所附的事业单位划分目录中明确规定电视台、公用事业单位、城市规划院（室）、市政养护处（队）、绿化队、公园、动物园、房管所、环卫处（所）等属于事业单位，而未将本书所指的公用企业列入其中。当然，处于当时的历史阶段，由于条件限制：一方面，本书中的很多公用企业并没有出现，比如有线电视、通信等行业；另一方面，将业已出现的供水、供电等企业归为国营企业，但这种宽泛的概念无法让人判断其法律定位和属性。

可见，在中华人民共和国成立至 20 世纪 80 年代中期这段时期内，公用企业实际上兼具了事业单位的公益性和国营企业的经营性，这种定位只是基于国家对整个社会的宏观调控和管理[1]，并不是严格意义上的法律属性和定位。在计划经济体制下，即使作为国营企业，其也根本不具有市场主体的地位，其只是一个纯粹的市场参与者，并代表国家扮演公用产品提供者的角色，作为政府法定义务延伸的主体，具有相当明显的模糊和不确定性。虽然有的学者基于这些国营企业的公益性、国家出资兴办、价值取向推导其为公法人，但这种推论的合理性和合法性还是值得商榷的。

2. 1986 年颁布《民法通则》至行政主体概念提出后：公用企业被明确规定为私法人

在这一阶段，由于我国社会主义法制的逐步健全，公用企业的法律地位得以明确。最先以国家法律形式对公用企业的法律地位进行规定的是 1986 年颁布的《民法通则》。该法沿用了 1963 年《国务院关于编制管理暂行办法（草案）》对单位的基本分类，只是将原"单位"改为法人，即机关法人、事业单位法人、企业法人和社会团体法人，企业法人被明确规定为民法上的私法人。接着，国务院在 1998 年颁布了《事业单位登记管理暂行条例》。该条例规定事业单位是"国家为了社会公益目的，由国家机关举办或者其他组织利用国有资产举办的，从事教育、科技、文化、卫生等活动的社会服务组织"，公用企业并未被列举其中。由此可以推论，公用企业被界定为企业法人，属于私法人主体。

另一方面，各公用事业领域也开始相继出台行业性立法，公用企业"企业法人"的私法主体身份得到了进一步明确。如 1990 年颁布的《铁路法》第 3 条第 2 款规定："国家铁路运输企业行使法律、行政法规授予的行政管理职能。"1994 年公布的《城市供水条例》第 19 条规定："城市自来水供水企业和自建设施对外供水的企业，必须经资质审查合格并经工商行政管理机关登记注册后，方可从事经营活动。……"1995 年颁布的《电力法》根据电力生产和输送的不同阶段分别规定了"电力企业"和"供电企业"。原建设部于 1997 年发布的《城市燃气管理办法》第 17 条规定："燃气供应企业，必须经资质审查合格并经工商行政管理机关登记注册，方可从事经营活动。……"

由上面的法律规定中我们可以发现，这一时期我国公用企业的法律性质在法律规定上是比较明确的，公用企业仍然是企业，但是已转变为私法人。

---

[1]《关于一九六五年的劳动工资计划和编制管理的联合通知》中也有规定。

可以推论，公用企业在当时被归类为国营企业单位。虽然被划分为国营企业单位，但是我们仍可以推论，当时的公用企业实际上属于公法人。

首先，从所承担的任务来看，公用企业承担的是公共任务。在这一阶段，公用企业实际上承担着两种公共职能：一是提供公用事业产品或服务，而在当时公用事业被视为进行工业建设所引起的城镇化这种客观现象的福利性配套措施，是理所当然应由国家承担的公共任务；二是公用企业作为"单位"承担着公共资源再分配的公共任务。单位是我国计划经济时期特有的一级社会单元，由各级政府出资创设，每个单位都有一个与之相对应的主管部门，单位内部任职的管理者和专业人员都被纳入了干部编制，单位自身是一个公共资源分配和再分配的枢纽，承担着将从国家分配来的公共资源和公共服务分配给个人的公共职能。

其次，当时对国营企业单位、事业单位和国家机关单位的划分不具有绝对意义。我国的计划经济体制是以行政权力为基础的经济管理体制，在这种体制下，计划无所不包，行政的、企业的、事业的、经济的、社会的，全部由计划进行规定和分配。这种背景使得国家机关单位、事业单位和国营企业单位并不是截然分离的，而是具有千丝万缕的联系。①公用企业在组织上依附于政府。在外部，每个公用企业都有相应的主管部门，公用企业也因主管部门的行政级别不同而被分为不同的行政级别。在内部，公用企业的组织管理在当时非常重视编制制度，公用事业单位的人事管理按照身份被划分为干部和工人。前者是管理人员和技术人员，由国家人事部门统一管理，编制由政府主管部门确定，并根据核定编制确定财政拨款。这种行政管理和编制体制是政府作为公用事业唯一提供主体的必然体现，公用企业也自然被认定为中央或地方政府提供公共服务的代理人，公用事业单位被看作是政府机关单位的延伸。②事业单位与企业单位的划分标准并不明确。从当时各种相关文件的规定来看，事业单位与企业单位划分标准不明，其根本原因在于我国对事业单位的定义和标准具有不确定性和模糊性。如1963年7月发布的《国务院关于编制管理暂行办法（草案）》是从经费开支的角度对事业单位进行界定。1965年发布的《国家编制委员会关于划分国家机关、事业、企业编制界限的意见（草案）》是从所有制形式和从事活动的产出特征进行界定。而1984年全国编制工作会议制定的《关于国务院各部门直属事业单位编制管理试行办法（讨论稿）》则是从所从事活动的目的的角度来进行界定。虽然三个文件也有表述相同的部分，即事业单位的功能是从事社会福利、服务性活动，具有社会公益性，但这恰恰是一个不确定的因素。

进入 21 世纪后，行政法学理论在我国取得了长足的进步，行政主体的概念应运而生。在起源上，行政主体概念是一个典型的舶来品。这一概念的引入始于 20 世纪 80 年代末，在此之前，行政法学理上主要是以"行政机关"或"行政组织"指称有关行政管理的主体，并由此引申出了行政行为、行政法律责任等相关的基本概念。这在当时的行政管理实践和行政法学发展阶段都是合理的。但随着行政管理实践的广泛展开及行政法学研究的深入，该"行政机关"或"行政组织"的概念愈现弊端。为了修正这些弊端，行政主体概念也悄然进入了中国行政法学研究领域。正如杨海坤先生和章志远先生在《中国行政法的基本理论研究》一书中所阐述的，行政主体概念在中国的引入是基于三个方面的客观情况：一是行政机关概念在承载和传递"行政权力行使者"的使命上的不足；二是行政诉讼被告资格确认的需要；三是法国、日本行政法主体理论的外在影响。上述背景既决定了行政主体概念在中国行政法学理上的特殊功能，同时也为限制行政主体理论自身的进一步发展埋下了伏笔。

自十一届三中全会以来，中国社会发生了全面而深刻的变革。以经济领域为主导的改革使得中国社会结构也面临重大的调整与变迁，各种市场的、社会的要素活跃起来，并促使政府垄断式的公共职能发生分化，许多职能向非国家公权力组织转移，政府走向了服务行政的道路。这就使得许多社会公权力组织开始在一定领域行使公共职能，发挥执行和管理的作用。当然，有些社会公权力组织可以被纳入法律法规授权组织的行列，但大多数的社会公权力组织是没有授权的，而且法律法规授权组织概念本身具有模糊性，哪些组织有资格获得授权、针对哪些事项可以授权等问题是我们需要明确的。因而，中国行政主体理论不能周延所有的行政主体，这就有必要扩展并明确行政主体的外延。越来越多的学者认为，行政主体包括行政机关、法律法规和规章授权的组织。从前面的内容中我们可以清楚地看到，公用企业依据大量单行的法律、法规和规章对消费者作出带有行政法意义的行政行为。对于公用企业的法律定位，行政法学理论上取得了重要的进步和广泛共识，但在司法实践中鲜有案例。但是，一个不争的事实是，在公用企业的法律定位问题上出现了不同的阵营，虽然私法人身份还是占主导地位，但是认为其在某些情形下具有公法人的身份的学者也在据理力争。

# 第二节　我国公用企业法律定位界定存在的问题

在公用企业属于空白阶段，国有制的模式在客观上可以集中有限的资源进行公用事业建设，对中华人民共和国成立之初我国公用事业的发展起到了推动作用。但是，公用企业法律定位的不确定性也带来了许多弊端：政府单一的投资和经营模式使得公用事业运行机制官僚化和效率低下；公用事业领域供求关系发生倒挂；公用事业建设进程滞后于工业化和城市化进程。另外，当时公用企业法律身份的不明确也并不是基于促进社会公益而主动进行的制度设计，而是在当时的历史条件下的唯一选择。随着我国经济体制改革的推进，公用企业法律身份没有界定的历史条件已不复存在，当时所引起的种种问题也成了促使我国开始推行公用事业市场化改革的客观基础。

20世纪80年代中期以后，我国的公用企业被明确规定为民法上的企业法人。这一规定在实践中引发了公用事业未充分市场化和过度市场化的问题。

1. 公用事业未充分市场化

公用事业未充分市场化是指，多数行业的公用企业还未成为真正的企业法人，依然具有计划经济体制下公法人的某些特征：

（1）从产权治理结构来说，有的行业的公用企业尚未完全建立现代企业制度。如公用企业中的铁路等行业至今仍然实行着传统政企高度合一的规制体制，即"企业由政府建，企业领导由政府派，资金由政府拨，价格由政府定，盈亏由政府统一负责"。[1]这些公用企业表面上具有更多的国家公法人特征，在实践当中却是被按私法人来对待。

（2）在市场结构上，我国绝大多数公用企业还不具有有效的市场竞争环境。普通市场竞争型企业在市场中无法独占市场，必须通过提高自身的效率和质量以寻求市场竞争的胜利。而公用事业一般具有网络型的特征，这决定了公用企业在一定地域范围内具有自然垄断的经济特征，而在我国传统的国有体制下，许多行业的公用企业以行政权为基础形成了自然垄断和行政垄断相结合的市场独占地位。目前，除了电信领域外，绝大部分公用事业行业并

---

〔1〕　王俊豪主笔：《中国政府管制体制改革研究》，经济科学出版社1999年版，第1页。

不存在有效的市场竞争，也并不具备我国《反垄断法》规定的竞争市场，因此并不适用《反垄断法》。这一市场结构使得我国大部分公用事业领域产品或服务质量低劣，价格居高不下，在公用企业内部形成了高额的垄断利润。

（3）公用企业提供的产品或服务的种类和价格主要不是由市场决定。公用企业所提供的产品或服务具有民生必需性，具有准公共物品的性质，因此在历史上一向是政府管控的内容。特别是在价格方面，我国多数公用事业行业仍然实行法定价格或地方政府指导价，此外还有在特定历史时期形成的特别定价和价外加价。在这种体制下，这些价格规制手段往往会成为政府与公用企业结成同盟、实现政府"私人目标"的手段。

2. 公用事业过度市场化

公用事业过度市场化是指，由于过于强调公用企业的私法人身份和私法运作，从而导致公用事业市场化改革脱离公益目标，使公共利益遭到损害。具体体现为：

（1）以公用企业的经济效益替代公用事业的社会效益。我国公用事业的市场化改革是以公用企业的现代企业化为开端的。如 1993 年原建设部、原国家体改委、原国家经贸委联合发布的《全民所有制城市供水、供气、供热企业转换经营机制实施办法》第 3 条规定："企业转换经营机制的目标是：使企业适应市场需求，逐步成为依法自主经营、自负盈亏、自我发展、自我约束的公共产品生产和经营单位，成为独立享有民事权利和承担民事义务的法人。"可见，公用企业的私法人身份是该阶段改革重要的合法性依据，公用企业的经营效益成了衡量改革是否成功的重要指标，公用企业的经济效益取代公用事业的社会效益成了多数时候所追求的目标。

（2）以公用企业取代政府作为承担公用事业的责任主体。许多地方政府将公用事业市场化片面地理解为引进资金和财政减负，认为公用事业市场化就是将公用事业完全推给市场，交给具有私法人身份的公用企业来承担，而政府由于不再直接承担公用事业的供给，自身对公用事业所承担的公共责任也被淡化了。

# 第三节　以公用企业与消费者法律关系为例反思现行私法理念

传统观念认为，公用企业提供给整个社会成员的是水、电、气、热、公共交通和通信等公用产品。既然都是产品，那么它就和其他企业生产出来的产品没有区别，双方你情我愿，订立买卖合同，双方的权利义务就很清晰了。在这种观念的支配下，公用企业和消费者之间的地位是平等的，双方是一种民事法律关系。现行的私法体系对于公用企业与消费者之间的法律关系也有相应的制度建构。

从公司形式和组织机构的设置来看，公用企业作为法人完全符合《民法总则》的要求，依法登记，获得相应的营业执照和税务登记证；按照法人章程选举法定代表人；享有相应的民事权利和承担相应的民事义务。至于它到底是营利法人还是非营利法人没有一个定论。从历年来的政府机构改革来看，为了与市场经济体制相匹配，政府也在逐步压缩、干预市场经营活动，公用企业也在朝着政企分离的目标推进，政府逐步朝着成为公用企业的监管主体而不是经营主体转变，公用企业也在逐步享有更大的经营自主权。大量的非政府资本参与公用企业经营，公用企业也呈现出了中外合资、中外合作、国有独资等多种经营形式。这些形式都符合《公司法》关于公司机构设立的相关规定。

从公用企业与消费者的法律关系来看，《合同法》《消费者权益保护法》《民法总则》都有相应的规定。基于公用企业与消费者之间是平等的民事法律关系的认识，从公用企业与消费者订立的合同来看，公用企业有为消费者提供公用产品和服务的义务，同时享有收取对价的权利。从合同的成立到生效来看，完全符合《合同法》的要件，是基于双方的"真实意思表示"。《合同法》第十章从第176条至第184条也有对公用企业相应的规定。从消费者权益保护来看，《消费者权益保护法》第2条规定："消费者为生活消费需要购买、使用商品或接受服务，其权益受本法保护。"凡是为了生产和生活消费需要购买、使用商品或接受服务的法律主体都属于消费者，都应当适用《消费者权益保护法》，这个时候公用企业和消费者都属于民事主体范畴。从公用企业与消费者发生的法律纠纷来看，公用企业与消费者之间发生的要么是侵权责任，要么是违约责任。根据《民法总则》第八章第179条的规定，承担民事责任的方式主要有：①停止侵害；②排除妨碍；③消除危险；④返还财产；⑤恢复原状；⑥修理、重作、更换；⑦继续履行；⑧赔偿损失；⑨支付违约金；⑩消除影响、恢复名誉；⑪赔礼道歉。

从现行私法理念来看，其将公用企业和其他企业等同视之，没有看到公用企业的特殊性。首先，公用企业提供的产品具有特殊性。其他企业提供的产品消费者完全可以视自己的经济能力和需要程度而定，如果经济情况不允许，消费者可以放弃，或者延期消费。如果可要可不要，消费者拥有完全的选择自由。但是，对于公用企业提供的产品，消费者只有"必须"这样一个选项，因为如果选择了放弃，消费者可能连最基本的生存都难以得到保证。而且，提供产品的主体也是有限的，基于市场竞争的不充分，公用企业往往是独家经营，消费者是不可能与公用企业享有平等地位的。其次，其他企业的法定代表人基本都是按照出资份额来决定，而公用企业主要是国有的形式，国家占了很大的出资份额，法定代表人在很多时候都是由组织通过相应的程序任命的，法定代表人基本上都具有公务员身份，享有一定的行政级别。最后，基于公用产品的特殊性，消费者在很多时候是在被动接受公用企业的产品服务，因为没有选择，所以只能在公用企业提供的格式合同上签上自己的名字，这难道是具备了民事合同的真实意思表示特征吗？答案应该是否定的。最后，根据《民法典》，承担民事责任有支付违约金的方式，但是很多公用企业白纸黑字规定对于不及时缴纳费用的消费者，公用企业可以收取滞纳金。这又该如何解释公用企业与消费者之间的法律关系呢？总的说来，基于这样一种理念，现行私法理念生硬地把公用企业与消费者之间的法律关系界定为大一统的民事法律关系，没有考虑到公用企业产品的特殊性、组织机构的特殊性、行为内容的多样性，这样的认知难免会产生偏颇。

## 本章小结

公用企业法律定位的不明确有着深刻的历史根源，也具有鲜明的中国特色。本章着重介绍了公用企业法律定位的演变过程。以中华人民共和国成立、《民法通则》颁布、行政主体概念提出这三个重要节点为主线。从中华人民共和国成立到《民法通则》颁布实施这个阶段，我国公用企业以国营企业的身份出现，法律定位是一个空白地带，不能被简单归为公法人或私法人；从《民法通则》颁布实施到行政主体概念提出这个阶段，无论是从立法角度还是从司法实践角度，公用企业都没有被定义为私法人，此时我国的行政法学还处于空白，所有的法律争议都被纳入了民事关系。从 20 世纪 90 年代《行政诉讼法》颁布实施以来，行政法学理论研究取得了长足的进步，行政主体的概念应运而生，越来越多的行政法学者认为原来的行政机关已不能涵盖。大量的社会组织承担着社会公共管理职能，公用企业作为法律、法规和规章授权的组织向社会提供生存所需的基本物质条件，其享有行政主体的资格，但却在实践中没有得到很大的突破。

# 第三章

# 公用企业基本理论问题

## 第一节 公用事业基本理论

### 一、公用事业的属性

通过百度搜索，公用事业是指具有各企业、事业单位和居民共享的基本特征的，服务于城市生产、流通和居民生活的各项事业的总称，通称城市基础设施或市政服务事业。目前，学界将公用事业的外延分为狭义、广义和最广义三种。狭义的公用事业即区域性网络型公用事业，包括燃气、供热、供水和污水处理、公共交通、垃圾回收及处理、有线电视等产业，区域性公用事业与我国相关立法规范中所称的市政公用事业基本一致；广义的公用事业包括所有网络型的公用事业产业，除了区域性网络型公用事业之外，还包括全国性网络型公用事业，如电力、电信、邮政、铁路、交通运输等产业；最广义的公用事业除了网络型公用事业以外还包括园林绿化、环境卫生甚至水利等事业。张莉莉认为，公用事业是依社会公益性的需要而依法成立的、依赖网络性基础设施为社会公众提供普遍性的产品与服务的企业法人。[1]邢鸿飞则认为，公用企业是公用事业的经营者，公用事业是指"政府在基于公共利益的规制下，由公用企业通过基础设施向公众提供普遍服务的公共性事业的总称"。[2]不难看出，公用事业这是一个管理学术语，是诸多社会领域的一个

---

[1] 张莉莉、王建文："公用企业基本法立法的逻辑证成与基本结构"，载《南京社会科学》2011年第10期，第104~109页。

[2] 邢鸿飞、徐金海：《公用事业法原论》，中国方正出版社2009年版，第18页。

分支。

## 二、发展公用事业的内在逻辑

（1）国家机器的运行需要。国家机器（state apparatus）是一个政治术语。按照马克思列宁主义的解释，国家是一个阶级统治另外一个阶级的工具。其含义是，统治阶级必须建立一整套法律、制度、执行机构，并依赖于这些法律、制度和执行机构才能实现对被统治阶级的统治。军队等暴力专政机构也都是国家机器的重要组成部分。对普通公民来说，这些专政机关对他们来说很遥远，可能没有机会与之发生联系。他们更关心的是日常的生活能否有序、生活水平是否能够得到充分保障。他们只有在想用水却没有水、想用电却没有电的时候才会把内心长期积压的负面情绪爆发出来，统治阶级此时会动用手中掌握的专政工具来保障其利益。当然，在现今的法治社会，这种情况也不是统治阶级希望看到的，所以关乎国计民生的水、电、气等公用事业也是一个很重要的方面。虽然看起来不像专政机关那样重要，但实际上它们对国家机器能否正常运行也发挥着至关重要的作用。

（2）有限政府义务的法定性。有限政府是指政府作为公共利益的代表者、行使者，其自身在组织机构、职能配置、权力边界和运作手段上受到严格限制和有效制约。

基于政府与公众是一组契约法律关系，公民将权力授予政府，但并没有将所有权力都转让，而是保留了相当一部分，政府天然是有限的，它的权力是有边界的，全能型政府不符合现代法治理念的要求。有限政府的本质要求是建立在市场自主、社会自治基础之上的。和公民一样，政府的行为同样应该有对边界的敬畏，这才是与自身能力相匹配的。"全能型"政府必将走下神坛，这也是历史的潮流、时代的选择。意识到自身能力的短板是理性确定政府职能边界的前提。现代政府应当将自己定位于"全能"与"无为"之间，做到"有所为有所不为"。事实上，政府只有把握了"有所为有所不为"的价值理念，才能把主要精力投入到自己的本职工作当中，最大限度地为公民谋取幸福，让公民对政府有认同感。

有限政府的实现，关键在于法治的实现。法治理念视野下的权力是一种有限权力，法治政府的核心要义也必然是有限政府。在法治社会框架下，政府权力的边界应当由宪法和法律明确界定，法无明文规定不可为。只有把政府的权力关进制度的"笼子"里，权力体系才能和公民社会达到某种平衡。法治政府的职责，不是去侵害人们的基本权利和自由，而是去维护和保障。既不能有任性越位，也不能有故意缺位，做到该管就必须管、该放就必须放。按照法治政府的理念，公用企业的运行和发展应该交给市场，让有资质的企业来替政府分担，政府职能部门应扮演好监督者的角色，否则会受到社会和公众的质疑。

（3）政府职能转变的必然趋势。随着我国由计划经济向市场经济转换，公用事业也伴随着政府机构的改革不断适应社会发展的要求。中华人民共和国成立特别是 20 世纪 80 年代以来，我国在行政体制领域主要进行了 8 次改革。

1981 年，国务院的隶属机构达到了中华人民共和国成立以后的顶峰，有 100 个左右，亟待改革。1982 年 3 月 8 日，第五届全国人大常委会第二十二次会议通过了关于国务院机构改革问题的决议。此时，还没有公用企业的概念，政府还是实行计划经济体制，公用产品都是由政府"大包大揽"，涉及公用产品的企业从业人员都是所谓的"国家干部"。整个社会还处于改革开放初期。[1]

1988 年 4 月 9 日，第七届全国人大第一次会议通过了国务院机构改革方案决议，启动了新一轮的机构改革。这次改革的着眼点在于大力转变政府职能。政府主管经济管理的职能部门要从"直接管理为主"转变为"间接管理为主"，加强宏观调控职能，让企业拥有更大的经营自主权。其内容主要是加强组织建设，科学、合理地划分职责，调整机构设置、转变职能、转换工作方式、完善运作机制、提高行政效率、加快行政立法。改革的重点是那些与经济体制改革法律关系密切的经济管理的职能部门。改革采取了从上而下、先中央人民政府后地方人民政府、分步实施的方式进行。这次机构改革，是一次弱化政府经济主管职能部门从人、财、物上直接干预企业自主经营活动的职能，以达到增强政府宏观调控能力和转向行业管理的行政管理体制改革的目标。[2]

---

〔1〕　详见 1982 年 3 月 8 日，第五届全国人大常委会第二十二次会议通过了关于国务院机构改革问题的决议。

〔2〕　详见 1988 年 4 月 9 日，第七届全国人大第一次会议通过了国务院机构改革方案决议。

1993 年 3 月 22 日，第八届全国人大第一次会议审议通过了关于国务院机构改革方案的决议。1997 年 1 月，根据政府机构改革案，组建成立了国家电力公司，政府机构改革进一步深化，国家其他专业领域经济部门也进一步深化改革，逐步改组为不具有政府职能的经济实体，或改为国家授权经营国有资产的单位，或改为行业管理组织，将原有的政府管理职能转移给政府综合部门负责。[1]

1998 年 3 月 10 日，第九届全国人大第一次会议审议通过了关于国务院机构改革方案的决议。针对通信行业，按照政企分开、破除垄断、转变职能、鼓励竞争与权责一致的原则，国家对信息产业部的职能进行了调整。将原来邮电部的邮政行业管理职能、邮政网络建设与经营管理的企业职能交给国家邮政局；将原邮电部的国家电信主干网建设与经营管理的企业职能交给电信企业或企业集团；将原邮电部、电子工业部的工业、物资、施工企业的经营管理职能下放给企业，实行政企分开；将原国家无线电管理委员会及其办公室的行政职能，并入信息产业部；将原国务院信息化领导小组及其办公室的行政职能并入信息产业部。[2]

在 2003 年 3 月 6 日上午举行的第十届全国人大第一次会议第二次全体会议上，王忠禹受国务院委托作了关于国务院机构改革方案的说明报告。对于公用企业的管理，此次改革旨在深化国有资产管理体制改革，设立国务院国有资产监督管理委员会（简称"国资委"），属国务院直属机构。国务院授权国资委代表国家履行出资人职责。国资委的监管范围被确定为中央所属企业（不含金融类企业）的国有资产。地方所属企业的国有资产，由改革后设立的省、市（地）两级地方政府国有资产管理机构负责监管。其他国有资产依照相关的法律法规进行管理。[3]

2008 年 3 月 15 日，第十一届全国人大第一次会议听取了华建敏关于国务院机构改革方案的说明。3 月 15 日，会议通过关于国务院机构改革方案的决

---

〔1〕 详见 1993 年 3 月 22 日，第八届全国人大第一次会议审议通过了关于国务院机构改革方案的决议。

〔2〕 详见 1998 年 3 月 10 日，第九届全国人大第一次会议审议通过了关于国务院机构改革方案的决议。

〔3〕 详见 2003 年 3 月 6 日，第十届全国人大第一次会议第二次全体会议，秘书长王忠禹受国务院委托，作关于国务院机构改革方案的说明的报告。

议批准了这个方案。国务院办公厅下发了国家工商行政管理总局的新"三定"方案。该方案再次明确了国家工商行政管理总局的主要职责之一就是依法查处不正当竞争、商业贿赂等经济违法行为，国家工商行政管理总局依照新"三定"方案对内设机构进行了重新整合和职能划分，在公正交易局的基础上成立了反垄断与反不正当竞争局，专门负责竞争执法和反垄断工作。同时，新的"三定"方案也使得国家工商行政管理总局成了重要的反垄断执法机构。[1]

2013年2月28日，全会通过了国务院机构改革和职能转变方案的决议。旨在贯彻党的十八大关于建立中国特色社会主义行政体制目标的要求，以职能转变为核心，继续简政放权、推进机构改革、完善制度机制、提高行政效能，稳步推进大部门制改革，对减少和下放投资审批事项、减少和下放生产经营活动审批事项、减少资质资格许可和认定、减少专项转移支付和收费、减少部门职责交叉和分散、改革工商登记制度、改革社会组织管理制度、加强基础性制度建设、改善和加强宏观管理、加强依法行政等作出重大部署。实行铁路政企分开。为了推动铁路建设和运营健康可持续发展，保障铁路运营秩序和安全，促进各种交通运输方式高效衔接，实行铁路政企分开，完善立体交通运输体系。将铁道部拟订铁路发展规划和政策的行政职责划入交通运输部。交通运输部统筹规划铁路、水路、公路、民航发展，加快推进立体交通运输体系建设。组建国家铁路局，由交通运输部管理，承担铁道部的其他行政职责，负责拟订铁路技术标准，监督管理铁路安全生产、运输服务质量和铁路工程质量等。组建铁路总公司，承担铁道部的企业职责，负责铁路运输的统一调度指挥，经营铁路客货运输业务，承担专运、特运任务，负责铁路建设，承担铁路安全生产主体责任等。国家继续支持铁路建设发展，加快推进铁路投融资体制改革和运价改革，建立健全规范的公益性线路和运输补贴机制，继续深化铁路企业改革。不再保留铁道部。[2]

2018年3月17日上午，十三届全国人大一次会议表决通过了关于国务院机构改革方案的决议，批准了这个方案。与以往7次机构改革的起点不同，

---

〔1〕 详见2008年3月15日，第十一届全国人大第一次会议听取了华建敏关于国务院机构改革方案的说明、同日会议通过关于国务院机构改革方案的决议。

〔2〕 2013年2月28日，十八届二中全会通过的国务院机构改革和职能转变方案的决议。

本次机构改革，不局限在国务院或者行政层面的机构改革和职能优化，而是涉及党、政府、人大、政协、司法、军队、事业单位、群团、社会组织等全方位的机构改革。这种重构以国家治理体系和治理能力现代化为导向，以推进国家机构职能优化、协同、高效为出发点，改革机构设置，优化职能分工，深化转作风、转方式、转职能，提高效能。此次将国家工商行政管理总局的职责、国家质量监督检验检疫总局的职责、国家食品药品监督管理总局的职责、国家发展和改革委员会的价格监督检查与反垄断执法职责、商务部的经营者集中反垄断执法以及国务院反垄断委员会办公室等职责全面整合，组建了国家市场监督管理总局，作为国务院直属机构。其主要职责是，负责市场综合监督管理，统一登记市场主体并建立信息公示和共享机制，行使市场监管综合执法工作，承担反垄断统一执法，规范和维护市场经营秩序，组织实施质量强国战略，负责工业产品质量安全等执法工作。[1]

从历年的政府机构改革来看，公用事业领域主要呈现以下特点：①政府的角色定位发生了变化。公用事业主管部门进一步加强转变管理手段和方式，从原来的直接管理转变为宏观调控，从原来的管行业转变为管市场，从对企业负责转变为对消费者负责、对公共利益负责。政府部门要与其直接管理的城市市政公用企业单位脱钩，转而通过制定行业特许经营管理的模式，设置行业准入门槛，搞好宏观调控，确保产品和服务的有效供给，维护社会稳定，确保公用企业的社会公益性、服务公众性的性质不变。②公用事业抢着管、无人管的现象逐步被改变。在计划经济体制及计划经济体制向市场经济转型的过程中，政府对公用事业的生产、经营、投资和价格实行"大包大揽"，造成政府的不同部门在利益出现的时候争着抢着表明自己有合法的管理权，而在负面情况出现的时候明着暗着采取"躲猫猫"的方式。"九龙治水"的情况在政府机构改革不断深入的背景下将会一去不复返，全国很多地方均按照"大部制"改革的思路，把公用事业领域的职责划归到一个政府职能部门进行管理，保证政令集中、高效畅通，防止政出多门、打架扯皮。

不难看出，公用事业是涉及社会公共服务的、保障社会成员基本生活需求的社会事务的一个重要方面。公用事业的成熟和优化能提高整个城市的运

〔1〕 2018年3月17日，第十三届全国人大一次会议表决通过了关于国务院机构改革方案的决议。

作效率、降低生活成本、节约社会劳动力，为全体社会成员提供生存和发展的物质条件和保障。但是，在我国目前的法律规则体系中，它并不是一个法律意义上的概念，而是一个管理学上的术语，和社会领域其他分支（如文化事业、体育事业、外交国防事业）一样，具有极强的宏观性。对于普通公民来说，这些宏观的事业种类看得见，却摸不着。《政府信息公开条例》列举了教育、医疗卫生、计划生育、供水、供电、供气、供热、环保、公共交通等九大类公用事业，被称为"公共企事业单位"。也就是说，我国的公用事业中既有企业单位又有事业单位，在生活中我们通常可以看到的教育、医疗、计划生育行业属于事业单位，而供水、供电、供气、供热等又是由一些微观的、具体的企业来经营。对于事业单位而言，它通常是由单行的法典来规范、约束自身的行为，相对较为成熟。而对于这些公用事业的经营者——公用企业——而言，却相对薄弱。为便于研究，本书只针对公用企业展开论述。

## 第二节　公用企业基本理论

### 一、公用企业的界定

"公用企业"一词来源于英语中的"Public Utilities"，有的学者将之翻译为"公用事业"，有的则将之翻译为"公用企业"。因此，在我国，"公用事业"和"公用企业"在很多情况下是混同的，没有一个清晰的区别。《反不正当竞争法》以及原国家工商总局颁布的《关于禁止公用企业限制竞争行为的若干规定》提出了"公用企业"概念，主要指代"涉及公用事业的经营者"。具体来说，公用企业是指供电、供水、供气、供热、有线电视、通信和公共交通等为全体社会成员提供公共产品和服务的垄断性企业。本书也将采用这一概念进行研究。

### 二、公用企业的基本属性

公用企业是一个独立的企业法人，逐利并不是其终极目标，公益性和社会福利性质是其外化的重要社会标签。公用企业或者其他具有独占地位的经营者所享有的独占地位是法律赋予的，因而具有合法性。但是，如果具有独占地位的经营者利用自身独占地位和经济优势来排斥或限制其他经营者参与竞争，则是对其独占地位的滥用，会受到法律的规制。公用企业的特点是相对于一般私人企业而言的，公用企业在社会生活中承担的功能、价值取向、运行方式等方面具有不同于私人企业的鲜明特点：

（1）社会性和公众参与性。公用企业的社会性表现在公用企业专门从事社会公共事务的服务与管理，以向全体社会成员提供公用产品、服务社会为首要任务。公用企业在服务社会公共事务的整个过程中增强必要的市场开放性，保证社会公共事务普惠全体社会成员，社会公共事务服务的效果评价以社会公众满意度为衡量标准。正是在这样的基础上，社会大众的广泛参与是公用企业区别于私人企业的又一个特征，民众的参与体现了广大民众的意志，并且极大地调动了社会公众对公用企业建设的热情，激发了他们的创造性和主动性。

（2）服务性和非营利性。公用企业是指以生产公用产品和提供公益服务为目标的非营利机构，公用企业以实现社会公众利益、服务于社会公众的生活作为根本宗旨。公用企业始终按照社会公众的旨意来行事，并且将以为社会公众提供公用产品和公共服务为根本职责，体现出服务社会、造福大众的价值追求，服务性是公用企业的基本属性。而且，公用企业造福大众的价值追求是不以营利为前提的，保证必要的利润空间以维持和扩大公用企业的生存和发展，属于为公共利益提供服务。公用企业在从事公共事业管理的过程中始终代表公共利益，并将维护和实现好社会公众的利益作为唯一的目标价值，非营利性是一切公用企业的共性。

（3）公共性和公开性。公用企业产生于社会公共需要，其"为公众所共用"的性质决定了其基本功能是维护社会的公共利益，解决社会的公共问题，组织的宗旨是为社会提供公用产品和服务。但其公共利益具有较大的模糊性，很难描述清楚。同时，公用企业形成的原因和目的决定了它具有从社会中产生又居于社会之上的力量，这种力量使它有必要也有义务将经营活动透明化、公开化。

（4）稳定性和独占性。与私人企业相比，公用企业具有相对稳定性的特点，它的结构较少发生变化，管理模式也较少发生根本性变革。不仅如此，公用企业以提供公用产品和服务为己任，这些公用产品的显著特征是产品的垄断性和独享性，并且有相当部分的公用产品前期基础投资巨大、收获效益的周期较长。

# 本章小结

　　本章从公用事业入手，以公用事业基本属性为基点，以公用事业发展的内在逻辑为支撑，逐步引出了公用企业这一核心概念，通过分析公用企业的界定、基本属性以及现行私法体系把公用企业与消费者之间的法律关系界定为大一统的民事法律关系，没有考虑到公用企业产品的特殊性、组织机构的特殊性、行为内容的多样性，让我们初步看到了现行私法体系并不足以完全和正确阐释公用企业与消费者的法律关系，为公法的切入找到了逻辑起点和潜在路径。

# 第四章

# 公用企业法治化的逻辑起点

## 第一节　法治政府的内涵与公用企业的价值观

党的十八届三中全会提出，全面深化改革的总目标是完善和发展中国特色社会主义制度，推进国家治理体系和治理能力现代化。将推进国家治理体系和治理能力现代化作为全面深化改革的总目标，对于中国的政治乃至整个社会主义现代化事业来说具有重大而深远的理论及现实意义。不同学者从不同角度对这一概念有不同的解读，既然是"治理"，其核心还是如何规范公权力运用问题。一方面，政府应当逐步压缩手中掌握的权力，还权于民，让更多的社会组织参与国家治理；另一方面，包括政府在内的各个治理主体应当尊重市场经济的规律，政府不应过度介入市场，社会组织应依法规范自己的行为。相应地，公权力的范围也应该有所变化，过去那种认为公权力等于行政机关的权力的观点已不合时宜，越来越多的社会组织已经在"染指"公权力，这已经是不争的事实。基于这种现象，规范这些社会组织的法律地位非常必要。

2015 年中共中央、国务院印发的《法治政府建设实施纲要（2015-2020年）》提出："经过坚持不懈的努力，到 2020 年基本建成职能科学、权责法定、执法严明、公开公正、廉洁高效、守法诚信的法治政府。"依法全面履行政府职能；完善依法行政制度体系；推进行政决策科学化、民主化、法治化；坚持严格、规范、公正、文明执法；强化对行政权力的制约和监督；依法有效化解社会矛盾纠纷；全面提高政府工作人员法治思维和依法行政能力。[1]

---

〔1〕 详见 2015 年中共中央、国务院印发的《法治政府建设实施纲要（2015-2020 年）》。

从这个纲要中我们可以看到国家在宏观层面对构建法治政府的清晰勾勒和设计。在市场经济条件下,未来的法治政府将是一个有限的政府、服务的政府,这与计划经济条件下我们照搬苏联模式的全能型政府大相径庭。在微观层面上,对于那些政府必须要管而又管不好的涉及国计民生的供水、供电、供气、供热、邮政、有线电视和公共交通等公用企业,也应该在法治政府这个轨道上相向而行,形成一个有机的法治体系,做出其应有的贡献。毫不夸张地说,法治政府最终的建立和形成,公用企业是其中必不可少的一环。

根据法治政府目标这样的顶层设计,政府及其代表政府的其他组织都应当服从或服务于这一中心任务。作为公用企业,同样也应该把这样一个目标的实现作为其核心价值。首先,公用企业应该有一个清晰的定位,其所提供的产品是政府对整个社会法定义务的体现和履行。我国是人民民主专政的社会主义国家,人民是国家的主人,权力的实际所有者,政府基于权力机关的授权来管理国家各项事务,因此为公民提供基本生存和发展的生活条件就成了政府的责任和义务。国家各项事务的繁杂性和专业性让政府没有能力和精力去落实,基于此,公用企业成了代表政府履行这一义务的合格受托者。其次,公用企业在接受政府的委托后向社会提供公用产品,这种产品在很大程度上具有垄断性,这种垄断性极易衍生出公用企业地位的优越感。地位上的优越感会让公用企业任性地对消费者的合法权益造成侵害,在社会没有提供其他可替代的同一产品服务时消费者要么选择沉默,要么选择维权,却找不到行之有效的办法。最后,作为一个社会公用产品的提供者,每一个公用企业都应当根据相应的法律依据从事特定的生产经营活动,既不能从事不属于自己业务范围的经营活动,也不能提供不符合质量要求的产品。一方面,公用企业要接受政府机构的约束和监督,如果公用企业提供的产品违反相关法律法规,就会带来被制裁的风险。同时,公用企业也会受到普通消费者的监督,如果消费者认为公用企业提供的产品或服务没有达到法定的要求,双方发生争议后,消费者便能够有一条清晰而正确的维权路径。令人欣慰的是,我们的政府逐步认识到,传统模式下的那种社会治理模式已经不符合现代法治的理念,政府应当是一个服务型的政府,是为全体社会成员"打工"的。政府应当是一个有限型的政府,政府的权力必须要有合法的来源,不能任意妄为,也不能不作为。随着国家治理体系现代化和法治政府建设的逐步落实,全能型、无限型的政府思维势必要被有限政府思维所取代。杨海坤教授认为,在"法治政府"的理念下，政府之所以能为"法"所"治"，首先是由其"有限政府"的身份和角色定位所决定的。行政权力一经形成便具有自我膨胀与扩张的本能反应。[1]政府有着自己的行政目的，但不能一味追求行政目的而忽略了程序意识，行政目的不应是政府忽略正当程序的"挡箭牌"。公用企业应该从政府的这一观念转变中汲取营养成分，清晰自身的定位，正确处理与消费者的法律关系，为社会提供更好的公用产品。

## 第二节　法治政府的理论基础演进

根据中共中央国务院印发的《法治政府建设实施纲要（2015—2020年）》，到2020年基本建成职能科学、权责法定、执法严明、公开公正、廉洁高效、守法诚信的法治政府。要达到这一目标，其核心要义是依法行政。简单来说，政府必须在于法有据的前提下实施自己的行为。其中存在一个前提：我们的政府在一个什么样的观念下行使自己的职权、履行自己的义务，是把权力当作"大棒"任意令相对人，还是把相对人当作自己服务的对象。在权力行使过程中是一味追求行政目的而不择手段还是权力的行使必须要遵守相应的法定程序，这一切都要回归行政法的本源或者说行政法的理论基础，这点至关重要。公用企业代替政府向社会提供公用产品，也应当遵循这一理念。对于公用企业这种特殊的社会主体，我们不能只看到它们在给整个社会提供基本的生存和发展的公用产品，更应该看到公用企业"权力"背后真正的法律地位。法治政府的价值观依托于行政法学的理论支撑，而行政法学的理论基础长期以来一直是行政法学界最基础、最重要却又争议最多的问题。我们今天要建设法治政府的宏伟目标，洞悉行政法学的理论基础是无法回避的。笔者将基于行政法理论基础的演进过程加以说明，主要从管理论、控权论和服务论进行综述。

### 一、管理论

管理论是指行政主体与相对人之间处于一种互相不平等的法律地位，行

---

〔1〕　杨海坤、樊响："法治政府：一个概念的简明史"，载《法律科学（西北政法学院学报）》2016年第1期，第28~34页。

政权要高于个人的权利，因此又称为"绿灯理论"。管理论注重的是政府行政职能的运作，认为只要政府有效地发挥自身职能，履行其职责，为民众提供良好的社会服务，行政秩序有条不紊，那么行政主体所作出的行政行为就都是合法有效的。由此可以看出，管理论注重的是政府的效率，而对于法律的功能却有些忽视，认为法律仅仅是为行政管理的顺利进行保驾护航，起的是辅助作用。

管理论认为，"法律是无限主权者的工具"，"行政法就是一部管理国家的法"是"对国家事务进行管理的工具，其作用主要是保障行政主体实施有效管理"。[1]管理论在行政法中最先出现，因此其缺陷会更加明显，学者对它的研究相对较少。出现此种情形的原因有以下几个方面：①从管理论的字面意思来讲，管理论的理论内涵往往会被人误解为"行政法就是官方欺负公民的法"[2]，在很大程度上体现的是"人治"的思维逻辑，这是思想方面的严重弊端。管理论强调的是政府的管理，主要突出的是政府的积极作用，并非"人治"。②管理论的理论基础往往被误认为是建立在法律实证主义之上，因而是价值无涉的。[3]③管理论最早是在东欧、苏联以及我国的立法、执法以及司法中体现出来的。有时，管理论的源头问题会被混淆，认为是源于苏联的行政法，是我国借鉴他国的行政法律制度。基于以上三方面的误解，许多人认为管理论就是我国早期行政法的运行状态。从内容上讲，管理论主张"行政主体是权利主体，相对方是义务主体，二者之间的法律关系是权利义务法律关系，权利义务不对等是行政法制基本特征，命令-服从是行政行为的基本模式；强调法制的中心是依法行政，即用法律管理国家事务，要求行政相对方

---

〔1〕 ［苏联］B. M. 马诺辛等：《苏维埃行政法》，黄道秀译，江平校，北京群众出版社 1983 年版，第 24 页。

〔2〕 有学者就是如此归纳管理论的：以管理者为本位，以管理为使命，无视行政相对方的权利，忽视了对管理者的监督，过于强调行政效率和行政特权，加深了行政领域官本位的特征，同现代社会的发展，同民主与法治原则不相适用。参见罗豪才主编：《现代行政法的平衡理论》，北京大学出版社 1997 年版，第 9 页。

〔3〕 有学者指出，管理论者从分析实证主义出发，信奉法律是无限主权者的命令，认为行政法是对国家事务进行管理的工具。罗豪才主编：《现代行政法的平衡理论》，北京大学出版社 1997 年版，第 8 页。正是基于这一前提，有学者进一步指出：管理论"它缺乏生命力，因为它回避了行政法的性质，对于行政法没有价值判断，对于行政学与行政法学没有明确的区分，该论似有视行政法为管理技术法之嫌，也给人以行政法学为行政管理学之附属学科的感觉"。参见杨解君："关于行政法理论基础若干观点的评析"，载《中国法学》1996 年第 2 期，第 69 页。

服从法律的命令，否则要承担行政法律责任，受到法律的制裁"。[1]对于行政法来说，它的使命就是为行政主体有效行使其职权并顺利、高效地达到其被赋予的行政职责保驾护航，理论支撑是国家主义、积极主义、极端的集体主义，以公共利益、行政权力为本位，此为管理论的核心理念。在当时的时代，国家法律的价值取向与社会背景以及统治阶级的意识密切相关，在管理论盛行的时代，价值取向固化、狭隘，是近代无产阶级集体主义的政府首要理论，侧重于行政效率、强化行政目的，对于政府的要求则是全方位地、主动地为社会公共服务领域提供公用产品。而对于法律责任来讲，责任承担的范围也不大，仅限于行政相对方的责任，对于行政主体的责任则没有作出明确规定，而救济的主体则是主管行政主体自己或者行政裁判机构。很明显，政府在这一过程中既是"运动员"又是"裁判员"。"行政救济，早期被认为是行政长官对受害的相对方的一种恩赐，此后方逐步被承认为相对方的一种权利补救措施。"[2]简言之，"管理论的价值取向是重国家利益，轻个体利益，权力取向以行政主体的权力为本位，或者以公民义务为本位，调整对象为行政法律关系，程序取向是一味追求行政效率"。

## 二、控权论

控权论主张主要来源于英美国家，最早起源于 17 世纪的英国。英国"光荣革命"结束了旧王朝的君主专制制度，废除了象征国王特权的星法院，使得普通法院成为唯一。在"光荣革命"后，新兴资产阶级对国王特权进行限制，强调在行政中行政利益和公民利益发生矛盾时侧重于保护公民个人权益，认为行政法本质上是一种控权法。其代表学者阿尔伯特·戴雪（Albert V. Dicey）等人提倡法律的至高无上性和主导性，严格限制政府的自由裁量权。美国行政法学者伯纳德·施瓦茨（Bernard Schwartz）亦提出："要最大可能地保障在法庭面前，把个人利益与国家利益放在平等的地位。"[3]控权论思想虽然在英美法系国家中根深蒂固，但也随着经济、文化、政治的不断发展而变化。其中，从推行自由主义时期的对合宪性问题进行研究，到罗斯福推行新政时期

---

〔1〕 罗豪才："行政法之语义与意义分析"，载《法制与社会发展》1995 年第 4 期，第 11~13 页。

〔2〕 罗豪才："行政法之语义与意义分析"，载《法制与社会发展》1995 年第 4 期，第 11~13 页。

〔3〕 ［美］伯纳德·施瓦茨：《行政法》，徐炳译，群众出版社 1986 年版，第 27 页。

司法权力对行政权力的控制与对抗，再到后来由于宪法限制导致政府不能干预经济从而致使美国经济大萧条形势恶化、美国最高法院迫于种种压力默许政府插手经济领域，直至如今将注意力由经济领域转移到社会领域，控权理论也不再局限于防止公共权力滥用，而是趋向于环保、消费者保护等领域的公众参与。历史告诉我们，英美的控权论司法对行政的控制，时而加强、时而减弱，始终伴随着经济、政治、文化观念的发展而不断变化。如今，控权论的发展变化符合现代行政越来越复杂的社会功能和社会关系，公众不再满足现有行政主体的简单职能，亟须更多的公共福利服务。

对于行政法学的理论基础，英美法系国家采用控权论，认为行政法调整的核心是行政权。行政法是公民权益和政府行政权益博弈的结果，是控制监督行政权的程序法，他们深信无束缚状态自由行权的政府权力机关是一头稍不注意就会侵犯到公民个人权益的"猛兽"。正是因为如此，立法者才应该从根源上控制政府行为，制约行政权力。英国学者韦德（H. W. R. Wade）认为行政法的本质是控制政府的法律；美国行政法学者弗兰克·古德诺（Frank. J. Goodnow）亦认为："行政法是管理政府行政首长与各行政当局，判断各行政当局的能力，并对其个人权利的行为予以补救的法。"[1]著名思想家孟德斯鸠说过："一切有权力的人都容易滥用权力，这是万古不易的一条经验。"行政权力自诞生起就有被滥用的倾向，国家与社会管理者常常会曲解自身的法律地位，以超出法律规范本意去行使权力，并给自身的行为披上合法的外衣，这时不确定的法律规范便成了它们侵犯公民个人权利的利器。控权论就是在这个前提下产生的，其理论基础有人民主权学说和分权学说。"人民主权"学说起源于英国"光荣革命"后的"天赋人权"理论，刚刚脱离封建制度的资产阶级为了彻底摆脱旧阶级的影响，巩固自身利益，提倡人人生而平等，提出人权概念，人权是上帝赐予的，任何人不可以随意剥夺。"风可进，雨可进，国王不能进"便是此时期倡导人权理论的最好写照。后来，卢梭、杰弗逊等学者努力提倡资产阶级应该拥有的不仅包括生命、自由、财产和人们追求幸福的人权，还有别的一切国家权利，这就是最初的"人民主权"说的形成轨迹。分权制衡学说源于学者们通过对权利分配历史现象的观察，发现权

---

〔1〕［美］古德诺：《比较行政法》，白作霖译，王立民、王沛勘校，中国政法大学出版社2006年版，第1903页。

力集中必然会给国家公民带来毁灭性灾难，正所谓绝对的权力带来绝对的腐败。代表学者孟德斯鸠提出通过分权的形式来保障国民的权力和自由。他认为，想要防止滥用权力，就必须以权力约束权力，[1]实现国家立法权、司法权和行政权的三权分立能够有效防止权力滥用，三权彼此平等，任何一权在总体位阶上均不会处于上层，同时又相互制约，这能有效防止权力的专制。

我国控权理论发展是在国家决定改革开放、实行市场经济后。国家为了改革由原有行政理论基础管理论导致的政府过度介入经济的问题而引进、吸取了英美国家的控权思想。鉴于社会和国家发展的需要，习近平主席提出，要加强对权力运行的制约和监督，把权力关进制度的笼子里，形成不敢腐的惩戒机制、不能腐的防范机制、不易腐的保障机制。[2]目的就是规范行政权力行使，保护公众个人利益，促进社会繁荣发展。我国学者李娟对"控权论"持反对观点。其认为：首先，"控权论"是英美自由主义思想的产物，英美法系国家通常持有"公权力机关如不加以限制必将侵害私人权益"的观点，以"本恶"的态度防范政府，故而"控权论"推崇政府应给予市场绝对自由，过分强调保护私权利，限制政府意志和行为。而我国权力机关是体现人民的意志的人民代表大会，因此该理论与我们国家的社会主义民主性质不符。其次，"控权论"诞生于拥有深厚法治文化传统和自由经济贸易高度发达的英美国家，这与我国文化传统和基本国情大相径庭。然而，有对"控权论"持支持观点的学者提出，随着新自由主义的发展，控权理论主张司法审查已经不再以限制政府权力为核心思想，而是转为防止权力滥用的控权理论思想。新控权理论的核心要义是赋予行政主体权力应该具有明确性和必要性。立法者在立法时应该明确行政主体的职权范围，在必要环节授予其行政权力。行政主体行使行政权应该具有必要性，即公众解决问题已经不会有别的替代路径或别的替代路径成本过大，根据比例原则，实现成本过大，没有实质意义。区别于限权思想的尽可能多地限制政府职能的是，新控权论思想并不排斥政府的"管理"行为，这亦符合政府的行为需要以权力为动力的必然性，不再主张以传统的法治原则来束缚政府的管理行为。[3]

---

〔1〕 [法] 孟德斯鸠：《论法的精神》，张雁深译，商务印书馆 1982 年版，第 154 页。

〔2〕 参见 2013 年 1 月 22 日习近平总书记在十八届中央纪委第二次全会上的讲话。

〔3〕 详见 2015 年中共中央、国务院印发的《法治政府建设实施纲要（2015-2020 年）》。

如上所述，由于我国行政法传统、文化习惯、法律体系、经济发展与英美国家存在巨大差异，学者们对于引进控权论始终存在争议，争议的焦点主要集中于控权论理论基础与现代行政要求存在不适应、相矛盾的情况。控权论强调严格控制行政权，政府只能插手重要的国防安全等有限领域。现代行政则是要求政府提供种类繁杂、法律关系纵横交错的公众服务，行政行为方式亦从过去的强制性、命令性行政行转变为了如今柔性更大、协商性更强的行政行为。政府必须去干预公民的生活和利益，而在这些领域，私人是不可能被允许参与的。[1]这种趋势使得继续将政府职权限制在狭小的范围变得不切实际，过多的限制更是会影响到行政权力的有效行使，进而降低行政服务效率。习近平主席提出的笼子理论很好地诠释并解决了这一问题。如果将权力比作狮子，那么制度就像笼子，要把权力关进制度的笼子里，而牛栏是关不住猫的，笼子太大不行，可如果太小，权力就会在笼子里动弹不得，进而僵死。我们要让权力在法律的框架内更加充分、高效地发挥作用，真正体现其取之于民、造福于民的价值。

## 三、服务论

服务论是现代行政发展的结果，现代社会的高速发展使得社会关系复杂多样，人们对政府的职能服务需求增多。近现社会公共行政的实践表明，只有符合经济社会发展规律的政府模式才是有效的政府模式。以往的个人利益至上理论遭到了质疑，越来越多的学者提倡，公众个人利益中的"个人"应是整体上的个人而非单独的个人，个人与社会是有机的整体，社会福利增多可以惠及生活在特定区域的每个人。提高社会整体福利有助于维护社会稳定，保障人权，是现代行政发展的总体趋势所向。行政服务理论的形成主要受两大理论的影响：一是新公共服务理论。该理论在对旧的管理论的批判中汲取有益成分发展自身。强调政府的职能不是管理而是服务，政府应该将工作重心放在社会服务方面而非决策、执行方面，同时提出重视公正、民主、公共利益服务等。二是企业家政府论，该理论是由美国著名学者大卫·奥斯伯恩（David Osborne）提出的，旨在将政府视为一家全社会的大型服务提供企业，将政府与公众之间的处理模式等同于企业面对顾客时的处理模式，政府应像

---

〔1〕　甘文：《行政与法律的一般原理》，中国法制出版社 2002 年版，第 26 页。

企业一样具有服务意识，尽最大可能为自己的"顾客"服务，主张高效率行政，提高政府服务的体验感。

行政主体和行政人员必须发挥服务提供者的作用，以人民为目的开展行政活动，自然行政活动的宗旨和原则应当是"服务"。服务的实现依赖于服务理念。在实践中，要牢固确立行政法规范和行政法概念。传统的控权理论认为，不仅要对法律规范进行调整，而且要以事后救济为主（受静态法律规范的制约）。与之相反，服务论应在行政活动的各个环节和过程中进行合理的法律设计（如行政程序法的规定），以提高行政执行主体的行政观念和质量。让行政权力所有者以一种"服务"的态度自觉行使行政权力，采取行政指导、行政合同、行政建议等非强制性行政行为，实现对"服务"的追求。从头到尾执行行政行为。政府不仅要把自己当作管理者，还要为人民提供各种服务。政府应该树立"权为民所用"的意识。毕竟，人民才是权力的所有者，政府只是具体的执行者。控权只是手段和基础，服务才是终极价值，二者应该是一种良性互动的法律关系。[1]

控权-服务论从社会公共行政的规律入手，巧妙地结合了"控权"和"服务"两个基础概念，将行政法的四个要件——行政主体、行政职权、行政行为和行政法律责任——科学地、有序地融合、中和了权利与制衡、价值与程序的相互矛盾。以控权-服务论制衡强大的行政权可能是实现社会公共行政"善治"的最佳路径。从政府与市场边界效应的角度入手，政府的"权力"与市场主体的"权利"困惑便不难厘清了。比如，政府规制市场的成本多大？政府要不要参与微观市场？市场主体享有哪些权利？行政权与行政相对人的权利是什么关系？从政府的规制成本来看，要达到公共利益的最大化，政府的过度干预可能并不是必由之路。"市场失灵"似乎为政府管制的可行性和合理性提供了最佳时机，但"政府失灵"效应却无数次叩问我们的初衷。从经济学角度来看，公共选择理论并不盲目排斥国家有限适度地介入。但也应清醒地认识到，如果市场运行机制还不够成熟，那么国家干预就不是解决问题的最佳路径。同时，我们也要看到，由政府主导的立法内容所反映的价值取向难免有"偏袒"之嫌，它不仅会造成直接规制成本和间接规制成本上升，也会造成市场竞争机制的扭曲。此外，政府规制也必然存在一定的风险，"寻

---

[1] 王学辉："对行政法学基础理论的思考"，载《西南政法大学学报》2002年第3期，第4页。

租"现象带来的权力腐败也不可小觑。"市场失灵只是政府规制的行政立法的重要条件，市场的缺陷并不是把所有问题交给政府去面对的充分条件。"[1]

以服务为理念应该是行政权运行的价值标准，以行政法的基本原则为准绳应该是行政权运行的基本要求。行政权应该如何设定？行政权所期望达到的行政目的与相对人合法权利冲突应该如何处理？自由裁量权有无必要授予行政主体？这些都是服务行政在面对行政法的基本理论时要解决的问题。"市场神话"被打破后，人们也在重新审视行政法的价值取向、公共利益的追求机制、社会公共行政运行范式。尤其是随着"福利国家"的兴起，服务行政成了一种全新的社会公共行政范式。正如杨海坤、关保英教授所言"行政法的未来是强烈的服务化的未来"[2]也是维护和增加公共福祉的原动力，因此行政法理应赋予行政组织多样性、灵活性，以分担其本应对社会公共利益承担之法定义务。

此外，现代社会行政权力最尖锐的问题是自由裁量权被滥用的空间在放大，行政权力偏离本源属性的风险因子在增强。如果不能很好地解决自由裁量权合理使用的问题，就容易导致自由裁量权与行政行为合法性发生严重冲突。目前对于行政权力的基本理念要求是合法性原则与合理性原则并存，但在审查一个行政行为时，我们还是把对合法性原则的审查放在主要位置，特别是在诉讼领域中。这样带来的直接后果是自由裁量权不受司法机关的监督和制约。这样看来，行政行为合理性原则只是合法性原则的延伸。但我国的行政诉讼司法制度也迈出了实质性的一步，即对合理性原则也可以进行附带性审查，这也使得法治政府的价值取向得以彰显，行政权的合理性标准因此也被赋予了更加丰富的实质内涵，即实质法治标准。即从过去的形式法治主义到现在的实质法治主义。狄骥认为："这种公共权力绝不能因为它的起源而被认为合法，而只能因为它依照法律规则所作的服务而被认为合法。"[3]自由裁量权存在的必要性已被现代社会所承认。同时，对自由裁量权的规范使用作出必要的、有效的限制也已成为共识。存在的价值在于对需求的恰当回应，

---

〔1〕　〔美〕詹姆斯·M. 布坎南：《自由市场和国家》，吴良健、桑伍、曾获译，北京经济学院出版社 1988 年版，第 23 页。

〔2〕　杨海坤、关保英：《行政法服务论的逻辑结构》，中国政法大学出版社 2002 年版，第 250 页。

〔3〕　〔法〕莱昂·狄骥："宪法论"，张学仁等译，载法学教材编辑部《西方法律思想史》编写组编：《西方法律思想史资料选编（中译本）》，北京大学出版社 1983 年版，第 607 页。

但我们还必须基于自由裁量权的"存在"而从制度层面针对其操作做一个相应的设计。在这个方面，德国行政法上的"比例原则"对我们是最有借鉴意义的，它为公务人员是否正确履职提供了具有可操作性的行为标准和审查标准。只有既符合合法性原则，又遵循合理性原则，规范地行使自由裁量权，服务行政的理念才有可能生根发芽。

## 第三节  相关领域优秀理论为公用企业法律定位提供了可能性

各种社会治理理论的不断演变、进步为社会的发展提供了一些可能的动力。首先是公共治理理论，它从一开始就关注"公共"领域，倡导社会治理从"一元论"转变为"多元论"，从单一由政府"独家经营"转变为由更多社会组织共同治理。其不断地发展与演变，为民众的民主宪政生活带来了光芒。公用企业的成立目的是为民众提供公共服务，当然属于"公共"的范围，公共行政理论在公用事业领域亦发挥了巨大的作用。因此，我们有必要认真研究公共治理理论、公共行政理论和博弈论，以期为明确界定公用企业的法律地位提供强大的理论支撑，为法治政府的实现做出应有的贡献。

### 一、公共治理理论

历史的河流源远流长，在历史的长河中，一切的统治活动都会受到约束。20 世纪 90 年代，公共治理理论开始登上社会治理的舞台。公共治理理论作为当今社会治理的前沿理论之一，在行政改革领域与政治发展过程中被广泛应用。公共治理理论强调社会公共事务治理中各种力量和组织机构的参与，强调国家与社会多元组织间的相互融合与渗透，试图改变国家与社会二元对立的传统思想，对于当前我国法治政府的建设具有极大的借鉴意义，为公用企业法律地位的确立打下了坚固的理论基础。

（一）公共治理理论产生的背景

公共治理作为一种理论，一经兴起就在各种国际组织以及国际学术界传扬开来，随后就被广泛应用。任何理论都是社会化的产物，公共治理理论也不例外，它的产生有深刻的社会原因。

1. 社会背景

任何一种理论的诞生都与社会有着密切的联系，社会的变化催生新的理论，而这些理论则再反过来助推社会的进步。社会的每一次转型都会引发社会结构的变化，随之旧的社会治理方案就会被摒弃，从而催生新的社会治理方案。公共治理理论就是社会转型的必然产物。丹尼尔·贝尔提出了前工业社会、工业社会、后工业社会三种社会形态及变迁。管理方式的变迁与社会的变迁一脉相承，我们从旧的统治模式到管理模式再到现在的治理模式的进程，"导致人类政治生活从统治走向治理的因素无疑是多种多样的，经济全球化是其中最重要的因素之一"。[1]"经济基础决定上层建筑。"目前，我们社会所处的状况是工业化向后工业化转变，正处在社会转型期。因此，从社会转型的角度来看，公共治理理论是后工业化与经济全球化的产物。社会的转型导致社会多种元素的混乱，因此为了顺应各种社会关系对法律制度的需求，新的治理方案必然会产生和出现，这对于社会治理来说是全新的挑战。传统的控制理论、管理理论所推崇的亦是统治、专制模式，压抑、磨灭人性，社会中充斥着人性的复杂多变，相互之间的利益交织，联系或密或疏，导致人与人之间的法律关系进入了灰白地带，异常敏感，风险因子增加，这与自然界的风险增加有些相似。风险过大就会促使人转移风险，甚至规避风险。面对此时的社会，新的治理方式应运而生，即服务理念。服务理念的治理方式能有效地分化风险，重塑人与人之间的信任。从理论形态上看，标志着更加具有开放性的理论即将应运而生。正如埃德加·莫兰所讲："对人类的一个封闭的、片段的和简化的理论的丧钟敲响了，而一个开放的、多方面的和复杂的理论时代开始了。"[2]因此，桎梏、僵化的理论已经被社会淘汰，传统的控制理论、公共行政理论、公共管理理论职能在属于它们的那个时代熠熠生辉，现在的社会需要开放、多元与新型的理论。概言之，在这个大背景下，经济全球化、社会逐渐进入后工业化时代，社会的各种元素在不停交替，推动着社会的转型，从原来简单、单一、稳定、有序的社会结构到复杂、多元、不稳定、无序的社会状态。这种社会的变化催生了新的社会治理方案，孵化出的是新的公共治理理论体系定位和服务理念这一价值取向。

---

〔1〕　俞可平："全球治理引论"，载《马克思主义与现实》2002 年第 1 期，第 20~32 页。
〔2〕　[法] 埃德加·莫兰：《迷失的范式：人性研究》，陈一壮译，北京大学出版社 1999 年版，第 173 页。

2. 时代背景

20 世纪 90 年代，西方经济学家、政治学家赋予了政府新的内涵，这对于传统的统治模式来说是一场变革，它意味着新的治理方式而非旧体制中的"统治"，两者有着质的区别。在发达国家，以格里·斯托克、詹姆斯·罗西瑙、罗伯特·罗茨为代表的学者在政治领域掀起了一场新的治理运动，其范围极广、影响极大。这场理论运动大胆创新，打破了传统的"统治"和"管理"概念。从公共管理学的角度出发，这场运动标志着新治理时代的到来。公共治理所倡导的新的授权思维为公共管理模式注入了新灵魂。新公共管理所倡导的是管理、分权，此种分权所强调的是在僵硬的官僚机制下的权力下放，而非真正的授权，授予公民以权利。在这种大的时代背景下，公共治理倡导的理念是让更多的组织、企业参与公共事务，而不是继续让官僚作风盛行，让他们继续管理、强制推行。经济发展突飞猛进，科技进步惊人，在快速的社会变革中，社会结构发生了质的变化，社会结构网格状、组织结构非行政化都是公共治理理论的基础。治理时代的重要特征就是开放性，它不同于传统的行政管理体制，在新的社会中，"官僚制变成一个巨大的机器，缓慢且笨重地在最初确定的方向上蹒跚前行。它仍然提供服务，或许数量与质量都不错。但其动作的速度与灵活性却在逐渐下降"。[1] 基于官僚制呆板、僵硬的体制，在它的裹挟下，体制效率极端低下，因此它不适应新的社会形态，注定被社会所淘汰。依据新旧交替的自然规律，网络化组织作为新的组织方式被社会所"任用"。治理主体从过去的单一化演变为多元化格局，政府不应是唯一的法定主体，各种社会组织和个人被允许逐步参与政治秩序，政府与社会的法律关系变成了彼此之间的合作法律关系；企业与政府间的法律关系也发生着转变，企业承担着自身应尽的职责，政府与市场的法律关系趋于合同化。治理时代理念因主体的多样化而多样化，新的治理概念（如服务、网络、公共价值、民营化、大数据、合作模式）层出不穷，这些标签已成为治理时代的新鲜词汇；治理方式不应当再是居高临下的大棒政策，协调、合作、专业化等怀柔理念已是大势所趋；治理价值取向开始多元化，追求更符合社会需求的公共福利、公共服务、公共价值等都成了价值取向。时代

---

〔1〕 ［美］安东尼·唐斯:《官僚制内幕》，郭小聪等译，郭小聪、李学校，中国人民大学出版社2006 年版，第 171 页。

的召唤带来了目标的转型，治理时代的到来为公共治理理论注入了新鲜血液。

3. 学术背景

公共治理理论的产生是在特定的学术背景下萌发的。20 世纪 70 年代，新公共管理理论在当时是主导理论，毋庸置疑地在政府管理、公共管理方面发挥了至关重要的作用，成了其时最重要的理论指导。新公共管理理论强调市场化、私有化。基于这一观点，英国的格林·沃德等学者从四个方面来论证社会公共服务组织与私人组织之间的差别，认为不能照搬私人组织的管理模式。[1]公共部门与私人组织的差别很大，如果照搬私人组织的管理范式在很大程度上会让公共服务组织偏离其公共性的本源，后果就是使公共利益得不到保障和维护。对于新公共管理理论片面追求效率目标这一做法，美国学者英格拉姆进行了批判。他指出："最重要的一条是，对许多公共组织来说，效率不是追求的唯一目的，还存在其他目标，价值导向、公平责任、行为合法化和主体多样化等应当是公共组织所追求的目标。因此，新公共管理理论的有效性受到了广泛质疑。邓力维学者指出，新公共管理已寿终正寝。"[2]社会是动态发展的，检验理论的最好标准就是让其经历实践。新公共管理政策在历经检验以后也发现了诸多的问题，不足之处日渐明显，不再适应社会的发展，学者对此也不断提出质疑，新公共管理政策日渐式微。因此，在学术上也急需新的理论来纠正弊端，学术背景的催化加之现实的需要，公共治理理论随之诞生。

（二）公共治理理论的评价

公共治理理论作为舶来品，最初是指政府如何控制和管理国内事务，使之有序。治理（governance）这一概念源自古希腊语的"引领导航"（steering）一词，原意是操纵、引导和控制，指的是在特定范围内行使权力。它包含了一个政治进程，即在多重利益主体形成一致合力的领域寻求认同、达到平衡，以便于某项计划的实施。

进入 20 世纪 90 年代后，随着有限政府理念的确立和逐步认同，政府慢

---

〔1〕 J. Greenwood and D. Wilson, *Public Administration in Britain Today*, Unwin Hyman, 1989, pp. 7~10.

〔2〕 Patrick Dunleavy, "New Public Management is Dead-Long live the Digital Era Governance", *Journal of Public Administration Research and Theory*, 2006（3），pp. 467~494.

慢认识到，不是所有的社会事务都必须由它身体力行，而且其中有些社会事务根本就不需要它去规范和管理，对于那些必须牢牢控制在政府手中的权力，比如军队、警察和监狱等暴力工具，只有掌握才能让一个国家和社会在一条正确的轨道上运行。而对于一些社会公共服务，政府则可以通过某种法定的程序交给更专业、更恰当的非传统意义上的政府职能部门来履行。随着慈善机构、志愿组织、民间机构、社区组织尤其是公用企业等社会组织力量的不断发展壮大，这些新型的社会组织在社会公共服务领域的角色越来越重要，理论界面临的新课题就是要重新审视政府与公民、公民与企业、政府与企业的法律关系。假如新公共管理运动更加侧重公共服务领域对市场运行机制的研究，那么公共治理理论的兴起则无疑会极大地拓宽政府职能定位的视角。它对涉及国计民生等诸多领域的现实问题作出了必要的回应，必将成为引领社会公共事务未来发展的重要理论。

许多学者开始广泛关注社会公共治理，相关的研究成果逐步丰富。基于不同的视角、不同的研究方法和手段，公共治理理论的概念也是"百花齐放，百家争鸣"。截至目前，"治理"的概念仍不明朗和确定。如"在管理国家社会和经济活动中权力的运行机制"，如"权力该如何行使，是否有必要让公民拥有话语权，以及在涉及公共利益上问题形成的惯例、制度和程序的效力问题"，以上从不同角度来定义公共治理理论的概念为我们理解"治理"准确的内涵提供了不同的思路。然而，基于法律关系概念的科学性和严谨性，"治理"不可能被定义为一个普世性的通用概念。在众多对"治理"的定义中，我们认为，全球治理委员会的解读相对来说更加具有权威性和代表性。1995年，该委员会对"治理"给出了以下的界定：治理是或私或公的个人和组织服务或管理社会共同事务诸多手段的集合。它能使相互冲突的不同利益主体得以平衡，并且采取共同行动的稳定状态。它包括有权让人们遵守和服从行政机关和法律规范，以及种种非行政机关的社会组织的约束。各种不同的治理组织要么是职权主体，要么是授权主体，都是基于法定的形式产生的。"治理"具有四大典型特征：①"治理"是一个稳定持续的过程，而不是一套冷冰冰的规则条例，也不是一种简单意义上的"活动"；②"治理"的建立不以管理为价值取向，而以共赢为终极目标；③"治理"的主体不仅有职权主体，还包括众多的授权主体；④"治理"并不意味着只是静态的制度设计，更加强调动态的相互作用。当然，还有一些学者对治理的特征也有其他的归纳和总结。比如，治理主体的组织多元性，不同治理主体间权利义务的边界性，不同治理主体间的相互关系。但是，它们反映出来的核心价值还是基本相同的，只不过是不同语言表述出来的文字差异。总之，"治理"是一个内容丰富、覆盖面广的概念。

　　公共治理理论被广泛认同和接受，主要原因来自世界各国政府对整个社会的经济、政治以及意识形态的情势所作的理论回应。它不是简单意义上的文字集合。在此背景下，以奥斯特罗姆为代表的公共管理的印第安纳学派（或称制度分析学派）提出了多中心公共治理理论。[1]在公共管理与人民的公共利益诉求方面，正是奥斯特罗姆的研究打破了管理公共事务的政府才是唯一法定职权主体的教条主义，冲破了政府既是"裁判员"又是"运动员"的传统思维，创造性地提出了公共事务管理应该并且可以有多种组织和多种机制（多中心主义）的新理论。单中心主义意味着政府是排他性、独享性管理社会公共事务的权力主体，而多中心主义则意味着对社会公共事务的管理秉持一种开放态度，政府应该也是一个主体，其他社会组织在一定的规则机制下，同样可以参与管理社会公共事务。这种主体多元性、机制的法定化就是多中心主义的社会公共事务管理体制。多中心主义的治理结构倡导政府、企业和公民共同广泛参与社会公共事务，形成各主体间的良性互动、有机结合、互利共赢的多维度管理范式。就其秉持的态度和价值导向来看，这是对适应经济全球化、市场竞争化和公民权利法治化发展趋势的理性回应。在社会公共事务上，市场主体就可以完成或代替政府的角色，依托多中心力量共同承担责任。其涉及公民生存和发展的基本物质条件，必然会带给公民更多的幸福感和认同感。其特别之处在于用一种全新的视角、选择最佳路径去追求和实现公共利益的最大化。最直观的效应是政府能依托公用企业解决其不擅长的短板，而这块短板又恰恰是政府的法定义务。公用企业借助政府的公信力和强制性，既满足了社会公共利益的需要，又追求了必要的利润，实现了多方的和谐局面。

　　但公共治理理论也不是万能的，不能期望它解决社会公共事务中出现的各种矛盾。它可以弥补国家和市场在调控和协调过程中的某些不足，也不可

---

　　〔1〕　参见［美］埃莉诺·奥斯特罗姆：《公共事务的治理之道：集体行动制度的演进》，余逊达、陈旭东译，上海三联书店2012年版。

避免地存在着许多局限性。①本应是管理学理论框架下的一种制度，在依法治国背景下，传统的治理社会方式和方法正在失去其生存的土壤，"手段"正在被"于法有据"所代替，"强制"也正在被"服务"所代替。这种转换的趋势不可阻挡，只不过，在这个转型过程中出现了一些异化现象。②既然我们已经逐步认识到政府不是万能的，过渡一些领域给符合条件的组织（例如公用企业）便是必需的。那么，公共治理理论的指挥棒究竟掌握在谁手中？是一元的，只有政府？还是多元的，除了政府，还可以是其他一些组织？当然，这些组织并不能任意获得治理权限，而是必须要经过一些法定的程序。公用企业所提供的产品主要体现为供水、供电、供热、供气、通信、交通等。这些产品有一个明显的特征，即作为政府治理社会下的每一个社会个体生存之基本需求。如果连最基本的问题都无法解决，何谈法治政府的实现。

针对治理理论暴露出来的短板效应问题，不少学者和国际性组织适时地提出了"善治"（good governance）概念。无论是在"治"的理念还是在"治"的内涵上，"善治"均可谓顺时而动，促使政府、公用企业与公民形成一个有机整体，追求在社会公共服务领域中的公共利益最大化。它的本质特征是政府与公用企业的合作与被管理，公用企业与公民的服务与被监督。它强调政府与公用企业的良性互动以及公民的广泛参与，实现社会公共事务服务领域的民主化和法治化。

从阶级立场来看，公共治理理论诞生于20世纪90年代的资本主义社会，折射出的是当时美国在社会公共服务领域的突出矛盾，有其必然的历史选择性。公共管理理论作为一种舶来品，我们在借鉴时必须考虑现实的土壤条件，汲取其精华为我所用。我们在考虑公用企业向社会提供公用产品时必须要结合我国的现实情况。土壤养分不同，移植的方法也应不尽相同。不管怎样，我国的社会公共服务领域的现状均决定了公共治理理论还是有极大的参考价值的。公共治理理论如果要在我国社会公共服务领域体现其价值，除了要深刻认识其理论自身的局限性，同时还要充分考虑到国情现实。

（1）转变政府职能，厘清政府在社会治理中的角色定位。公共治理理论强调治理主体的非唯一性，但政府在规制公用企业的义务上也不能缺位。《反垄断法》就是一部政府规制公用企业遵循市场经济规律的重要法律。它可以制止和预防垄断行为，维护市场公平竞争的环境，提高经济活动的效率，保护广大消费者的合法利益，促进社会主义市场经济体制的良性发展。公平竞争是市场经济的基本游戏规则，是市场机制高效运行的重要保障。随着经济体制改革的不断深化，全国统一市场体系逐渐形成，公平竞争环境逐步孕育而生。应当有效地规范政府行为，杜绝出台排除、限制竞争的政策方略，逐步清理并最终废除妨碍全国统一市场和公平竞争的不法行为。这是政府在许可公用企业向社会提供公用产品时应当扮演好的角色。而公用企业在面对不特定的消费者时，政府应当清晰地看到，作为一个消费者，在与公用企业签订供需合同时，他们所处的地位和扮演的角色。政府应当采取一定的形式保护消费者的合法权利。

（2）充分重视和发挥人大、政协在国家治理体系中的顶层设计功能，提高治理能力。人民代表大会制度和政治协商制度是我国政治体制的两个亮点。首先，人民代表大会是我国的权力机关，各级人民政府由它产生，对其负责。人民通过选举各级人民代表参与国家治理的方式决定了人民代表大会是公民社会与政府之间的一条重要纽带。它既能最大限度地集合民意，广泛听取公民对公用企业提供的社会公用产品之意见，又能在立法层面适时地出台和完善法律规范。其次，政协在我国的政治生活中发挥着政治协商和民主监督的作用，其成员大多数是目前我国社会各行各业中具有代表性的精英人士。他们拥有较多的知识储备和较强的参政议政能力，能够深入公用企业一线调研，充分了解公用企业对政府的诉求和想法，也能够及时了解民情民意，并通过相关的法定渠道及时反馈。

（3）建立公用政府、公用企业与消费者之间三维良性互动的法律关系，引导公民社会的形成。公用企业需要始终坚持公用产品公益性的价值导向，在政府的有限干预下，构建公用企业与消费者之间应然的法律地位和关系，加强公用产品信息公开，增强公用企业的信息透明度，随时接受政府和消费者的质询和监督，拓宽消费者参与公用产品的质量参数、服务标准、价格浮动和投诉建议的管道，创造各种条件和机会让消费者表达诉求。如果公用企业与消费者因为公用产品发生了争议，双方可以找到一条正确的、有效的纠纷解决机制。

（三）我国对公共治理理论的借鉴

国家发展的一个良好态势就是开放与借鉴。对于好的理论，我们可以像法律移植一样汲取其优点，为我所用。当然，借鉴的时候要从实际出发，实事求是地与我国国情相适应，只有"由内向外"，"治理"才会发挥其应有的效用，融入我国的社会公共治理制度。

1. 批判地借鉴公共治理理论

在资本主义国家的解释中，公共治理理论属于新自由主义体系的一部分，二者之间的最大区别就在于，公共治理理论并不排斥政府与公共部门的法律关系，在现实中的实用性较高。作为一种意识形态的新自由主义是"通过人为的行为编制程序来对人施加精神影响的一种统治方法。这种影响用于人的心理结构，是暗中实现的，其任务是按照权力当局所需要的方向改变人们的意见、愿望和目的"。[1]而我们也应该清醒地认识到，新自由主义与公共治理理论在国际与国内的作用是有所区别的。在国际方面，公共治理理论在客观上为某些国家干涉他国内政提供了理论工具；在国内的作用比较明显，主要是弥补政府不足与市场失灵。公共治理理论的一个标准就是"善治"。所以，在国际上会成为对某些受援国家的评判标准，这就很可能导致无端地干涉别国内政，造成不好的影响。一些大的世界组织甚至针对其他国家提出了一些无理的要求。"在 20 世纪 90 年代，这些国际组织不仅对善治进行专门的理论研究，而且把善治作为其评估受援国现状的主要标准之一。对那些在它们看来没有良好治理状况的国家，它们就要求这些国家进行必要的改革，使之符合其善治的标准。"[2]由此看来，在国际方面，公共治理有弱化国家的嫌疑，虽然打着新自由主义的旗号，但事实上是对其他国家主权的干涉。任何事物都具有两面性，对公共治理以及其所属的新自由主义的批判并不代表对公共治理理论的全盘否决。从国内方面来看，公共治理理论的可取之处有很多。学者魏崇辉曾经在《传统文化及其现代转换》一文中指出："我们应当跳出对于文化自身优劣的争论，设定是否坚持中国特色社会主义，是否以服务社会主义国家和人民为基本旨归等标准作为判定传统文化是否实现现代转换的尺度，展开对传统文化的发掘与阐发。只要关于坚持中国特色社会主义，以服务社会主义国家和人民为基本旨归的心理过程和心理特征都属于现代我国政治文化的范畴，而不论其是多元政治文化中的哪一种。"[3]因此，我们对公共

---

〔1〕 [俄] 谢·卡拉-穆尔扎：《论意识操纵》，徐昌翰等译，社会科学文献出版社 2004 年版，第 39 页。

〔2〕 俞可平主编：《治理与善治》，社会科学文献出版社 2000 年版，第 13 页。

〔3〕 魏崇辉、阚亚薇："现代政治文化的三重维度：国家治理现代化视角下的基本理解与当下培育"，载《新疆社科论坛》2015 年第 6 期，第 45~47 页。

治理理论应抱着为我所用的态度，只要有利于当前的发展，就应该借鉴其可取之处。

2. 公共治理理论对发展多元主体的功用

我国在社会各个领域需秉持一种开放姿态，向全世界学习，因此资本主义国家优秀的理论在世界范围内有普遍的使用意义，但在借鉴的过程中要与我国国情结合，把不合适的意识形态的成分与因素剥离出来。公共治理理论对我国的积极作用很大，在此基础上又一定程度地优化了公共治理理论。公共治理理论对我国最大的意义是促进了政府、市场与社会的联动、交融与结合。对促进多元主体的发展功不可没。在资本主义国家，多元主体的存在形式是相互竞争、互相替代。在我国，多元主体是同时存在、互相配合的。由此可以看出，公共治理理论在我国的超越点在于政府、市场与社会的多元主体的相互配合以及有效的分工共识。

用哲学的思维我们知道，世界万物之间都存在着联系，联系无处不在、无时不在，在现实生活中我们就可以借鉴，把此种问题映射到其他问题上去。正如自身对其他人的借鉴和超越，如果公共治理理论没有很好地得到应用，此时需要的就是自身纠错。在现实的应用中，公共治理理论的核心是主体的多元化，能联动各方主体，从而增强市场活力。发展的另一面不可或缺的是保护，而对主体多元化治理最有效的保护就是法治。"要坚持党的领导、人民当家作主、依法治国有机统一，加强宪法实施和监督，把国家各项事业和各项工作全面纳入依法治国、依宪治国的轨道，把实施宪法提高到新的水平。"[1]有法治的保驾护航，公共治理理论的多元主体的理念才会持久。在国家层面是政府、市场与社会的主体辨认，也可以把公共治理理论应用到公用企业之中。在提倡行政主体多元化的如今，公共治理理论为公用企业行政主体的法律地位的确立奠定了理论基础。公用企业连接的是政府与消费者，因此可以借鉴其理论，为公用企业的主体地位的确立铺平道路，走出适应公用企业发展的治理之路。理论指导实践，实践反作用于理论，而成熟的理论更能有效地指导实践的道路。我国借鉴公共治理理论的成功之处是在立足于我国实际国情的情况下，根据国家和人民的需要，旨在构建政府、公用企业与消费者的有效互动，倒逼政府、公用企业领域的改革，激发消费者的主观能动性，

[1] 详见习近平同志 2018 年 2 月 25 日在中共中央政治局第四次集体学习时的讲话。

实现多元主体各司其职，找到一条适合我国的社会公共治理策略。这也正是公用企业改革需要借鉴的地方。对于公用企业法律地位的定位，现状不太明确，虽然它履行了自身作为企业的职责，代替政府向社会提供了公用产品，但在现实生活中公用企业被赋予了一定的处罚权。目前，在相关理论和司法实践中，公用企业多以民事主体的身份出现，行政主体的身份总是若隐若现，理论和现实的矛盾和冲突显露无遗。因此，我国应加强对公用企业的研究，明确其法律地位，让其更有效地为社会服务、为民众服务。有了理论的支撑，现实的改革就会有深沉的根基。因此，国家可以有效地借鉴公共治理理论，不仅仅将其应用到政府、市场与社会这三个主体，也可以应用到政府、公用企业与消费者这三个主体，都是为了加快社会发展，在现实的国情中探索更适合社会发展的道路。在借鉴的基础上加以超越、优化是对新生理论最大的尊重。理论不断地指导实践，实践最终则会优化原有的方式，使新的模式更加适应社会的发展。

## 二、公共行政理论

公共行政理论的发展是在社会发展的浪潮中被推进的，它的发展不仅仅是理论的主动演进，更多的是公众在社会公共服务领域的自身探索。由于官僚体制的僵化以及过分的理智导致的社会物化现象不断加重，其理论已经被历史所淘汰，不适应社会的发展。与此同时，随着公共性的消减以及民众对公共性的强烈渴望，民众通过协商、互动不断交流，公众力量的集合以及社会知识的催化更有利于解决公共问题。由此，民众认识到了社会力量以及社会知识对于社会治理的重要性，一切的进展都为建构公共行政理论提供了理论前提。

### (一) 公共行政理论的发展进程

公共行政理论经过了近百年的发展，众多西方公共管理学界的思想家不断完善其理论观点，包括梅奥、威尔逊、布坎南、法约尔、韦伯、西蒙、奥斯本、德鲁克和登力维等人。这些学者的思想对西方公共服务领域的发展产生了非常重要的影响。

### 1. 初创阶段

19世纪中期到第二次工业革命之后，英国、法国、美国等一些资本主义国家工业化进程加快、经济建设突飞猛进，经济形态也发生了翻天覆地的变化。由于广大民众积极参与社会的进程，国家资本得到了积累。因此，广大民众以及无产阶级不断要求社会的回馈，积极争取自己的经济、政治地位提高，社会矛盾尖锐突出，阶级之间的矛盾在复杂的社会形势下不断升级。矛盾的出现使得统治阶级不得不对其统治思想和管理方式进行反思。同时，在19世纪末期，行政理论的研究异常活跃，于是各国开始加快推进社会各个领域（包括经济、社会以及政治领域）的改革，社会也呈现出了新的变化。此时，为了配合国家社会、经济、政治的发展需求，新的理论随之诞生，公共行政理论在西方社会的转型与进步中应运而生。这是公共行政理论诞生的社会原因。在政府的作为方面，"十九世纪以来，一直占据着指导地位的自由主义政治理论受到了前所未有的挑战，人们不再信奉管最少的政府是最好的政府这一理念"。[1]理念的进步必然会导致社会的变化，资产阶级统治者逐渐意识到政府以往消极行政的做法不合时宜，应积极主动地发挥政府职能，干预社会。这种做法的初衷是缓解社会矛盾，减少不同阶级之间的冲突，以稳定社会秩序、促进社会发展。一旦政府开始发挥积极的效用，行政能力不断加强，适用于旧的政府工作的模式就会开始被摒弃。此时，现代的公共行政理论便在政府职能转变中诞生了。在公用企业推动方面，政策的变动带动了一系列的工商变动，经济及科学技术的飞速发展给公用企业的管理制造了新的难题，公用企业为了适应社会的变化要不断优化自己的产业，进行实时的改革。新的生产力的发展带动了公用企业生产效率的提升，一连串的效应随之而来。为了适应飞速发展的效率，公用企业不断更新、完善自身的管理方法，新的管理方法、理念以及组织形式不断出现，从而带动了社会生产，使得社会生产面貌发生了很大的改观。与此同时，政府在自身的行政革新过程中愈发重视对公用企业的管理革新。而这一系列革新又反过来催生了新的行政方法，大大提升了政府的行政效率，使得政府的行政观念不断发生变革。由此可以看出，是公用企业的管理改革推动了政府行政理论的改革，公共行政理论在其初始阶段有了现实的参考模式和内容，在此基础上形成了现代公共行政理论。

总的来讲，公共行政理论的初级阶段的内容可以被分为三方面：第一，国家政治的大方向与政府行政之间的法律关系，行政政策在政治的指导下发

---

〔1〕　王彬："解析公共行政理论的发展过程"，载《人力资源管理》2011年第4期，第157~158页。

挥作用；第二，公共行政理论形成的理论基础得益于管理理论；第三，不断地进行归纳，总结出其发展逐渐体系化和模式化的特征。

2. 修正阶段

初创时期的公共行政理论是适合当时的社会状况的，但是基于社会变化大而且初创时可能存在大量的实际问题，初创时期的公共行政理论更多地注重行政管理的技术性问题，而且约束其的更多的是行政原则。尽管出台的是行政原则，但对当时的政府行政管理也具有一定的正向影响。随后，资本主义国家进入经济大萧条时期，工人运动不断爆发，初创理论开始逐渐显示出其弊端以及不适应性。到20世纪30年代中期，在学者的倡导下，各国开始对公共行政理论进行修正。旧的公共行政理论侧重于现实的效率、技术、规章以及纪律性等僵化问题，对于真实的人没有给予过多的关注，也即对于工人的情感、需求、人格等方面没有关注，其导致的一个直接后果就是间接地影响其行政效率，对于危机的发生起到了一定的催化作用。加之第二次世界大战平息，对其行政职能、体制以及管理方式也具有一定的影响。因此，旧的理论所展现出来的问题需要新的理论去化解。基于此，学者开始探索，对旧的行政理论进行深刻的反思与剖析，在此基础上对其加以修正和完善。此阶段的内容主要包括两个层面：第一，加强对旧有社会公共行政管理理论缺陷的探讨与研究，并对社会中出现的新现象及问题加以研究，用全新的视野去剖析；第二，对于初创阶段提出的管理与政治分离的理论进行改革，提高行政管理的政治性，在管理中加入行政，以提高效率。

3. 扩展阶段

20世纪60年代至70年代，经过一段时间的发展，世界格局也发生了新的变化，特别是在第二次世界大战以后，大部分资本主义国家受到重创，开始休整，此时公共行政理论也进入了拓展阶段。在大的社会环境下，资本主义国家出现了一系列社会危机，民众的改革呼声也越来越大。面对困境，学者们开始探索出路，对旧的公共行政理论进行剖析，对其缺陷进行弥补，新的公共行政理论正在生成。1968年，包括弗雷德里克森在内的一大批学者，采用新的研究方法召开了探讨公共服务领域发展趋势的会议。在人类的发展史上，经济发展是最重要的发展，经济发展可以拉动其他行业的快速发展，特别是科技的发展。科学技术反过来又发挥了重要的推动作用，特别是对经济的反作用。随着社会的不断发展，第三次科技革命到来了。第三次科技革命中，科学技术理论的代名词是信息论、控制论以及系统论，它们被运用在更加广阔的空间。科技的发展引领着各种理论的变革与创新，不仅是管理理论，公共行政理论也得到了长足发展。在不断的交换中，自然科学的理论被应用到公共行政理论，带来了令人惊喜的结果，公共行政理论的内容发生了彻底的变化。新的公共行政理论研究的着重点为"公共"，它不仅仅追求表面的公平（也即传统社会公共行政所追求的高效、协调的经济价值理念），更加强调的是在高效的工作效率下不仅为社会提供公共服务、公用产品，而且更加注重社会分配的公平与公正。正如弗雷德里克森所言："和传统社会公共行政学相比，新社会公共行政学不仅关注如何高效率地利用资源提供公用产品与公共服务的供给，而且关注这种服务是否增进了社会公平。"[1]这一时期公共行政理论的内容主要有三个方面：第一，在科技革命的带领下社会科学飞速发展，进展成新的理论，公共行政理论在整合、借鉴、采纳的基础上发展自身的理论。第二，对刚诞生的公共行政理论做了进一步的思考、探索与研究，提出了新的内容创新及研究思路；第三，在增强公共行政理论的同时更加强调其实践性，使其在实践中发挥真正的作用。综上，新公共行政理论的"新"十分突出，主要是对"效率"的理解。在平时的生活当中，效率是一种产出比值，是投入与产出的比值。这是一种对传统的公共行政理论的肤浅理解。"效率"一词在新公共行政理论中的含义要丰满得多，最主要的一点就是赋予其价值观念，在实践中不仅追求效率，而且更侧重于是否注重了公平，是否在提供公共服务的过程中灌输了公平价值的理念。新公共行政理论最终的目的是提高并改善民众的生活水平。新公共行政理论的核心要素在于合理、公平地分配社会资源，使民众尽可能地享受到公平的待遇。正如弗雷德里克森提出的"新社会公共行政追求的社会公平意味着将部分公共权力和社会资源与福利的天平倒向社会中明显缺乏这些的弱势群体"。新公共行政理论主要侧重的就是全社会的公平，对于处于弱势地位的民众要给予应有的弥补，从而努力地增加社会中的公平。

（二）公共行政理论对我国行政分权的启示

公共行政理论在其一百二十多年的发展史中不断萃化，其核心是提升自

---

〔1〕　[美]H. 乔治·弗雷德里克森：《公共行政的精神》（中文修订版），张成福等译，张成福校，中国人民大学出版社 2013 年版，第 1 页。

身的知识界面、创造社会价值以及解决社会中出现的一些问题。这是当下公共行政理论在实践中必须要解决的重要课题。莫尔指出："政府的首要任务不是确保政府组织的延续，而是作为创造者，根据环境的变化和他们对公共价值的理解，改变组织职能和行为，创造新的价值。"[1]

著名社会学家C.E.布莱克在其著作《现代化的动力》中清楚地谈道："一个社会对自身及其问题的理解——它的认同感和目的——是一种主要的凝聚力量，它把社会成员整合起来并促使他们有效地共同行动以解决其面临的国内外问题。"[2]对于公共行政理论的发展前文已有论述，正是这些理论的不断发展与完善推动了社会公共行政的进步。每个时期的主导理论都是对当时社会主流思想的反映，是理论对实践的指导以及实践对理论反作用的结果。就像恩格斯所表达的："我们只能在我们时代的条件下进行认识，而这些条件达到什么程度，我们便认识到什么程度。"[3]公共行政理论促进社会构建社会公共行政，打破了传统方法论，开启了全新的辩证思维模式，促进了社会与社会公共行政的融合发展，有利于社会公共产业发展、增加社会活力、提升民众公共福利。社会构建社会公共行政符合民众的价值追求。新多元主义指出，形成一个良好的社会循环，就要在政策的决策过程中充分听取民众意见、积极地要求民众参与。这就需要公民、专家学者以及相关的政府职能部门等不同的社会群体形成一个具有高度代表性、达成广泛共识的平台机制，即公众参与平台，提高公民的自治能力。

公共行政理论的提出给社会定义了许多新的"含义"，不断地加强社会公平、更加关注民众的权力，这样更有利于和谐社会的建构。同时，主张行政主体的多元化也为公用企业法律主体地位的确立奠定了理论支撑，行政机关的分权以及行政主体多元化是随着社会的现实要求发展而来的。行政主体的分权，不能被单纯认定为政府权力的下放，它是根据社会的现实情况而分化出的策略。随着社会的发展和公民法律意识的增强，对社会福利的要求不断提高，法治政府建设的提出更是对政府职能的高标准要求，公用企业民营化的不断改革也对政府有积极的影响，政府的行政分权不是把权力分化，进而

[1] [美]马克·莫尔：《创造公共价值：政府战略管理》（影印本），清华大学出版社2003年版，第3页。
[2] [美]C.E.布莱克：《现代化的动力》，段小光译，四川人民出版社1988年版，第52页。
[3] 参见[德]恩格斯：《自然辩证法》，于光远等译编，人民出版社1984年版。

削弱自己的权力，而是更好地服务社会，增加社会的便利。一旦确立了公用企业行政主体的法律地位：首先，公用企业行政处罚权就是"名正言顺"，不用再授权，而且公用企业的运转会更加畅通，政府亦不需要再对其进行特别的授权；其次，公用企业在某些行政诉讼中具有被告资格就会更加妥帖；最后，公用企业行政主体法律地位的确立有助于保障民众的权利，让民众直接与企业对话，它们之间的法律关系会更加明确，只有行政主体与行政相对人这层法律关系。公共行政理论给政府行政主体的多元化提供了理论支撑，在社会不断发展、理论不断优化的时代，顺应时代的潮流社会才会不断发展。当然，这只是笔者的一己之意。只有在理论基础的架构下，社会实践才能更加完善。笔者希望通过对公共行政理论的论述，促使公用企业行政主体法律地位的确认有准确的理论指导。这也是笔者对理论基础展开研究的目的。

### 三、博弈理论

博弈理论又被称为对策论（Game Theory），是指研究多个个体或团队在特定条件制约下的对局中利用相关方的策略，而实施对应策略的学科。它作为现代数学的一个新分支，在运筹学领域也是一个研究方法。1944 年约翰·冯·诺依曼与奥斯卡·摩根斯特恩合著了《博弈理论与经济行为》一书，标志着现代系统博弈理论的初步形成，因此他们也被称为"博弈理论之父"。主要研究公式化了的激励结构（游戏或者博弈）间的相互作用，作为一种数学理论和方法，它可以被用来研究具有斗争或竞争性质的现象。毫不夸张地说，博弈理论已经成为经济学最重要的标准分析工具，被认为是 20 世纪经济学最伟大的成果之一，其在生物学、国际关系、计算机科学、政治学、军事战略等其他很多学科都有广泛的应用。同样，在社会公共服务领域，博弈理论也有其存在的价值。

（一）博弈理论的发展进程

博弈理论的精髓在于参与"游戏"的元素个体博取利益的最大化。在社会公共服务领域，"游戏"指代提供公用产品。元素个体则包括三个主体：政府、公用企业和公民（消费者）。其中的每一个主体都希望在公用产品上获取最大的利益。这种主观上的价值追求有时和风细雨，有时又是暴风骤雨。在不同的社会发展阶段，各个主体会有不同的行为呈现方式。

1. 冲突阶段

19 世纪末 20 世纪初，福利国家兴起，政府是"守夜人"，公民从出生到死亡，政府始终扮演"全职保姆"的角色。在社会公共服务领域，国家一度否认其他社会组织存在的价值，政府主导了公用产品的提供。在商品经济过程中，一些企业也在逐步认识市场，觉得还应该有更大的作为，企业试图追求更大的利润空间，对于公民日常生活所需要的基本物质也在慢慢渗透。由此，不可避免的矛盾出现了：一方面，政府试图掌握社会的方方面面，通过其控制的立法、行政、司法权力来加强其主体地位的存在感。要实现社会公共服务领域的公用产品提供职能，政府就必须在机构体系当中增加相应的专业技术人员，投入基础设施建设，垫付公用产品的研发和生产费用，无形之中会增加政府的财政负担，即使"伤痕累累"，政府也要"负重前行"。政府对其他社会组织（尤其是经济组织）予以严格管制，这种强政府和强社会的冲突结果要么是改革，要么是革命。处于公用产品体系中的政府、公用企业和公民（消费者）都是不愿意看到这个结果的。很明显，冲突阶段的强政府和强社会的对抗不符合国家-社会发展的理论逻辑，更不符合法治政府的要求，这样一种博弈状态终究要被历史所淘汰。

2. 补充阶段

20 世纪 70 年代以来，世界经济的发展步入了"滞胀"时期，社会公用产品的提供服务也陷入了"左右为难"的境地。一方面，公民（消费者）追求更多的物质保障，他们希望政府既然有这样的义务就必须去履行，政府是唯一的法定义务主体；另一方面，政府在市场中的主体地位被弱化。政府的财政给付能力不足以保证向社会提供充实的公用产品，只能是按照绝大多数人的意愿提供公用产品，只有这样政府才能保证政权基础的稳固。而对于少数人的市场需求，政府已无暇顾及。社会是一个有机整体，人的集合才是一个国家的根基，政府才有其存在的价值。"市场失灵"在社会公用产品的供给问题上让政府彻底暴露无遗。公用企业的继续强大让政府"睁一只眼，闭一只眼"，只要没有影响到其政治地位，政府基本上都会采取放任的态度。由于经济地位的上升，社会存在价值的重要性不断提高，公用企业也希望名正言顺，希望政府能够给予其作为市场主体应有的尊重和保障。可见，在这样一个阶段，公用企业扮演了政府所扮演不了的角色，这个角色的内容又是政府的法定义务，是市场的自发选择的结果，公用企业只是扮演了作为配角的

"消防战士"，政府仍旧是市场的主角。

3. 合作阶段

20世纪90年代，基于政府的"市场失灵"和社会公共服务领域其他主体（如公用企业）的崛起，美国学者萨拉蒙教授认为，政府的定位应该是资金提供者，公用企业作为社会公共服务领域的非营利组织，其定位应该是服务提供者。二者的角色和地位不同、分工不同，但对于社会公共服务领域来说，他们的地位应该是平等的。政府把为公众服务的义务让渡给公用企业，政府只须专注于对市场的宏观调控和对公用企业的必要监管即可。而公用企业则把向社会提供高质量的公用产品作为第一要务，以获得必要的利润和必要的政府政策支持。从这个阶段来看，政府和公用企业的定位回到了本源。政府和公用企业对于自身分别应该做什么、不该做什么逐步有了清醒认识。从法治政府的理念来看，政府不是万能的，政府应该着眼于整个社会的框架建设，从宏观层面把握国家和社会的发展轨道。至于微观的市场领域，政府应该交给专业的人来做专业的事。从市场交易成本来看，社会公用产品的提供是一个系统工程，只有由公用企业来提供，成本才会更低，效率也才会更高。在这个阶段，政府和公用企业是一个密切合作的"伙伴"关系，在各自的领域发挥优势并保持自身的独立性。双方的关系定位恰当，最终受益者是公民（消费者）。消费者既获得了生存和发展所必需的公用产品，同时又付出了较低的成本。反过来说，消费者的满意又会使政府的认同感加强，保证了政权的延续性和稳定性。同时，公用企业又从公用产品提供的过程中获得了相应的利润，政府对公用企业的认同感也得到了加强。

（二）公用服务领域博弈理论的数学模型

为了更直观地了解博弈理论下各方主体的价值碰撞，笔者尝试搭建一个数学模型。在社会公共服务领域一般来说涉及三个主体：政府、公用企业和公民（消费者）。以供电企业来说，我们假设电价是因变量，政府、电力企业和消费者是自变量。假设电力企业的利润为 $a$，政府法治能力为 $b$，消费者获得感为 $c$，电价为 $p$，则得出 $p=a/b×c$。

（1）在 $a$ 恒定的情况下，$b$ 和 $c$ 越大，$p$ 就越小。也就是说，在电力企业的利润不变的情况下，政府的公信力越强，消费者的获得感越大，电价就会越低。如果电价值过低，公用企业便会没有激情代替政府向社会提供公用产品。久而久之，提供电力的义务又会回到政府身上，但这不是政府所希望看到的。在保证消费者有足够的获得感的前提下，政府应该有所作为。可以通过法治层面，适当增加公用企业的补贴力度，还可以通过价格听证的方式论证适当提高电价。如果电价过高的话，政府的法治能力有限，消费者的获得感也会降低。

（2）在 b 恒定的情况下，a 和 c 如果是正向的关系，p 也会随着轨道同步变化。a 和 c 如果是反向的关系，p 会逆轨道反向变化。也就是说，电力企业的利润越高，消费者的获得感越高，那么电价也会在一个合理的空间运行。反之，如果电力企业的利润越高，消费者的获得感越低，那么电价就会呈现一个高位的态势。电价作为消费者关心的日常生活开销，如果成本太高，消费者与公用企业之间便会产生矛盾，结果还是要政府来买单。如果电力企业的利润越低，消费者的获得感越高，电价会呈现一个低位的态势，这种情况又会和第一种情形类似。

（3）在 c 恒定的情况下，a 和 b 如果是正向的关系，p 也会随着轨道同步变化。a 和 b 如果是反向的关系，p 会逆轨道反向变化。也就是说，如果电力企业的利润越高，政府的法治能力越强，那么电价也会在一个合理的空间运行。反之，如果电力企业的利润越低，政府的法治能力越强，那么电价会呈现一个低位态势。在这种情况下，电力企业将无法获得足够的利润，连企业的生存和发展都难以保证，上述情况同样会出现。简单来说，在这种情况下，政府过多地干预了市场。如果电力企业的利润较高，政府的法治能力有限，那么电价会呈现一个高位态势，这种情况将是消费者无法接受的。同理，在这种情况下，政府是在面对市场时不作为。

（三）博弈理论对我国公共服务领域的启示

博弈理论作为一个经济学的概念，之所以被各学科所广泛接受并运用，在于其可以从定性到定量。数据是最有说服力的，也可以带给人最直观的感受。同样是在公共服务领域，如果我们同样能做到用数据说话，也会收到不一样的效果。总的来说，博弈理论对我国公共服务领域有以下三点启示：

（1）对于政府来说，要厘清自己的定位，做到有所为有所不为。在法治政府视角下，政府应该严格依法办事。法无明文规定不可为。政府应该加大机构改革，简政放权。把能够通过市场自身调节机制解决的事交给市场，政府不应当介入。政府的权力通过权力清单公开给公用企业和公民（消费者），政府应该严格遵守权力范围和边界。公用产品作为政府的法定义务，考虑到成本和专业程度，政府不一定要亲力亲为，可以通过委托的方式把这一义务的实惠转嫁给公用企业，政府可以通过法律规范予以监督和制约。只有这样，政府才能以最小的代价博得最大的社会认同。这样既能保证公用企业代替自己履行对公民的义务，保证公用企业在公用产品公益性的前提下获得必要的利润空间，也能获得公民对政府的认同。

（2）对于公用企业来说，要始终坚持公用产品的公益性，发挥政府与消费者纽带的作用。之所以把提供公用产品的企业称为公用企业，是因为公用企业生产与提供的产品是公民生存和发展的必要物质条件。这一角色的扮演者本应是政府，但政府没有能力去履行这个义务，公用企业因此成了受托人。政府为了保证公用企业扮演好这个角色，在立法、财政、税收等多个方面给予了支持。所以，公用企业在获得了来自政府的支持后，必须牢牢把握公用产品的公益性。只有保证公用产品的公益性，这样的产品才会让消费者用得起、信得过，消费者的认同感虽然是赋予政府的，但是如果没有发挥纽带作用的公用企业，这个链条便是不完整的。

（3）对于（公民）消费者来说，要树立主人翁的态度，积极维护自己的合法权益。对于公民来说，自己是国家的主人。公民通过权力机关授权政府管理国家的各项事务。公民是国家权力的所有者，政府只是权力的行使者。既然公民是国家的主人，政府只是国家的客人，提供给公民必要的生存和发展条件就是政府的法定义务。如果国家委托公用企业来行使这一义务，那么公用企业就成了市场的法定主体。在公用企业提供公用产品的过程中，公民如果认为产品价格、服务质量、信息公开等不符合公用企业的设立初衷，公民（消费者）就可以拿起法律武器维护自己的合法权益。当然，这个法律武器是通过法定程序产生的，而不是公民为自身创设的。

# 本章小结

本章基于前面的分析，结合党的十八届三中全会提出的推进国家治理体系和治理能力现代化以及法治政府的建设纲要，找到了公用企业法治化的逻辑起点。公用企业作为社会公共领域产品的提供者，是政府治理社会的有机组织部分。法治政府的价值观依托于行政法学的理论支撑，而行政法学的理论基础长期以来一直是行政法学界最基础、最重要却又争议最多的问题。影响较大的"管理论""控权论"和"服务论"各有其特点和侧重点，价值取向也不尽相同。"公共治理理论""公共行政理论"和"博弈理论"等管理学和经济学理论又为我们准确定位公用企业的法律地位拓宽了渠道。

# 第五章

# 域外公用企业法律定位制度的建构与审视

## 第一节　大陆法系国家对公用企业的制度建构

### 一、日本独立行政法人制度

日本在面对公众强烈呼吁改善社会公共服务领域现状的诉求中，经过不断摸索、反复试验，最终采取了独立行政法人这一公法人制度。其实质是政府控制并承担一定的政府经济职能的企业。

1. 日本独立行政法人制度产生的背景

任何新鲜事物都是现实矛盾堆积而成的产物，日本的独立行政法人制度也遵循这一规律。20 世纪末，日本国内改革呼声高涨，迫使日本政府必须作出回应，其中就包括社会公共服务领域的公用事业的现状。在这一方面，基于资本主义国家新公共管理理论的成熟，日本政府认为可以借鉴其精华来化解国内的矛盾冲突。可以说，日本的独立行政法人制度的提出是基于国内社会公共服务领域现实的要求，也是国际情势推动下的产物。

2. 日本独立行政法人制度的运营管理机制

其运营与管理机制是《独通法》中最重要的规定，总的来说包括：登记设立检讨机制、组织架构、营运机制、监督评价机制、财务会计机制、信息公开机制六个方面。

（1）设立检讨机制。设立具有透明、公开、自主的独立行政法人需要有政府主导，并有国会专门立法，根据《中央省厅改革基本法》第 36 条和《独通法》第 2 条的规定。这种近乎苛刻的设立条件协同独立法人制度中期计划落成后的成果，使其在提高社会公共服务的效能和品质方面得到了最大化的施展。

（2）组织架构。组织架构即是独立行政法人的组成，根据《独通法》第 4 条、第 17 条的规定，国会对其内部组织和名称进行专门的立法（个别法）。监事作为独立行政法人中一个很重要的职位，担负着重要的职责。《独通法》第 19、24、38 条规定监事的三大权力为：①业务监督权。即对独立法人运营中的业务进行监督，必要的时候可以直接提建议。②紧急代表权。即有法人代表资格的干部（役员）在进行违背本法人利益的事项时，临时代表法人的权力。③财务监督权。即对财务诸报表及决算报告提出意见。

（3）营运机制。日本独立行政法人在其运营上以英国执行局为模板进行借鉴，对其运营过程加以规定。《独通法》第 29、30 条规定的中期目标，以 3 年至 5 年为期间，并根据中期目标制定每年度的事业运营计划，其后经主管省厅首长的许可向社会公开。因独立行政法人的业务内容的不同，年度运营计划也有所不同。以独立行政法人国立公文书馆平成 24 年（2012 年）的年度计划为例，因其是以"遂行保存特定历史公文书等，并提供一般性的使用，以恰当保存特定历史公文书及利用为目的"，[1]因此年度计划是按照中期计划进行的。

（4）监督评价机制。监督体系总的来讲可以被分为三部分：①绩效评价体系。《独通法》规定的独立行政法人评价制度是第三方进行事后评价，并配合"中期管理目标"。这有助于提升评价的客观性。②立法监督。除《独通法》规定的独立行政法人的设置条件外，国会仍然会制定法律对其设置和业务进行监督。尽管独立行政法人的职员人数不包含在行政主体人数以内，但有关人员的任职仍需由总务省向国会提出报告。③信息公开。信息是独立行政法人最重要的部分，也是国家、企业、国民对其进行监督的重要渠道之一。日本独立行政法人根据《独通法》第 3 条进行信息公开。在方式上，有主动公开和申请公开两种方法。尽管《独立行政法人情报公开法》规定了应该公

---

〔1〕 参见"独立行政法人国立公文书馆概要"，载 http://www.archives.go.jp/information/indes.html，最后访问日期：2018 年 9 月 14 日。

开的类型。但其同时也列举了不可公开的四大事项，即个人信息[1]、法人之信息[2]、意思形成过程的信息[3]、国家机关或者地方政府所执行的事务或其事业有关的信息等。

（5）人事管理、薪资待遇制度。独立行政法人制度在对之前的制度进行改良时，革除僵硬机制，根据现实情况，运用法人的弹性运转机能进行改革，最大限度地满足了其职员的利益。

（6）财务会计制度。此制度解决了之前行政组织运营中的僵硬体制，增强了财务运转的弹性，使其财务制度清晰、明确。尽管《独通法》对于独立行政法人的运营费给予了极大的自主性，但是仍有很多掣肘，影响了独立行政法人的运营。

### 二、法国公务法人制度

与大多数国家一样，法国的行政主体不仅包括国家、地方团体还包括另外一种行政主体，即"某一行政职能的执行，要求具有一定的独立性，法律把它从国家或地方团体的一般职能中分离出来，成立一个专门的行政主体实施这种公务，并负担由此产生的权利、义务和责任。这个专门的行政主体因此具有独立的法律人格，是一个以实施公务为目的而成立的公法人，法国法律称这类具有独立人格的公务机关为公共设施或公共机构"。[4]当社会矛盾激发各种职能互相充斥时，必定会造就新的法律技术。公务法人就是国家公务分权的产物，也就是社会公共服务需要有一个具有独立性的公共设施，此时国家法律就产生了新的动力，从一般的行政主体和地方团体中抽离来，建立一种新的、具有独立性的实体，赋予其相应的权利、义务、责任。此为公务

---

〔1〕　关于个人有关信息，包括姓名、出生年月及其他足以辨认特定个人之资料（或者与其他资料对照，足以辨认特定个人之资料）。但依照规定或管理公开、预备公开之信息，为保护人民生命、健康、生活、财产等有必要公开之信息，机关公务人员执行公务有关之职称及职务内容信息除外。

〔2〕　法人有关之信息，如公开可能有危害法人、其他团体或者个人之权利、竞争地位及其他政党理由之嫌；或行政主体受理申请要求不对公开法人、其他团体或个人所提供依管理属于不对外公开或者其他依照信息性质、当时之情形等合理认定为不对外公开之资讯。但为了保护人民生命、健康、生活、财产，而认定有公开之必要，不在此限。

〔3〕　国家机关、独立行政法人或地方政府内部或者互相审议、检讨或者协议之信息，其公开有损其坦埋意见之交换或决定之中立性之虞，或造成国民间之混乱或特定人士之不当得利或损害其利益者。

〔4〕　王名扬：《法国行政法》，北京大学出版社 2007 年版，第 32~33 页。

法人，即是被赋予了人格的管理机构。

1. 公务法人的历史沿革及现状

公务法人的发展历程大致可以被分为四个阶段：第一阶段是 19 世纪末的初步发展阶段；第二阶段是从 19 世纪末 20 世纪初到第二次世界大战时期的大规模发展阶段；第三阶段是从第二次世界大战结束到 20 世纪 70 年代的突破性发展阶段；第四阶段是从 20 世纪 80 年代初到至今的成熟发展阶段。公务法人在历史的锤炼下不断发展、不断革新，进而更加适应社会的发展。

若要追溯公务法人的发展，早在法国大革命前期的封建时代就有其烙印。国家在各个自治市设有乞丐收容所、济贫所等机构，执行各种公务活动。传统上，法国是一个典型的中央集权的封建制国家，在封建体制下王权就是一切，政府不可能具有任何实权，它只是王权的依附品，自然公务法人制度也是绝对不可能存在的。直到法国大革命之后，政府才颁布了涉及公务法人的法律制度，这一法律设立了海军残废军人福利机构，并明确其以公务法人的形式存在。随后颁布了一系列关于公务法人的法律，主要从事科学、教育、医院、社会福利等社会公共服务。直到自由资本主义时期，国家对于经济的发展采取不干涉的态度，因此这个时期的公务法人的职能多是行政公务法人。当资本主义发展到垄断资本主义时，政府开始干预经济，社会公共行政开始出现，确定了一些专门履行社会公共服务职能的公务法人。当时，狄骥的"公共服务"学说影响力颇大，政府也因此确立了一些例如电信、邮政、公共交通等一系列的公务法人。公务法人的数量大规模地扩张。在法国经济大萧条时期，凯恩斯主义盛行，经济被国家把控得更加严格。此时，国家开始大规模地设立工商公务法人。第二次世界大战以后，法国公务法人得到了高速的发展，大多数的公务均由公务法人执行。公务法人制度这种法律设计之所以能被广泛运用主要是基于如下四个原因：①公务法人能防止滋生一般行政上的官僚主义习气、防患僵化的手续和保持一定程度的精神自由；②社会认同感和接受度强；③具有一定的灵活性；④性质上需要一定的独立性和灵活性的集体利益组织，也可以采取公务法人形式。[1] 20 世纪 70 年代末，法国出现经济滞涨，"政府失灵"引发了一系列问题，社会公共行政又一次被推上风口浪尖，进一步促进了它的发展，进而使得公务法人也得到了进一步扩展。

---

〔1〕 王名扬：《法国行政法》，北京大学出版社 2007 年版，第 130~131 页。

随着公务分权的不断发展，公务法人也由过去的仅仅执行公务职能逐步转变为兼具政府与市场经济主体的优点的社会主体。它独立于社会公共行政系统，承担自己独特的职能，提供更加广泛的社会公共服务。它与地方的自治职能相辅相成地交织成一个全面的全职网络，以服务于中央集权。公务法人对法国的民主法治进步具有巨大的促进作用，正如王圣诵教授所说的，这是一种"功能自治"。[1]

2. 公务法人的分类

（1）行政公务法人。行政公务法人是公务法人中受行政主体监督程度最高的一种，它的工作人员属于国家公职人员，其财产也是属于国家。设立公务行政法人的目的在于针对某些特殊的行政公务需要有相对独立地位的行政公务法人来落实和履行。行政独立法人法律属性归于公法人，司法管辖权交由行政法院。

（2）工商业公务法人。工商业公务法人之所以设立最初是出于管理某一特定的工商业公务目的之需要。工商业公务法人的市场经营行为受私法支配，但国家或地方团体有关行政主体也要对其进行必要的监督和管理，甚至某些工商业产品的价格变动也必须得到事前审批。在组织方面，在很大程度上由私法来调整。[2]

（3）地域公务法人。对于地域公务法人的法律制度主要适用行政公务法人。地域公务法人主要是指两个或几个地方团体，为了特定公务的有效执行而设立的法人，比如市镇联合体、城市共同体、省际协会等。

（4）科学文化和职业公务法人。此种公务法人是为了管理高等院校而创立的。它监督视察的对象包括高级师范学校、高级工科学校、大学等。而这类公务法人一方面平时的工作受到教育部总视察员的监督，另一方面在财政和会计方面受财政部总视察员的监督。

---

〔1〕　王圣诵：《中国自治法研究》，中国法制出版社 2003 年版，第 54 页。所谓功能自治，是指以功能与活动界定自治事项与权力分配，不以地域或地方划定自治权限，是使国家权力在社会中分散给各种社会组织，依靠一般社会组织承担在其他国家职能机关承担的有关事务的决策权、管理权、监督权。

〔2〕　王名扬：《法国行政法》，北京大学出版社 2007 年版，第 499~500 页。

## 三、德国公法人制度

在德国，承担社会公共行政职责的主体除了国家行政组织，还包括具有独立法律地位的社会组织，也就是所谓的直接行政与间接行政。如果社会公共行政是由行政机关实施的，就称为直接的国家行政；如果是由独立于行政机关之外，具有行政上的能力、独立的公法人进行的，则属于间接国家行政。间接社会公共行政的主体是乡镇，乡镇是地方自治团体，以地域为基础产生，不属于公务法人制度规范的内容。除此之外的间接行政主体则是公务法人制度的研究内容。

### 1. 公法社团

公法社团又称公法团体，是基于法律（公法）而产生的，由社员组成的社团自治体，社员参加社团的组织及分配的任务，并且受国家法律的监督。公法社团具有以下特征：①社员社团。公法社团就是由社员组成的公法组织，只有在社员参加社团事务时，才能称之为公法社团，即社员或其选出的代表组成内部的组织体来执行社团任务。其任务有民主的要求。②权利能力。公法社团具有权利能力，在法律规定的范围内其享有独立的权利，承担各自的义务以及责任。③执行公共任务。其执行的任务是由法律规定的，并依其性质而有所不同。④自治行政。这一特征是公法社团与其他公法人的不同。在自治行政之下，公法社团有高度的自治权，可以制定自治规章。⑤国家监督。公法社团是国家的间接行政部分，是属于国家组织的一部分，财政不独立，其所需的财务资金都是由国家资助，因此要受到国家的监督。但是，国家的监督仅仅是法律上的监督，不能干涉其他自治权，公法社团业务不受监督。

### 2. 公共营造物

公共营造物的定义一般都沿袭奥托·迈耶（Otto Mayer）之说，即持续性履行特定之公共目的，所成立的人与物的公法上的组织体。公共营造物有以下特征：

（1）非社团的组织体。营造物与使用者存在着使用法律关系，使用者无法参与营造物之任务的执行。营造物由营造物主体依法设立，营造物主体通常是国家或其他区域性的公法社团法人，它们有权决定营造物的目的、人员与财政等需要。

（2）权利能力。[1]根据法律上的独立性营造物可被分为三种类型：①完全权利能力。即营造物本身就是一个独立的法律主体，无须依附其他机关，具有独立的权利义务能力，是一个独立的主体。例如，联邦图书馆、联邦银行。②部分权利能力。即营造物本身不具有完整的法律人格，但在一定的范围内授予其一定的责任，可以成为诉讼主体，赔偿主体，例如联邦邮政局及老联邦铁路等成立的特别基金。③不具权利能力。即在法律上没有独立的法律人格，是自成的一个特别单位，原因是基于特别的需要或技术上的原因，其在组织上独立于直接行政，一般被称为"公共设施"，大部分存在于地方上的给付行政范围内，例如地方县市设立的医院、学校、博物馆、图书馆、公共墓地等。只有具备完全权利能力的公共营造物才具有行政主体的地位。

3. 公法财团

公法财团是指为履行公共目的，由国家、其他公法社团、私法人或自然人捐助资产，依公法而成立的组织体。公法财团有以下特征：①捐助行为。目前，德国行政法上的财团皆由联邦或各邦捐助财产设立，其设立是基于法律或者法律的授权。②具有权利能力而能为一定法律行为的公法财团，须经国家核准。③资金与公共任务的结合体。公法财团是资金的组织体，履行公共任务，其通过财团规则来规定有关财团的组织与运用。

4. 私法组织形式的行政主体

行政主体设立私法人（如有限责任公司、股份公司），授权其执行特定的行政任务。私法组织形式的行政主体在法律上是独立的，以私法形式出现，但受公法行政主体的控制。

## 四、大陆法系国家对公用企业的界定之借鉴

在大陆法系国家，无论是日本的独立法人制度、法国的公务法人制度还是德国的公法人制度，都是把公用企业定位为行政主体，受公法的制约。我国作为一个制定法国家，与大陆法系国家的法律体系和价值观有着极深的渊源。因此，大陆法系国家对公用企业的界定对我国有着极强的借鉴意义。主要表现为以下两点：

---

〔1〕[德]奥托·迈耶：《德国行政法》，刘飞译，商务印书馆 2002 年版，第 186~189 页。

1. 独立行政法人制度对我国公用企业改革的借鉴意义

目前，我国的公用企业数量众多、机构庞杂、从业人员众多。存在的问题也是数不胜数。这也是由特定的历史原因和特殊的国情造成的。比如，我国公用企业定位不明确。究其历史原因是其为计划经济时代下的衍生产品。最初公用企业被刻画成国家不进行生产投入、不实行经济核算、按照计划下拨运营资金，为全体社会成员提供社会公共服务的国有企业。但是，随着社会情势日新月异，国家经济职能的定位和转型，公用企业的职能也发生了一定的变化。其在提供社会公共服务的同时，也被赋予了清晰的行业行政管理职能。这就催生了一些问题：公用企业的法律定位是什么？到底有没有行政主体的地位？这就需要我们做进一步的研讨。

日本的独立行政法人制度对我国的公用企业改革有巨大的指引作用。在其独立行政法人制度的积累经验中有许多是值得我们借鉴的。当然，有优点就会有不足，我们应"取其精华，去其糟粕"。吸收其有益经验，谨记其教训。在推进公用企业改革的进程中，世界各国的新公共管理改革的经验和日本的独立行政法人制度的精华可以为我所用，稳扎稳打地推进公用企业的改革。同时，不能忽略的一个重要问题是民众，他们作为公共服务的对象更了解企业的转变方向，国家更应该听取他们的意见与建议，加强顶层设计和法律与制度的监督。随着我国公益类企事业单位改革试点工作的推进，公用企业的改革与转型也势在必行，在实践中不断进步，最终朝着公法人治理模式转变，履行其应有的职能。

2. 公务法人制度对我国行政主体制度的影响

公务法人制度是行政主体制度的重要部分，是社会诉求高效供给公共物品改善生活质量的需要，是民主法治、社会分权和自治的需要，它直接体现了社会公共行政的多元化。目前，根据我国现状，特别是十九大以来，伴随政府职能的转变，社会主要矛盾已转变为人民对于美好生活的需求与社会发展不平衡不充分的矛盾，无疑需要公共服务的更进一步发展和规范，从法律层面来规制相应组织也不能失位。我们应该看到，旧的一元化主体裹挟的结构逐渐瓦解已不适应新的社会情势，而新的多元化的治理格局尚未形成，现实中承担着一些社会公共服务职能的主体亟待通过法律和制度去确认它们的法律地位。由于我国特殊的历史原因，在国家政权对社会进行改造和把控的过程中，基本所有的社会组织都被归为国家机关、事业单位、社会团体、企业这几大类。这种分类方法是从管理学或行政学的角度来区分的，不是法律的手段和方法，对于承担提供公用产品职责的公用企业始终没有给出一个明确的法律"身份证"，在法治政府视角下这种分类的合理性受到了广泛质疑。法国的公务法人制度应该能给我国带来一些深刻的启示，为我国准确界定公用企业的法律地位和身份提供切实可行的参考。公务法人作为行政主体的一种特殊形式，是国家通过间接手段管理整个社会的重要力量。当前时期，我国的法人制度出现的问题是高度集权制度的历史产物，主要存在没有清晰区分公用企业的民事权利和管理权力的边界、公用企业与政府职能之间的定位不清晰、关于公用企业的不同法律之间存在"权力真空"和"权力打架"等问题。进而我们进行改革的主题就是规范公用企业"权力"的行使，给予其明确的法律定位，将负有公共服务义务或承担公共职能的事业、企业、社会团体等社会组织纳入行政法的视野，根据法治政府的理念要求，建立起具有我国特色的多元化主体的社会治理体系制度，规范它们的设立、类型、行为和有关救济制度，完善我国行政法上的行政主体制度。

## 第二节　英美法系国家对公用企业的制度建构

### 一、英国公用企业制度

#### 1. 背景

受启蒙运动影响，早期的资本主义国家强调自由主义，对于公共权力亦是如此。公共权力向来有侵犯个人权力的倾向，为了防止吞下此恶果，自由主义对公共权力职能进行了严格的限制，将其限定在国防、税收、治安及公共设施维护等几个有限的方面。"除了邮局和警察以外，一名具有守法意识的英国人可以度过他的一生却几乎没有意识到政府的存在。"这种情况一直持续到第一次世界大战结束，即盛行自由主义时期。在这一时期，行政模式以管制性、命令性为主要特点，强调"对国家干预最少的政府才是最好的政府"。随着社会生活中各类法律关系日益复杂，人们对美好生活的渴望日益增多，大型公共设施、公共服务等应运而生，人们需要一个能够履行各种职能的角色，能够对行业进行综合管理、监督，而政府自然而然地充当了这样的角色。

伦敦港务局是英国公用企业最早的形态，其后又出现了著名的 British

Broadcasting Corporation（英国广播公司）、CEGB（中央电力局）、伦敦旅客运输局等，这些公用企业如同雨后春笋般出现在20世纪前后的英国。特别是在1832年英国工党政府的三次国有化改革中，国家垄断资本主义获得了新的发展。铁路、煤矿、银行、土地、运输业几乎全部国有化。[1]这使得英国政府掌握了国家的经济命脉，为英国经济起飞做出了不可忽视的贡献。然而，随着英国公用企业发展，其效率低下、人事机构臃肿、服务质量低下、制度落后等弊端也逐渐暴露出来，尽管政府不断增大投入，巨额的亏损仍然入不敷出。终于，英国经济再也承担不起公用企业的巨大开销，公用企业固化的管制机制使得管制机构逐渐丧失了独立性，最终沦为了公用企业的庇护者，因而丧失了群众基础。英国的管制制度也逐渐沦为落后的、阻碍社会经济发展的腐朽制度。

正因为如此，以撒切尔夫人为主导的保守党提出了公用企业民营化改革，相继颁布了如《电力法》《煤气法》等立法，对公用企业由全面管制到重点管制，从微观管制到宏观管制。英国公用企业民营化改革大致可分为三个阶段：第一个阶段的主要任务是减轻政府的财政负担，通过对濒临破产、经济效益差的企业股份进行整体出售或转让的手段将其民营化。这一步的改革取得了极大成效进而增强了改革者的信心。第二个阶段英国政府在初试改革尝到甜头后放开手脚，公用企业大规模推行私有化体制，公用企业管制范围被进一步削弱。第三个阶段从1988年至今，英国民营化改革进一步向纵深方向推进，并逐步涉及隶属于政府行为的垄断领域，如卫生保健部门、教育部门和铁路部门。政府在制度层面采取了不同改革措施与方案的设计，成功地把公用企业可竞争性市场引入民营体制，从而进一步压缩了政府直接管制的行业范围，增强了公用企业间的市场竞争强度。

2. 概念

"英国行政法著作中所讨论的公法人主要是指在具有一般职权范围的中央行政主体和地方行政主体以外，享有一定的独立性和单独存在的法律人格并从事某种特定的公共事务的行政机构。英国行政法学著作有时又称这类机构

---

[1] 倪学德："论战后初期英国工党政府的国有化改革"，载《华东师范大学学报（哲学社会科学版）》2006年第3期，第64~68页。

为半自治的国家行政组织或半自治的非政府组织。"[1]

从行政法角度看，承担公共职能的公务法人的出现是近代以来行政职权分化的必然结果。对于现代社会而言，国家不再仅仅承担安全、保卫等基础性职能，还需要提供范围更广的具有特殊性的服务，如交通、水电供应、公共基础设施、医疗教育等。同时，公务法人发挥着区别于中央和地方行政主体的第三种公共功能，它也是对中央集权的限制手段之一。

3. 英国公用企业的特点

首先，英国公用企业具有一般公法人的特点。主要有：第一，有独立的财产和法律地位，能够对外独立承担责任；第二，英国公用企业一般是从事获得政府行政许可的领域的公共事业，在这个特许的行业内往往只有一个或者几个有限的企业；第三，公用企业与行政主体密切联系但又相区别，独立于一般行政主体。基于这个独立的特征，公用企业可以在处理公共事务、提供服务时更具灵活性，更容易贴近社会生活，更具有效率性。

其次，英国通过实践摸索走出了成功的民营化改革道路，形成了自己的特点。不同于美国实行经济管制的方式，英国政府在通过行政手段建立公共公司的同时又以严格控制公共公司的方式提供公共服务。我国的公用企业与该公共公司类似但又有所区别。它具有以下特点：

（1）在经济上，公共公司不再占用国家预算，独立的财产制度使其需要自力更生。公司日常经营业务不再由政府计划指定干预，但是会受主管部长的意志影响。在必要的时候，国会可以对公司进行质询并对公司政策进行讨论。

（2）在宗旨上，公共公司不以营利为目的，主要功能是服务社会，力求在保持收支平衡的基础上提供优质的社会公共服务。公司业务由独立董事会决定，但董事会成员由主管部长决定。

（3）在组织人事上，公司高管虽然并非公务人员，但其组成亦非自由选择，董事会的成员是由专业的管理人员组成的，以预防董事为工会、消费者代言。从英国民营化公用企业的特点中我们可以看出，虽然被冠以公用企业的名称，在经济上具有独立性，但其受到国会严格约束，其实际上是英国政府对公用企业的管制手段。

---

[1] 王名扬：《英国行政法》，中国政法大学出版社 1987 年版，第 86 页

## 二、美国公用法人制度

1. 背景

20 世纪 70 年代前，在英美法系国家，公用企业大多由政府控制，以国有或者集团组织的形式存在，而美国政府对公用企业的管控具有自身的特点。自由主义是美国的标志，最直接的表现就是对公用企业的态度，即放任私人企业管理公共服务。19 世纪 20 年代，早在煤气被刚刚引入纽约市使用时美国就实行了合同特许经营管制。这类合同非常典型地"体现了获取公共权利的途径"。而政府的职能则是专门对该类企业进行监管。因此，出现了专门的监管机构，即管制机构。所谓管制机构，又被称为行政代理机构（administrative agency）。波斯纳认为："创建这种机构的最初理论基础是为了减轻国会的立法负担。"[1] 它的存在是为了专门管理某些特定的公共领域，如国家安全、公众健康、社会基础建设等。把市场竞争机制引进到政府公共服务输出领域，将市场交换的功能优势与政府权威有机结合，极大地提高了政府公共服务功能输出的功能。

在美国，1887 年建立的州际贸易委员会和 1914 年建立的联邦贸易委员会促成了代理机构的建立。前者是管理州际铁路及公路收费、路线和运营事务的，后者是实施反托拉斯法、保障企业公平竞争的。对公用企业的管制机构有联邦海运委员会、联邦电讯委员会、联邦铁路局等。据统计，美国已有联邦和各部的管制机构 20 多个，还有州的管制机构 100 多个。其中大部分是负责管制公用企业的。为了防止管制机构独断专行，从美国错综复杂的公用企业管制过程中我们可以看出一个变化趋势：从建立管制到放松管制；从限制厂商垄断权力到保护消费者合法权益；从管制竞争到鼓励竞争。这些都体现了一种连续和不断地变换国家经济政策、法律行为重点和方式的动态过程。

2. 美国公用企业管制突破路径

在美国管制制度中最为经典的模式是收益率管制。它的出发点是使社会公众能够享受到足够实惠的服务产品，因此管制者往往会给经营者固定收益

---

〔1〕 ［美］理查德·A. 波斯纳：《法律的经济分析》，蒋兆康译，中国大百科全书出版社 1997 年版，第 790 页。

率，在实践中一般通过固定销售价格的方式。然而，美国费率管制也在实践运行中带来了许多问题：一是难以确定企业成本。计算收益率的基础是厂商的成本，而确定企业成本则成了关键。假设规定收益率为5%，那么此时100美元的成本基数上的允许收益则为5美元，而在收益率固定的基础上，厂家为了增加利润往往会采取扩大成本基数的手段。例如，扩大投资成本规模，将100美元的投资扩大至200美元；扩大经营成本规模，如将一些不必要的开支计入经营成本，更有极端者会采取虚列成本的方法。二是服务质量下降。公共服务往往具有行政许可性质，意味着缺乏竞争机制。在收益率固定且成本控制规范的情况下，厂商会因此失去动力，这就会造成服务质量、范围下降，用户体验差等现象。三是法律关系复杂增大了管制难度。从经济学的角度来看，在收益率管制中，公用企业若想获得更大的经济空间，需要俘获管制机构，这就会出现"管制俘获"现象。

在管制机构对公用企业的管理监督过程中，美国国会通常会加以干预，要求管制机构向公用企业要求公开相关服务、收费等信息，公开政务，接受媒体和社会监督。事实证明，通过管制的方式帮助美国政府有效地管理公用企业，主要体现在以下几方面：①严格限制了公用企业利润，防止经营企业利用行政许可的垄断地位操控市场，进而损害消费者的利益。②推行公共福利策略。例如，美国人民可以以极低的价格享受如装电话、网络、煤气、水电等基础服务设施。③极大地增强了公用企业经营活动的透明度，其经营行为、财务报表都要接受群众的监督，从而保证了服务质量的提高。④当供需法律关系发生变化时，灵活的私企模式能够及时适应市场，有效避免行政主体中的官僚主义。⑤限制中央集权，防止政府干预过多。

### 三、英美公用企业突破路径之借鉴

无论是撒切尔夫人的民营化改革，还是美国公共服务与市场对接的特色模式，都有各自的可取之处，我国应该结合自身国情汲取可取之处，大力推动公用企业改革，为社会主义市场经济发展提供助力。英美法系改革措施中可供我国公用企业单位改革借鉴的主要有以下几个方面。

1. 管制立法先行

正如美国学者德沃金所说："法律的帝国并非由疆界、权力或程序界定，而是由态度界定。"[1]立法亦是改革态度问题，在公用企业改革道路上前行的前提是立法，没有相关立法支撑，公用企业相关问题的解决就没有基础，司法解决纠纷没有依据，监管部门处理没有统一标准，消费者维权没有途径，更遑论探讨改革的道路如何进行的问题。我国建立完善管制立法体系已经迫在眉睫。

2. 明确公用企业定位

完全可以说，政府有效管制的关键是实行政企分离。英国在民营化改革前，在城市公用企业实行的政府管制体制是以"政企合一"为典型特征的。20 世纪 80 年代初，英国的公用企业民营化发端于电信产业，逐步推广到电力、煤气和自来水供应、铁路运输等主要城市公用企业，旨在改变原来由政府直接干预企业经营活动的政企法律关系现状，调整为由政府间接控制企业主要经济活动的政企法律关系，从而达到从以政企合一向政企分离的管制体制过渡的目标。英国在对公用企业实行政企分离的管理体制后，公用企业对于日常生产经营享有自主权与自决权，政府不再介入，企业只需要依据政府颁布的经营许可证的相关条款，按照市场经济规律安排自己的生产经营行为即可，公用企业经营机制实现了根本性转换。同时，英国重新定义了政府管制的新职能，主要是从宏观层面上制定有关政府管制法规，制定并监督执行价格管制政策，审批和颁发企业经营许可证，对企业市场准入和市场退出实行管制等。可见，在公用企业实行政企分离的政府管理体制后，政府并不是无所作为、放任企业自由生长，而是通过重新定义政府管制的职能新主张，通过间接手段和方式来规制企业的市场行为。这体现了"抓大放小"的改革原则，极大地提高了政府管制效率。这为转变我国城市公用企业的政府职能定位提供了一个借鉴的范式。同时，英国政府还改革了公共领域传统集权方式，将公共领域的权力交给社会组织，私人企业可以通过竞争投标的方式承担公共事务，从而形成以民间资金为主、低成本高质量的公用产品供给体系——PFI（Private Finance Initiative）体系。正是基于这种体系的转变，英国政府从传统的规制政府向还政于民、促进国民自发活动的"协业"政府华丽转身。

3. 引入有效竞争机制

正如萨瓦斯所言："问题的实质不在于公营还是私营，而在于垄断还是竞争。在提供低成本、高质量的物品和服务方面，竞争往往优于垄断，而大多

---

[1]　[美] 德沃金：《法律帝国》，李常青译，中国大百科全书出版社 1996 年版，第 2 页。

数政府活动又毫无必要地以垄断方式组织和运营。"[1]我国应该以提高公共服务质量、公用企业运营效率为落脚点，建立有效竞争机制是实现这一目的的有效途径。我们应该结合公用企业规模经济的特点，即前期需要巨额投资建设基础设施，当用户形成一定规模后，边际成本会随之下降。这也是在一个特许领域内公用企业数量必然稀少的原因。这种情况同时会导致企业不思进取，企业会因拥有市场独占地位而放松对自身的要求，进而导致服务质量下降。

同时，在市场垄断地位的支配下，由于没有充分的市场竞争机制，公用企业可以通过制定垄断高价以攫取垄断利润，从而带来一系列的社会问题。为了克服公用企业基于垄断地位而催生的政府监管缺失、人民生存成本增加等现象，政府应该允许更多的同业对手进入公用企业市场领域进行竞争，发挥竞争机制这一杠杆的良性推动作用。在一个竞争性氛围中，优胜劣汰规律会迫使企业想方设法地规范自己的经营行为，提高服务质量，获得更多的社会认同感，由此企业才能有存在的价值。市场竞争充分，消费者是最大的受益者。政府通过调整管制制度，降低市场准入的门槛，允许同业对手进入公用企业市场领域，还能利用竞争的信息发现功能，避免公用企业市场领域中的"信息不对称"和"信息不透明"问题，从而更有利于提高公用企业的透明度。这就是克拉克所提出的"有效竞争"（Workable Competition），即在某一产业中，只要企业的规模达到最低适度规模（或是最小经济规模）要求，企业的利润就会在合理的区间得到控制，即处于适度竞争范围。

## 本章小结

通过放眼域外，我们可以看到大陆法系国家对于公用企业的法律定位还是倾向于公法层面，认为公用企业是不同于行政机关的一类特殊行政主体。公用企业行政主体地位清晰，同时强调了公用企业信息公开制度，毕竟"阳光是最好的防腐剂"。而英美法系国家由于没有公私法的划分，则倾向于政府通过特许经营的方式，让民间资本参与公共服务领域，政府赋予了企业较大的经营自主权，引入了竞争机制，政府则通过立法加强管制。

---

[1] [美] E. S. 萨瓦斯：《民营化与公私部门的伙伴关系》，周志忍等译，中国人民大学出版社2002年版，第161页。

# 第六章

# 完善公用企业法律定位的对策与建议

新型行政的不断发展给传统的行政主体理论造成了巨大的冲击，法治政府视角下政府的"权力"不断通过简政放权和权力清单等措施清晰地呈现给整个社会，明确做到执法有据。过去那些直接由政府提供给社会的公用产品的义务被委托给公用企业履行，政府只是通过相关的法律法规进行监督和约束，消费者看到的表象是在公用产品服务合同里面没有了政府的影子。由于委托这样一种方式在行政法内没有一个严格的法律制度设计，因此容易造成公用企业与消费者之间形成一种单一的民事法律关系。至于公用企业与消费者之间到底是一种什么样的法律地位和法律关系，我们不能仅仅停留在现象表面，应当深究其本质，这也是法治政府的必然要求。

## 第一节 构建公用企业、政府与消费者"三位一体"的法律关系逻辑体系

民主体制构建的完善程度是社会进步发展的一个显著标志。现如今，每位公民都是民主政治制度的受益者，特别是在公共服务领域。反过来，能否给公民带来切实可行的利益分配亦是法治政府不可推卸的政治责任，同时也是衡量一个国家民主程度的标尺。正如英国著名学者诺曼·巴里所言："当代思想中一个最具决定性的元素是将福利思想转化成福利国家。除了那些更抽象的政治哲学之外，福利不可避免地与当代福利国家的政策和制度联系在一起。……经济学家和社会哲学家已经说明，存在各种各样的福利来源，只是在 20 世纪中叶，它才成为某种知识共识的一部分，这种共识认为政治当局者

应该对福利的供给负主要责任。"[1]公用企业在给整个社会提供产品服务时涉及很多方，其中最主要的三方即为公用企业、政府和消费者。构建公用企业、政府和消费者"三位一体"的理论建构或许能为社会公共服务尽一些绵薄之力。

## 一、消费者与政府的法律关系

公用企业作为政府与消费者的连接者，其作用是不言而喻的，在任何一种法律关系中消费者都会成为最终的受益者，对其利益的保护是首要的。政府作为消费者权益的护航者，其责任之重可想而知。在法治社会的建设进程中，法治政府的建设势在必行，其建设的另一个重要层面就是福利国家。现代福利国家的发展目标影响因素众多，最重要的就是政府竭尽所能地为其社会成员提高幸福指数，把对公共利益的最大追求放在重要的位置。公共利益这一说法最早出现于古希腊，大约在公元前 5 世纪至 6 世纪。"最初，与古希腊城邦制度造就的'整体国家观'相联系，公共利益被视为一个社会存在所必需的一元的、抽象的价值，是全体社会成员的共同追求目标。"[2]我们从其起源中不难发现，公共利益从它诞生的那一刻起，无论是其内涵还是其外延，无一不与私人利益相关联，它们之间存在一种福祸相依的法律关系。

为了更好地保障公共利益就要更准确地界定其范围。首先，应该知道，特定的国家对公共利益的界定不同，存在着质的差异。正如有学者提出的，在现代的社会背景下，公共利益的内涵会因为各个宪政国家的法律体系不同而不同，宪法制度所蕴含的公益理念是其中最重要的决定因素，具体来说可以被分为"国家的基本原则"和"国家的任务"。由于国情不同，各国的实际情形决定了该国在特定历史阶段的基本任务和发展方向以及国家的价值追求。因此，各个国家的统治阶级在不同的历史发展阶段对公共利益的规定存在差异源于不同的政策以及对公共利益不同的价值判断。因此，历史性与个案的差别性导致了公共利益的内容不同以及其价值体现亦不同。其次，公共利益的范围判断标准不是僵化不变的，其有自己固定的规则模式。罗尔斯认为，在实践中，公共利益与私人利益的区别，对于它们的判断标准来说是极

---

[1]　[英]诺曼·巴里：《福利》，储建国译，吉林人民出版社 2005 年版，第 136 页。
[2]　胡建淼、邢益精："公共利益概念透析"，载《法学》2004 年第 10 期，第 1~6 页。

度复杂的，因为关联的因素很多。但两者也有明显的区别："一种公共利益具有两个特点，即不可分性和公共性。公共利益所具有的数量不能像私人利益那样被划分，不能由个人按照他们的偏爱多要一点或者少要一点。"[1]公共利益应细化到强调个人利益至上。从功利主义角度看，社会个体利益的叠加之和就是公共利益。"既然公共是由个体构成的，公共利益也是个人利益的某种组合，并最终体现于个人利益。国防之所以是一国的公共利益，并不是因为抽象的国家从中得益了，而正是在于这个国家的每一个实际存在的人都得益了。就和不存在超越个人的社会或国家一样，超越个人的'公共利益'也同样是不存在的；否则，我们就堕入了无法自拔的诡辩论陷阱。"[2]

所谓公共利益的"不可分性"应被理解为非个体的量化，也即公共利益不能平等地量化到每一个个体上。因而，法律上的"公共利益"的分类标准以及其范围同样也可以从不同的角度来进行界定。但凡是被国家纳入法律调整范围的公共利益，则其标准和范围都是特定的，此种标准和范围与该国的经济水平、人权保障程度以及国家整体的社会道德理念的发展密不可分。对于公共利益，单从法律层面上讲可以区分为抽象层面的公共利益和物质层面的公共利益。对于抽象层面公共利益的理解，哈耶克给我们留下了一个逻辑良好的思路。他认为，公共利益是一种抽象的秩序。"自由社会的公共福利或公共利益的概念，绝不可以定义为所要达至的已知的特定结果的总和，而只能定义为一种抽象的秩序。"[3]

从法律层面来讲，我们可以把抽象公共利益理解为一种某个国家在特定的历史时期的法治秩序。在物质层面对公共利益进行理解抑或是解释，它是一种普遍认可的权利而且是大众的基本生存权利。鉴于此，可以借鉴罗尔斯在其《正义论》中树立的"最低受惠者"的"最大福利实现"模型。因此，我们知道通过建立可物化的客体对象，可以考察公共利益是否已经实现。因而在实践中，这些为了公共利益建立的企业的设立就是为了证明公共利益机

---

〔1〕 参见［美］约翰·罗尔斯：《正义论》，何怀宏、何包钢、廖申白译，中国社会科学出版社1988年版。

〔2〕 张千帆："'公共利益'是什么？——社会功利主义的定义及其宪法上的局限性"，载《法学论坛》2005年第1期，第28~31页。

〔3〕 ［英］弗里德里希·冯·哈耶克：《经济、科学与政治——哈耶克思想精粹》，冯克利译，江苏人民出版社2000年版，第181~231页。

制建构的目的。对于公共利益机制而言，社会公共福利的最大化是其显而易见的意义，究其更深层次的意义即为平衡利益冲突、缓冲矛盾、充当"减压阀"的角色。它通过利益补救机制和利益救济机制平衡社会上的各种竞争。但公共利益受损后的救济问题亦是十分重要的，如救济方法、途径以及如何补救、修复等。罗尔斯认为，基于公共利益公共性以及不可分性的特征，从中可以得出的结论是："必须通过政治过程而不是市场来安排公共利益的提供。"[1]

因此，基于公共利益的理论，公用企业的目的就是提供公共服务。而在市场中，除了公用企业自身，另外的两个主体（即政府和消费者）之间的法律关系亦很明确。政府是提供公共利益的最终保障者，它保障的是消费者的利益，因此政府与消费者之间的法律关系是委托与被委托的关系。其中最重要的莫过于消费者的权利，我们可以称之为消费者的主权利，也即平时而言的"消费者主权"。这一概念最早可以被追溯到亚当·斯密的著作，后来经过马歇尔的发展，成为经济理论中不可动摇的原则。奥地利学派、剑桥学派以及哈耶克、弗里曼等更是把"消费者主权"看作是市场经济中最重要的原则。所谓消费者主权是指在决定某个经济体系所生产的商品类型和数量时起着关键性作用，也即在生产者和消费者互相的一系列的法律关系中，"消费者是起支配作用的一方，生产者应当根据消费者的意愿来进行生产"。[2]消费主权实现的价值体现在有利于优化资源配置以及社会福利的最大化上。在公用企业领域，消费者是其最终的受益者，因此消费者对于公用产品而言有最终发言决策权。而对于消费者来讲，其很难有效及正确地影响公用企业产品的生产和供给，不仅是基于公用企业自身的特性。从公用企业自身来讲，其对公用产品的需求量小，而且具有强制消费的特性，因此消费者的权利在公用企业产品中很难得到有效的保护。

无论是在理论方面抑或者是在实践中，消费者主权的观念都显得苍白无力。从自身的特点出发，公用企业是垄断行业，这对于消费者而言无疑是雪上加霜，消费者更加没有选择的余地，完全处于被动地位。因此，更加催化

---

[1]　[美] 约翰·罗尔斯：《正义论》，何怀宏、何包钢、廖申白译，中国社会科学出版社1988年版，第124~135页。

[2]　[澳] 欧文·E. 休斯：《公共管理导论》（第2版），彭和平等译，中国人民大学出版社2001年版，第243~265页。

了政府机能的展现，保护弱者，政府接受消费者的委托充当起了"保护伞"的角色。现实社会复杂难耐，政府除了一些常规的方法（诸如控制价格、监督质量等基本的督导）外，还需要对一些非常规的侵害消费者权益的行为进行保护，诸如服务态度差、不按时提供服务、官僚作风等都需要加以控制。例如，最常见的就是不正当竞争问题。由于公用企业的生产者处于垄断地位，其他行业无法与之竞争，导致其主权盛行，加之公用企业提供的服务基本都是公民生活中的必需品，需求弹性较小，所有问题的累加导致消费者成了被动的一方。在公用企业提供的消费服务中，消费者的消费没有选择余地，只能接受服务，无论服务质量是优质的还是"质次价高"的，都没有选择的权利。

随着市场化经济的进步、公用企业民营化制度的推进，消费者主权的观念不断被强化，目前处于观念的转型期，但生产者主权依然盛行。例如，在2015年3月，根据举报线索，阿勒泰市工商局立案查处了某某天然气有限公司阿勒泰分公司。发现该公司在提供民用和车用天然气服务的过程中存在滥收费用行为。经过全面细致的调查，认定该公司构成公用企业滥收费用。阿勒泰市工商局依据原国家工商总局《关于禁止公用企业限制竞争行为的若干规定》第5条第1款的规定，责令当事人停止违法行为，并处罚款。然而，滥收的费用并没有退赔用户，消费者的权益并没有得到切实的保障。另外一方面，消费者的消费选择受到诸多限制。例如，在消费者主权下，消费者的选择除了受自身因素的影响外，不受其他任何因素的制约。但是，我国的现实是，消费者的消费选择权受到了很多其他外来因素的制约，其中最突出的表现就是选择的种类、空间以及结构受限。虽然我国的经济突飞猛进，公民的收入水平有了很大的进步，但是公用企业的服务水平却没有做出相应的调整。

因此，政府要作出相应的回应，以保护消费者的权益，政府作为被委托者有义务解决此种问题。首先，可以借鉴国外经验，完善公用企业的制度规章，正确定位，明确其权利义务。以美国为例，其是世界上自由主义很浓重的国家，自由平等的竞争是其一直遵循的原则，《反托拉斯法》更是其法律保障。当大公司因垄断行为侵害消费者权益时，政府就会通过法律手段进行干预，从而削弱垄断企业的力量，保护消费者权益。2000年美国微软公司的分解就是有力的证明。其次，强化消费者的维权意识、加强教育、增强法律意识，使消费者知悉自己的权利范围。加大诸如《反不正当竞争法》《产品质量法》《消费者权益保护法》以及其他法律法规的教育，使其明确法律所赋予的各种权利，充分利用知情权、检举权、选择权、监督权等。

在公用企业的范畴内，政府和消费者作为两头主体，它们之间的法律关系也是很重要的，只有政府切实履行自己的职责，消费者的权益才有可能得到保障。单从法律关系上讲，政府与消费者属于委托与被委托的法律关系，从这个意义上讲，政府作为提供服务的一方，其有义务做好自身的本职工作。如果违约，对方可以追究其责任。单从这个层面看，消费者似乎处于优势地位，因其保护者为政府，政府有行政权，而且有国家这个机器作为后盾。但在现实社会中，政府的服务工作不到位。尽管也一直倡导法治政府的建设，法治政府的前提就是服务型的政府，打造全心全意为人民服务的政府，但是现实生活中事情纷繁复杂，政府的工作强度大，一些微乎其微的事情没有得到很有效的解决。特别是在公用企业这方面，不足与漏洞还有很多，这就要求我们先从顶层入手，加大政府监管力度，对公用企业加大监督，使其服务质量有质的飞跃。例如，一些供水、供气、供暖的企业在定价的过程中不只听从政府的指导定价，而且在定价过程中充分听取民意、召开听证会等，以公开、透明的方式定价，如若出现涉及价格问题的纠纷就会有透明的参照标准。此种行为很符合法治政府的要求，不仅可以提高行政效率而且公开透明，对于消费者而言亦是对其权利的尊重。在政府与消费者的法律关系中，作为委托者的消费者不能单单依靠政府去保护其权益、履行合同，更要提高自身的法律素养，做好自己的本职工作。虽然作为被委托者的政府的责任重大，但是也要不断督促消费者自身，以使其"合同"得到完美的履行。在公用企业的服务中，政府与消费者是其服务质量好坏的"晴雨表"。因此政府与消费者有效配合、加强联系，可以使公用企业的市场"顺利畅通"，消费者的权益得到有效保障。

## 二、政府与公用企业的法律关系

公用企业提供的公用产品基本上属于公民的基本生产和生活的必需品，因此大部分国家均对公用企业实行国有化或者政府管制，其目的就是回馈社会，向社会提供源源不断的高质量社会公共服务，这是传统的做法。对于公用企业的发展历程来讲，它的产生和发展与该国或者该地区的基本政策、经济发展水平以及现代化程度密不可分。事物的发展过程是把"双刃剑"，带来的作用有正面的亦有负面的，有促进作用也有阻碍作用，不能一概而论。

我国公用企业的发展亦是一幅跌宕起伏的历史卷。19 世纪中叶之前，我国的国策是闭关锁国，小农经济下人民生活自给自足，此时并没有出现提供公共服务的"部门"。在鸦片战争后，中国被迫开放，丧失主权，同时工业化也被迫开始发展。这一时期城市的现代化进程与工业化相当缓慢，但是租界地和一些沿海城市的发展相对较快，此时出现了中国历史上最早的市政公用企事业。据《上海公用企业志》记载："在 1865 年上海诞生了中国最早的城市煤气。"[1]据相关史料记载，清同治四年（1865 年）上海建成了第一个英商煤气厂；之后在同治六年（1867 年）一座法国商人经营的煤气厂也相继建成；在清光绪六年（1880 年）英商组织自来水公司在当时上海的英租界最早建成；1876 年英商怡和洋行在上海修建了最早的淞沪铁路。总的来看，从 1865 年至 1930 年，中国的公用企业虽然有了初步的发展，但仅限于租界地和一些先进的沿海城市，分布不均，而且种类少、服务范围狭窄，服务对象亦是十分有限，主要是商贾、达官贵人以及租界地区的居民，不能被称为正式意义上的公用企业。

随着开放的进程，20 世纪初期，中国的重工业有了发展，工业化程度也不断加深，城市化进程也加快了脚步，促使公用企业的发展也出现了"春机"，有了一定的规模，种类不断增加、服务范围不断扩大。此时，中国出现了公共汽车、有轨电车、出租汽车、轮渡等公共交通工具。民国政府意识到公用企业的性质是自然垄断行业，因此在当时的民国宪法中明确规定"公用企业及其他有独占性之企业，以公营为原则，其经法律许可者，得有国民经营之"。之后爆发了抗日战争，国家大部分产业遭到毁灭性的破坏，公用企业也不例外，企业萎靡，基本丧失了功能。抗战胜利后，一切行业百废待兴，公用企业也逐渐恢复。之后内战爆发，大多刚有起色的公用企业又陷入了入不敷出的困境。此时，从大的经济方向来看，中国的经济整体处于崩溃边缘。

中华人民共和国成立后，国民经济发展迅速，公用企业也不例外。在此期间，公用企业的发展规模日益扩大，供应能力更是飞速增长。截至 1960 年，"全国铁路线路里程达到 53 424 公里，是 1949 年建国时的 1.78 倍；公路

---

[1]《上海公用事业志》编纂委员会编，蔡君时主编：《上海公用事业志》，上海社会科学院出版社 2000 年版，第 21~37 页。

线路里程达到 51 万公里，是 1949 年的 6.32 倍；全国城市日供水能力达到了
1020.8 万立方米，是 1949 年的 4.24 倍；城市人工煤气的日生产能力达到了
96.3 万立方米，燃气管道长度达到了 2075 公里，分别是 1949 年刚建国时的
3.88 倍和 2.0 倍"。[1] 从 1963 年至 1965 年，国民经济进行调整，随后就进入
了 "文化大革命" 时期，经济遭到重创，公用企业的发展也停滞不前，导致
公用企业的发展与国民经济的发展不平衡，比例失调，严重影响了国民生活
水平。

改革开放之后，经济迅猛发展，政治环境逐渐稳定，一切开始步入正轨。
同时，国家也对公用企业的发展给予大力支持，注入大量资金，公用企业迎
来了高速发展期。截至 2004 年，"全国铁路线路营业里程达到 7.44 万公里，
是 1978 年改革开放初期的 1.44 倍；公路线路里程达到 187.07 万公里，是
1978 年的 2.0 倍；民航航线里程达到 204.95 万公里，是 1978 年的 13.77 倍；
全国城市年供水总量达到了 490.3 亿吨，是 1978 年的 6.22 倍；城市人工煤气
的年供气量达到了 213.7 亿立方米，燃气管道达到了 14.8 万公里，分别是
1978 年改革开放初期的 12.39 倍和 31.48 倍；通信能力更是有了长足发展，
本地电话局用交换机容量达到 42 346.9 万门，是 1978 年的 104.33 倍，长途
自动交换机容量为 12 629 982 路端，是 1978 年的 6779.38 倍；电力供应方面，
全年发电量达到了 21 870 亿千瓦小时"。[2] 在这一时期，公用企业得到了全
面的发展，经济体制也在发生变化，高度集中、统一的计划经济体制退出了
历史的舞台，社会主义市场经济体制逐步确立起来。此时，公用企业的发展
机制也开始发生转变，产业分割重组、公司制度改革、产权多元化等新政策
不断出炉，公用企业发挥的作用越来越大。从公用企业一百多年的发展历程
来看，其发展与国民经济正相关，公用企业在以后的发展历程中会焕发出更
强的增长活力。

公用企业虽然是不断发展的，但是其体制问题依然存在。在一切围绕着
经济发展的时代，国家为了发展经济，公用企业都是国家垄断的，这就容易
造成价格偏高、服务质量偏低的现象。造成此种现象的原因主要是经济上的，

---

〔1〕　数据来源于国家统计局国民经济综合统计司：《新中国五十年统计资料汇编》，中国统计出
版社 1999 年版。

〔2〕　数据来源于中华人民共和国国家统计局编：《中国统计年鉴（2005）》，中国统计出版社 2005
年版。

即缺乏有效的竞争机制，所以在公用企业改革的浪潮中公用企业民营化在逐渐推行，而且效果明显。在体制上，近几十年来，各国大都提倡政府放权。我国的政策亦是简政放权，呼吁还权于社会。在民营化成为一种潮流的背景下，我们应该看到实行民营化改革的目的，并非单纯地将国家公有产权变为私人产权。其最终的目的是激活市场竞争力。20世纪70年代末，英国的撒切尔政府率先实施民营化改革，之后，其他国家也相继效仿。民营化改革从西方先哲发展到现在各国普遍采用的改革模式，历经了大约一个世纪的历程。民营化之所以发展如此，应从其内涵加以分析。

从经济层面来分析，我们用"综合体"为民营化"代言"，对于民营化的制度建构可以从外围规制和制度内核这两个层面来加以分析。外围规制因素包含政府的激励规制因素以及完善的竞争市场的构建，"民营化的制度内核则包括产权变更，企业内部管理机制的市场化等因素"。[1]由此表明，我们不能简单地将民营化等同为公用企业资本属性的变化，或者更加直白地说成私有化。民营化是国有企业的资本属性、公用企业的法律规制和市场竞争机制的综合产物，是合力作用的结果。尽管公用企业在民营化的进程中涉及到企业资本属性的变化，但是我们并不能就此认定为直接的公用企业资本属性的私有化。它们之间最直接的差异点就是处分权。所有人对该事物享有的是绝对的所有权，包括占有、使用、收益、处分权，是绝对的排他性权利。但对于公用企业来说，基于其自身的特殊性，虽然公用企业民营化产权发生了变化，但是政府对于公用企业经营状况以及其他具有重大利害法律关系的环节有着严格的规制。因此，私营业者对于公用企业的经营不能享有完全的权利，其权利范围受到政府的规制。

所以，公用企业的民营化仅仅是产权变化而非产权变更，这是在经济层面公用企业民营化不等同于产权私有化的原因。"虽然通过公用企业民营化改变了公共部门中公共物品供给者结构，但这种变化绝不意味着公共部门因此而拥有了私人部门的特征，也不意味着私人部门中的市场原则可以应用到公共部门，更不意味着政府可以企业化和公共部门可以私人化。"[2]究其原因

---

[1] 参见郭朋："民营化背景下公用事业规制研究"，苏州大学2006年硕士学位论文。
[2] 张康之、王喜明："公共性、公共物品和自利性的概念辨析"，载《行政论坛》2003年第4期，第8~11页。

是，公用企业的本质属性就是服务大众的公共利益。因此，公用企业的运作与传统的私人企业的最大区别就是运作目的的差别。一个是社会公益性，另一个是营利性。民营化改革的目的是在公用企业行业内部引入市场竞争机制。美国著名经济学家斯蒂格里兹强调政府应当积极地干预市场，认为私人企业与公用企业最大的差异之处在于，公用企业是由国家投资的，破产对于公用企业来说是遥不可及的，因此竞争对于公用企业而言是不必考虑的因素。斯蒂格里兹认为，竞争亦能给市场带来积极的作用。例如，竞争能够给企业带来更多、更广阔的选择机会。首先，只有商品繁多、种类齐全，公众才能依据自己的兴趣爱好进行选择。选择越多，所折射出来的竞争越激烈，厂家才会更新制度，摆脱官僚制度的禁锢。"竞争提供了一种检查制度，并对政府的低效率进行鞭策。"[1]其次，对于优化市场激励结构而言，"竞争"是功不可没的。在竞争激烈的市场，为了产品畅销，企业在委托其他人时，必定要为他们提供急需的服务。竞争就为他们提供了有效的比较基础。竞争带来的结局是不言而喻的，竞争力较强的企业发展势头良好，而那些竞争力低效率低下企业则会更加举步维艰，不得不逐步退出市场。在此时此刻，作为企业的管理者不得不改变对策，提高效率，以适应市场的需求。对此情形，英国经济学家马丁和帕克在深入地研究了英国各类公用企业民营化的经济绩效后得出了结论：竞争力大小与企业民营化程度呈正相关，而同样在垄断的市场中，即便企业也在不断地民营化，但其效率提高得并不明显。相反，有些企业甚至还出现了服务水平下降的趋势。因此，民营化企业改革是否能成功，合理、有效的公用企业规制体制是其有效的制度支撑。

在现实中，对于公用企业来讲，如果在民营化的进程中市场规制缺位，则公用企业便会一家独大，造成市场被垄断，而此时无论是政府经营还是私人经营，产出效率低下，这个事实是毋庸置疑的，企业的经营者亦会提高价格，获取高额利润。如果在民营化过程中政府规制缺位，可能导致的结果就是，公用企业在市场中成了真正的垄断者。此时，无论是价格规定还是产品质量，都直接服从利益最大的目标。如若此时企业的利益与政府公共利益之间发生矛盾，政府为了自身的利益可能会通过启动行政命令来对企业进行规

---

〔1〕　[美] 约瑟夫·斯蒂格里兹：《政府经济学》，曾强等译，乌家培、高正琦校，春秋出版社1988年版，第189页。

制，此时政府自身虽处于被动地位，但是企业会受到极大的损伤。因此，在公用企业民营化的进程中引入竞争、选择、激烈和责任等基本的价值取向具有十分重要的意义。从政治层面看，公用企业民营化的过程中夹杂着大量的政治方面的因素。公用企业与其他企业有着明显的区别，其中最明显的一个特征就是：在公用企业的整个环节规制中，无论是生产还是经营，都体现的是国家意志，具有明确的政治意图。这种政治意图的强弱法律关系到公用企业经营的好坏，从而折射出政府对于社会公共利益的关切程度。

首先，一个社会总的服务供给是由公共服务和民间组织服务这两部分构成的。而在公用企业从事经营活动的过程中，政府应当通过法定的方式适当介入。比如，行政特许经营、注入财政资金、或者产权等，在一定程度上贯彻了国家意志，因此公用企业提供公用产品服务属于公共服务是毋庸置疑的。现代法治政府的一个核心要义就是为全体社会成员提供尽可能优质的公共服务，虽然政府介入其中，但是提供公共服务的主体却不一定仅有政府。正如学者赵黎青的观点："在实现公共服务的整个过程中，政府必须承担最终责任，保障公共服务的最终绩效，但是公共服务的方式，却可以根据情况灵活选择组合。"[1]

其次，从公用产品的提供者——公用企业——来讲，政府与其之间也有政治方面的考量。从传统的角度来讲，在以往的历史中，公用产品的提供者一般为政府，而作为消费者的公民也都是维护其统治的公民。因此，在他们之间建立了一种契约法律关系。公民选举政府，就是为了让政府更好地服务社会，特别是在关乎自己切身利益的公用产品方面，公民会密切关注政府的动向，监督政府官员的工作效率。基于这一点，政府为了获得更广泛公民对其统治地位的支持，必须在其基本生存所需的物质条件上有所作为。因此，在资本主义国家，公用企业民营化的初始原因就是缓解政府失信带来的一些问题。政府为了提高公共利益的输出，利用民营化改革拉动政府的有效供给，从而赢得民众的信任，使其在选举中为"自己"拉票。但是，在社会实践中，民营化并非通行各国的良策。每个国家的国体、政体都不一样，基于历史原因、文化传统以及经济模式差别很大。因此，对于公用企业采取私人经营还

---

〔1〕 赵黎青："什么是公共服务"，载《学习时报》2004 年 11 月 22 日，转引自《新华文摘》2005 年第 1 期，第 6 页。

是政府经营的问题，每个国家都有自己不同的思考。美国著名经济学家约瑟夫·斯蒂格里兹认为："问题不是在于哪一种政策是好的，而是在于若干个适当的政策当中哪一个政策会产生想要得到的那种环境。"[1]因此，无论是哪种，只要符合国情、能带来良好的社会公共利益就是其目的。

最后，现代社会发展迅猛，法治政府要求政府有良好作为，因此公用企业民营化改革是政府在经济领域推行的"善治"理念的具体体现。"概括地说，善治就是使公共利益最大化的社会管理过程。善治的本质特征，就在于它是政府与公民对公共服务领域的合作管理，是政治国家与市民社会的一种新颖法律关系，是两者的最佳状态。"[2]从公用企业的发展历程以及民营化的进程中我们可以看出，无论是政府大一统的包办模式或者是引入民营化机制改革都仅仅是手段问题，而不是最终要达到的目的。正如我国有学者指出的那样："公用企业产权管制体制改革的主要目的并不仅仅是要回答产权由谁来占有的问题。管制所追求的终极目标是要解决公用企业领域中资源的优化配置，最大限度地实现公众利益。"[3]

由此我们不难看出，政府与公用企业的经济行政法律关系是管制与被管制的关系，体现在行政法律关系中，二者是行政主体与行政相对人的关系。因此，要合理地界定他们之间的法律关系，以便作出正确的决断，服务社会。

### 三、公用企业与消费者的法律关系

公用企业与消费者之间的法律关系更为重要，因为在日常生活中，消费者是与企业直接接触的，所以它们之间的矛盾最为突出。在分析公用企业与消费者法律关系的时候，我们可以从以下三个方面展开。

（1）从公用企业与消费者所签订的公用产品提供合同来看，公用企业提供的公用产品具有垄断地位，对于其提供的公用产品，消费者通常难以回避或不可选择。在信息不对称、谈判能力不对等的情况下，尽管公共企业与消费者之间签订了形式上的"平等"契约，但处于弱势的消费者实际上难以通

---

〔1〕 ［美］约瑟夫·斯蒂格里兹：《政府经济学》，曾强等译，乌家培、高正琦校，春秋出版社1998年版，第176页。

〔2〕 俞可平：《权利政治与公益政治》，社会科学文献出版社2005年版，第146页。

〔3〕 周林军："简论我国公用事业产权管制体制改革"，载《西南师范大学学报（人文社会科学版）》2003年第6期，第71~74页。

过契约来防范和控制自身风险，即存在着"契约失灵"。为此，就需要借助契约之外的力量对失衡的利益关系进行矫正，对弱势的消费者进行特别保护。英国法官在 1995 年的"Norweb Plc v. Dixon 案"中就曾认为，供电企业与居民用户之间的供用电协议不是"合同"。[1]当然代指普通意义上的民事合同，因为其不是以意思自治为基础。也就是说，居民用户对于此类合同并没有选择自由，因而不产生合同法上的权利和义务，而是严格受制于法定条款的约束。这种认识真实地揭示了公用企业与消费者之间所签订合同的特征，形式上虽然是双方真实的意思表示，经合意而达成，但实质上消费者在选择这一类公用产品时没有选择权。完全可以说，适用私法机制不足以揭示公用企业与消费者所签订的公用产品合同的属性。

（2）在公用企业的运营领域，基于公用企业自身的特殊性，它在特定的领域、特殊的行业有权行使一定的行政管理权，依据法律或部门规章对相对人采取处罚、收取所谓滞纳金等明显属于行政法律关系，此时公用企业与相对人的地位不具有对等性，这是公用企业与消费者之间的第一层面法律关系。在此种法律关系下，公用企业很明显就是充当了行政主体的角色，因此应当赋予公用企业行政主体的法律地位。对于公用企业的发展史，笔者在前文中已有论述。公用企业之所以能发展到如今的局面，我们可以从两方面追寻其根源：国家经济社会的变迁及国家权力基础的变迁。在经济因素层面，公用企业的发展是由于全球范围工业革命，工业革命的"全球化"带来的技术的突飞猛进，进而带领其他行业快速发展，这也为公用企业的发展铺平了道路。经济发达的后果就是带来更高需求的公共服务，为政府创设了大量新的负担。例如，交通工具的发展以及通信事业在各国的普及和发展等。这些公用企业的快速发展给公众的生活带来了极大的便捷，但同时也给政府增加了很多新的负担。比如，政府要制定新的政策去监管、要充分调查研究确定适合的价格定位以及后勤保障工作等。"经济基础决定上层建筑"，经济的变化会带来政治上的变化，使国家的权力基础发生变化，即传统的国家主权意识以及森严的统治意识日益淡化，国家权威的树立通过社会公共福利来调控，主要通过给民众创设大量的公共服务等惠民政策来奠定其合法性权威和权力基础。这些变化体现在行政法中，表现为其理论基础在发生着变化。

---

[1] Norweb Plc v. Dixon [1995] 1 W. L. R. 636.

最先捕捉到变化的是法国公法学家莱昂·狄骥，他创造了行政法的基本理论"公共服务论"。在他的观点中，现代国家的公法基础逐步从传统的国家主权思维转向政府的公共服务义务，并认为"公共服务的概念已经逐渐取代主权的概念而成为公法的基础"。[1]他认为，公共服务"是任何因其与社会团结的实现与促进不可分割，而必须由政府来加以规范和控制的活动……只要它具有排除通过政府干预，否则便不能得到保障的特征"。在他看来，政府是绝大多数公用企业的创立主体，因此政府有义务运用法律手段来保障这些公用企业的日常经营活动，发挥其为整个社会提供公共服务的功能。"公共利益的需要决定了法律首先应当是一种调整公共服务关系的法律。"从中我们可以看出，只有在政府保障公用企业的日常经营活动的前提下，公用企业才能最大化地向全体社会成员提供公用产品的服务，这是国家秩序行政的必然要求，并且其他行政行为不能被用来规避这种行政法律义务，也就是平时我们所说的政府公法上的义务不能通过私法途径来解决。

各国的行政主体笔者在前文都有所论述，各国行政主体的范围都有不断扩大的趋势。水、电、煤气、暖气、邮政、铁路等公用企业如何定位其在法治社会视角下的地位？"德国行政法理论从将行政划分为公权力行政和私经济行政的分类入手，也肯定了类似公用企业等以私法形式出现的行政组织在行政法上的主体地位。"[2]针对通过特许合同实施公务的私法人是否属于行政主体的一种形式这一问题，法国行政法学界还存在比较大的争议。我国著名的行政法学家王名扬在其《法国行政法》一书中持否定态度，"即意味通过特许合同从事公共服务的私法人是行政主体"。[3]行政主体的条件法律有规定，财政支持、预算支出以及人事法律关系等，有权力就有责任，行政主体自身必然需要对其实施公权力而产生的一系列相应的法律后果负责。对于这种法律后果的性质我们应该如何去定性？这应当是一种是公法上的责任。因此，公用企业具有行政主体的资格是与法律不相冲突的。例如，燃气企业在获得政府的特许经营权后，其有权力对管道的铺设、线路的设计以及后续施工等进行管理、支配。假如在工作进程中出现了问题，或者是铺设管道的时候发生意外，或者是线路规划侵犯了民众的合法权益等，最常见的就是在供气的过程中与消费者发生争端进而对消费者进行行政处罚。在获得授权的情况下，燃气公司应当是一种行政主体，消费者属于行政相对人，他们之间应当是一种行政法律关系。

通过上面的分析我们可以看到，公用企业与消费者的第一层法律关系就是对消费者的行政管理权，此种法律关系体现在法律上就是行政主体与相对人的法律关系。此种法律关系最能体现公用企业的本质属性。

（3）公用企业与消费者在很多时候表现出来的更直接的法律关系是二者在公用产品合同的基础上形成的服务与被服务关系。这是一种私法上的契约关系。此时，双方完全意思自治，不存在"谁管理谁，谁又服从谁"，双方地位完全是平等的。梅因在 1861 年所著的《古代法》一书中提出了一个代表性的观点："所有进步社会的运动，是一个从身份到契约的运动。"[1]从他的这个观点来看，在社会公共服务领域中，公用企业与消费者的法律关系是清晰可见的，它纯粹只是公法领域延伸到契约精神。从传统的角度来讲，延伸的目的是政府通过借助私法手段来实现其社会所负之法定的义务，因此它们之间的法律关系也悄然发生了变化。在传统的社会体制下，公用企业由政府来直接经营，政府是社会公共服务的唯一提供者。因此，其利益主体相对单一，只有消费者和政府这两个主体。即使是将公用企业冠以国有企业的头衔，在当时高度集中的政企合作模式下，企业法人的人格也发挥不了真正的作用，造成的状态是企业法人人格的缺失，不能被真正称为私法上的一方主体，政府与企业高度统一化。随之而来的是公用企业民营化、公私合营制。公用企业作为一方主体直接向消费者提供服务，传统的政府与消费者直接对接的局面被打破，变成政府、公用企业与消费者"三位一体"的格局。其中，公用企业与消费者达成了由公用企业向消费者提供公用产品与服务的民事契约法律关系。这种现象在生活中是随处可见的，在日常的供水、供电、供气、供暖等公用产品领域，公用企业向消费者提供了公用产品，消费者直接向公用企业付费，双方的法律地位具备明显的对等性。应该说，公用企业与消费者之间最常见的法律关系就是私法上的契约法律关系，消费者享受了公用企业的服务，支付相应的对价，双方的行为是基于平等地位的真实意思表示。此

---

〔1〕 ［英］亨利·萨姆奈·梅因：《古代法》，沈景一译，商务印书馆 1933 年版，第 208 页。

时，如果消费者认为公用企业为其提供的公用产品违约或是侵权了，消费者可以追究其相应的民事责任。

## 第二节 推进相关制度建设，完善公用企业的法律定位

随着社会的转型及经济类型的多样化，市场经济越来越丰富多彩，同时对各个主体的要求也越来越严格。政府的职责不是在衰减，反而越来越大，不仅要尽好自身的职责，更重要的是要对市场中的其他主体负责。特别是对于公用企业来说，其提供的公用产品关乎政府在公民心中的形象以及社会的安定。在此种背景下，不管是它所提供的服务行为还是它所行使的公法上的权力，亦即它和消费者是平等的民事主体还是不平等的行政主体，法律都应该明确给予规定。对其法律地位的确定意义重大，不仅可以促进公用企业的依法经营，保障其应有的民事权利，而且也能维护公用企业的"权力行为"消费者的合法权利。

### 一、制定统一的行政组织法，界定公用企业行政主体的情形

在社会的各种组织中行政组织无疑是其最重要的一种，它不仅在国家的政治生活中不可或缺，在社会的公共服务领域中亦是同等重要，由此可以看出它的法律地位和属性。行政组织里的两种主要形式——行政机关和法律、法规和规章授权的组织——分别在传统行政权力和社会公共行政领域里对国家的权力进行分配和运用，后者在社会公共事务领域扮演了本应由政府扮演的角色。在现实的生活中，民众的希冀无疑是与自身的幸福生活息息相关的，民众对于行政机关的期望就是其在行使国家行政权力的时候能够依法行政，遵循法定程序，最大限度地实现行政权力的行使与保护公民合法权利不受侵害的和谐，为法治政府的实现完成最重要的一个环节。法治政府另外的一个重要环节是社会公共行政领域，这个领域权力的色彩不是很浓，强制性也不是很明显。经过法律、法规和规章的授权，一些组织在某些情况下也是可以成为行政主体的。在这方面，公用企业体现得尤为明显。从表面上看，公用企业就是企业的一种，消费者使用了公用产品，公用企业收费，双方就是一种服务合同法律关系，没有什么特别的。但这只是一种表面现象，并没有真正揭示公用企业的真实面目。事实上，公用企业在很多时候与消费者的地位

是不平等的，公用企业行使的是权力而不是权利。而我国目前的行政组织的法律规范还不是很健全，公用企业在其中的规定更是一个空白。

1. 我国行政组织法的现状

行政组织法是规范行政组织及其相互法律关系的各种法律规范的总称，主要由有关行政组织的设置、任务、地位、组成、职权、职责、活动程序和方法、编制，以及有关行政工作人员（公务员）的录用、培训、考核、奖惩、晋升、调动及其职务上的权利义务等方面的规范所组成。

在我国，传统行政法观念认为，管理社会公共事务的职能国家是唯一主体，即"社会公共行政"仅指代"国家行政"，行政组织唯一的表现形式是国家行政机关。而在资本主义国家，社会公共行政有两种表现形式，既包括政府的社会公共行政，也包括社会的社会公共行政。政府的社会公共行政是指政府代表国家管理公共事务、行使行政权；社会的社会公共行政是指政府以外的社会组织（即非政府组织）对特定范围内的社会公共事务进行的管理。相应地，行政组织包括政府组织和其他社会组织。

随着社会主义市场经济体制的建立和逐步完善、法治政府的逐步建设，在我国，政府的职能定位也在发生着一些显著变化。过去那些只是由政府及其职能部门管理的社会公共事务，尤其是那些专业性很强的社会公共服务领域的行业，逐步通过法定的形式转由一些社会团体、社会中介和其他社会组织来管理或参与管理。由于它们要经过法律、法规和规章的授权，因此这些社会组织往往被称为"准行政主体""类行政组织"或"行政主体以外的行政组织"。现代意义的行政组织由此在范围上包括管理社会公共行政事务、行使国家行政职权的国家行政机关，以及依据法律、法规和规章授权的非行政机关，即从事特定社会公共领域服务和管理的其他社会组织。

对于国家行政主体这种行政组织而言，单行的组织法对其人员编制、组织架构、权限分工的规定已经比较成熟，实践中也有一套比较成熟的约束和监督体系。而对于社会公共事务领域里的其他社会组织而言，其在某些情况下可能成为另外一种行政组织时，我们的组织法的约束力还是相当薄弱的。无论是在法律位阶还是具体规定方面都有着比较大的进步空间。既然后者是行政组织的不同表现形式，我们是否可以制定和出台统一的行政组织法，把行政组织的不同表现形式纳入到该法的框架中予以明确？

当前，行政组织法的缺位不仅制约着国家当前的政府机构改革，而且对于我国的社会公共行政来说影响也很大。对于公用企业来讲，它是经过了法律、法规和规章的授权，代替政府为社会公共服务领域提供公用产品。但在行政组织法缺位的情况下，它在依据授权的情况下对消费者行使权力时找不到相应的法律定位。对于消费者来说，这无疑是一个灾难。消费者认为这种权力行为就是一个行政行为，而公用企业则认为这就是一个普通的民事行为，这在前面的案例中法官的说理部分已经体现得非常明显了。难题交给了法官，最终受到损害的只有消费者。因此，清晰界定公用企业行为的法律属性，行政组织法不应缺位。只有这样我们消费者才能有效维护自身合法权益，法治政府与和谐社会才有可能最终实现。例如，自来水公司在日常的经营模式中与消费者的法律关系是买卖合同的契约法律关系，《民法典》也有专门的条款予以适用。但是，还有可能隐藏着另外的一种法律关系。前面的案例一介绍自来水公司向消费者收取了滞纳金，这就是一种很明显的行政法律关系。消费者针对自来水公司收取滞纳金的行为提起行政诉讼应该是理所当然，但是可惜的是，没有相应的行政组织法对自来水公司这样一个公用企业的法律地位予以清晰界定，消费者对此只能是无可奈何。行政组织法在立法上的缺位还只是一个表面现象，更深层次的结果就是制约社会公共行政、公共服务的发展，延缓法治政府早日实现。从更大的方面来讲，2001 年我国加入了世界贸易组织，我国在加入世界贸易组织时作出的一些硬性承诺直接或间接地要求行政组织法早日出台，但是从目前来看，我国的行政组织法立法现状与这些诉求相差甚远。因此，尽早出台行政组织法显然成了一个亟待解决的问题。

统一的行政组织法的制定和出台迟缓是有一定的原因的。既有行政组织法理论研究成果欠缺的问题，也有当前对行政主体认识不够深入，对其范围界定存在局限性等一系列问题。从理论方面来看，因为行政组织立法通常涉及政府与市场、政府与国家的法律关系以及国家的治理结构等一系列敏感且重大的问题，学者们也很少有勇气去触碰这个顽疾。一些学者也认为，行政权的设定是一个事实问题而非法律问题。在实践中，人们长期把行政的组织形式、行政组织的设置、行政权的设定等行政组织法涉及的问题视为行政机关的内部事务，其就应该由行政机关自身来解决，行政机关以外的其他组织或个人不应该介入，没有认识到对行政组织的准确界定涉及全体社会成员的切身利益。总的来说，最主要的原因归结起来就是，既有理论没有一个成熟、科学的理论体系，在实践上，对于行政改革总是围绕着行政职权如何操作和行使等问题进行制度设计，没有一个科学、合理的顶层设计。行政组织的改革不彻底，或者只能叫改良。纵观我国历年来政府机构改革，几乎都是针对不同社会情势的变化，相应地增加或减少行政组织，无论是国务院还是国家权力机关，对于行政组织的立法的重视程度都远远不够。《宪法》第89条规定了行政组织的部分立法权授予了国务院，国务院主导和负责了行政改革具体工作，而作为国家权力机关的人大仅仅行使了部分的批准权，并没有参与到改革中。因此，对于行政组织的改革过程不了解，更得不到有效的经验。行政组织立法涉及的范围广泛，不仅涉及中央与地方的利益纠纷与调整，而且包括行政组织的种类范围的大小、权力配置的妥当、人员编制等繁杂的问题。造成的结果就是国家权力机关对行政组织立法失去热情。社会公共服务领域历经四十多年来的发展，国家基本上摆脱了大包大揽的做法，转而通过特许经营的方式，交由公用企业来完成公用产品的供给，国家在宏观层面通过相应的法律规范对其予以监督和制约。基于自身特殊的市场地位，公用企业的主体法律地位也一直在私法人和公法人之间游离，造成了其有时以民事主体的身份出现，有时又以法律、法规和规章授权的行政主体的身份出现，但这样一种行政主体的身份又没有相应的组织法予以明确规定。对于公用企业来讲，现有的法律制度设计认为它是一个民事主体，如果与消费者发生了法律争议，就适用《合同法》的相应条款来解决。这便忽视了其接受政府的委托向社会提供公用产品的公益性，也会给政府带来很大的负面影响。对于消费者来说，其很难分辨公用企业的行为是民事合同行为还是行政行为，如果双方发生了争议，作为弱势一方的消费者将不知道如何去维权。这些问题都必须在行政组织法里针对非行政机关的社会公共行政组织予以明确规定。这样，无论是公用企业还是消费者，都能有一个清晰的评估和判断。

2. 制定统一行政组织法，健全社会公共行政

我国现有的普通组织法包括《国务院组织法》《地方各级人民代表大会和地方各级人民政府组织法》。《国务院组织法》因制定的时间过早而与现代社会有很多"代沟"。其内容过于宽泛，很多条文内容是对宪法内容的重述。因此，我国要加快出台统一的行政组织法的步伐。第一，从实际出发，根据我国的实际情况考虑制定统一的《行政组织法》，其内容和形式可比照《国务院组织法》，对于其不完善的地方进行修改。对于组织法中没有规定的事项通过合理的调研之后进行归纳整理，制定相关的法律制度。具体到细节而言，基

本原则、法律规则以及行政机构、行政组织形式、组建程序、监督方法以及违反组织法的法律后果等都应该在行政组织法中显现出来。第二，对《地方各级人民代表大会和地方各级人民政府组织法》进行修改，分离人民代表大会和政府，对于地方政府可以按省、市、县、乡不同等级分别在行政组织法里予以相应体现。根据各级政府的不同需要，对于政府的权限职责、各个机构的法律关系、人员编制等问题进行合理、细化的规定。

随着经济的飞速发展和社会的快速进步，原来由政府大包大揽的公共事业逐步交由公用企业落实和实施。这些公用企业成了公共事业行使的主力军，现在公用企业有近十种行业领域，包括了水、电、气、暖、通信、邮政等涉及公民日常生活的方方面面。如果还是以计划经济体制下对公用产品的特点来看待今天市场经济体制下的公用企业，显然已不合时宜。而我国的《国务院组织法》和《地方各级人民代表大会和地方各级人民政府组织法》也是特定时代的产物，因此它不可能完整地预见社会公共行政组织的发展，对于带有权力色彩的从事社会公共服务领域的组织没有作出明确的法律规定。在计划经济时期，我国强调的是"国家-社会"一体化，政府是唯一的行政主体，对全社会进行全方位、垂直限度的管理和控制，是社会生活的组织者、社会秩序的维护者，公用产品也是由政府直接提供的。如果市场只有单一的主体进行调控，市场就会失去活力，体制也会变得僵硬呆板。在过去的经济体制下，政府这只"有形的手"在社会的各个角落留下痕迹，使得市场的灵活性、自主性、积极性无法发挥出来。随着经济模式的改变、公用企业的发展，对行政组织法的要求也越来越高，不仅仅需要明确政府的职责，更需要确定其他的多元主体在社会公共服务领域的地位和作用，以弥补行政主体范围过于狭窄的缺陷。目前以我国在行政组织方面的立法也相对薄弱，没有统一的法律规定，无法穷尽所有的行政主体。因此，制定统一的行政组织法也是非常需要的，涵盖的内容应该广而细，尤其是要对提供社会公用产品的公用企业加以界定。界定应主要围绕公用企业的人员组织架构、行为依据和法律属性进行，明确规定在哪些情形下公用企业的行为属于"权力"的行为。只有如此才有可能真正揭示公用企业在哪些情况下具备行政主体的身份。

3. 界定公用企业行政主体的情形

行政主体通常被界定为享有行政权，并能以自己的名义行使行政权并能承担义务的组织。基于社会公共行政的发展，学界在反思传统的行政主体概念已远远落后于社会情势的变化，"行政权"已不能解释社会公共行政主体等非传统行政机关所履行的社会职能，授权组织的非权力行政正逐步被行政法学界和司法实务界所接受，行政主体正逐步从传统狭隘的权力行政拓展到非权力行政领域。因此，行政主体理论的重构与完善不仅关系到社会公共行政的发展，也关系到行政法学研究的价值取向。当前，我国行政主体理论的完善可以从以下两方面入手：一方面，行政主体概念的再定义。随着公共服务理念的兴起，行政权力不宜再继续作为衡量行政主体标准的核心要素。为表明行政主体存在的意义"行政权"的引入具有更大的包容性。其不仅明确了传统行政机关的权力属性，同时也涵盖了公用企业等社会公共行政主体这一授权组织的行为的法律属性，更切合现代公共服务理念。另一方面，行政主体制度的功能定位。传统的行政主体理论囿于固有的思维定式而忽视了制度的功能，重构后的行政主体理论需要对社会提供前瞻性的发展要求。重构后的行政主体理论需要彰显提升行政效率的现实功能，同时需要承担合理配置和整合行政活动的现实目标，并促进行政法学科的体系化、协调化发展。

通过前面的论述我们可以清楚地看到，不是所有公用企业与消费者之间的法律关系都是行政法律关系，只有清晰地把握行政法律关系与民事法律关系的本质特征才能有效界定公用企业在什么情况下也有可能成为行政主体。传统理论对于一个法律关系究竟是民事法律关系还是行政法律关系主要采取的判断标准是，在这个法律关系中地位是否平等。行政法律关系强调主体之间地位的不对等性，服从与被服从是其鲜明的特征，而民事法律关系则强调主体之间地位的平等性，双方之间不存在谁强势、谁弱势，权利和义务具有高度的对应性。这种"二元论"也有特殊之处，争议比较大的比如政府采购、国有土地等行政合同，它体现了合同双方的合意过程，没有"谁命令谁，谁又服从谁"，所以其救济路径的设计也有别于其他行政行为。而民事法律关系当中也有不平等的情形，比如父母与子女的亲权关系等屈从关系。[1]从逻辑上来说，这应该是一般与特殊的关系，不能因特殊而否定一般，也不因一般而抹杀特殊。在目前没有更好的标准可以区别二者的特征情形下，地位平等与否还应该是区分二者的一把标尺。基于此，公用企业在以下三种情况下可

---

[1] 郑少华："论中国公用企业垄断行为的法律调控机制"，载《华东政法学院学报》2002年第2期，第8~13页。

以成为行政主体。

（1）合同属性。公用企业不是一个传统意义上的行政机关，按照过往的思维习惯，它和消费者所签订的合同不是行政合同。但随着社会的发展，狭义上的行政机关逐步淡出了其非专业的领域，越来越多的其他社会组织代替行政机关履行其职能。在此期间，行政法学的发展也取得了长足的进步。学者们普遍认为，判定一个合同是否属于行政合同应该从两个方面入手：是否是职权主体；是否基于公益而签订。从公用企业来看，其职能的行使有着法定的依据，经过了法律、法规和规章的授权，享有从事特定领域公用产品经营和管理的资格。从合同的属性来看，公用企业和消费者所签订的合同明显是一个公益性的合同。公用企业基于公共利益的角度代表国家向公民提供公用产品，是为了让全体社会成员享有基本的生存物质条件。这一出发点完全符合行政合同公益性的基本特征。

（2）强制（处罚）行为。从第一章我们可以清晰地看到，基于大量的地方法规和规章的明确授权，公用企业对于消费者没有按期履行缴费义务的情形，规定其有征收滞纳金的权力。不难发现，违约金才是民事法律关系中义务人到期不履行义务的惩戒手段，滞纳金的征收基本从民事法律关系中退出，回归其本源，强制性是其鲜明的特征，这也是行政行为区别于民事行为的一个重要特征。如果消费者认为公用企业的强制（处罚）行为侵害了其合法行为，此时公用企业也应该是适格的行政主体的情形。

（3）信息公开。2007年《政府信息公开条例》第37明确规定："教育、医疗卫生、计划生育、供水、供电、供气、供热、环保、公共交通等与人民群众利益密切相关的公共企事业单位在提供社会公共服务过程中制作、获取的信息的公开，参照本条例执行，具体办法由国务院有关主管部门或者机构制定。"《政府信息公开条例》作为一部行政法规，是最高中央人民政府机关制定和出台的。其用较大的篇幅规定了传统意义上政府部门在公开信息时所应当遵循的原则，但同样涉及公共利益的公用企业作为政府法定职能的延伸也应当遵循这一原则。如果公民认为公用企业在信息公开方面侵害了其合法权益，此时公用企业也应当是适格的行政主体。

## 二、制定和出台公用企业法

公用企业属于社会公共行政的一部分，部分是整体的有效组成，一个整体要想发挥最大的效益机能，每个部分的配合都必不可少，所以要把部分的效应发挥到极致。公用企业是我国经济发展中的重要一环，法律不仅关系到我国的国计民生而且对和谐社会的建设有不可或缺的作用。公用企业的法律规制是公用企业面临的最重要的问题，它不仅是社会主义市场经济继续良好发展的关键，也是建设法治政府的关键，对整个经济和社会的发展有着全局性的战略意义。

1. 公用企业法立法的逻辑起点

从对公用企业的调整现状和法律规制来看，我国已经进行了公司制改造或按照公司制度设立的企业由《公司法》来规范和调整。没有进行公司制改造或不是按公司制度设立的企业，主要由《全民所有制工业企业法》（以下简称《企业法》）来规范和调整。因而，《企业法》和《公司法》目前是我国规范和调整公用企业的基本法律框架。然而，对于我国公用企业改革的发展现状来讲，这两部企业法律都已不适应。在市场经济的时代，法治理念不断深入，公用企业的市场化改革也存在着诸多问题。比如，市场和政府的定位失衡、公用企业治理困境以及改革目标的异化。这些问题的根源是缺乏相应的法律给予其制约，现有的法律制度设计不足以揭示公用企业在市场中的法律属性和地位，进而成了制约消费者正确维权的障碍。

20 世纪 90 年代之后，在我国经济体制改革的背景下以及市场经济逐步国际化、全球化的前提下，公用企业开始了市场化改革，取得了可喜的成就。但是由于我国处于社会转型期间，公用企业在改革进程中遭遇了很多的问题。

（1）改革目标的异化。公用企业的宗旨是其公益性，基于政府职能的转变代替政府向社会提供公用产品，改革的目的也是提供更加优质的公共服务，满足民众的生活需要，为小康社会的建设出力。因此我国的改革目标非常明确，不能仅仅考虑经济效益，而是要把公共利益放在第一位。但是，现实的基本情形没有朝着预计的方向发展，在法治政府提出之前，在很长一段时期内，我国一直是以经济建设为中心，经济建设就是一根指挥棒。公用企业的制定和出台政策主要是为公用企业追求经济效益提供保障，其间忽视了公用企业所应该承担的公共责任，从而导致了公用企业目标的异化。

（2）政府和市场的定位失衡。政府与市场在经济发展过程中是立场鲜明的两个主角。政府相比于市场而言在提供公共服务和公用产品的时候有很大的优势，但是其劣势也极为明显，政府无法有效实现资源的合理配置。与之相比，市场在资源的有效配置方面有着天然的优势，但是市场对于其公平合理的分配没有做到很好，因此设想把两者合起来进行优势互补应该是最完美的资源配置方式。因此，"现在，人们的政策方案是运用斯密的秩序概念来处理所有的私益物品，而用霍布斯的主权国家概念来处理所有的集体物品"。[1]这种理论是华而不实的，在现实中屡屡碰壁。在实际的经营中，由于政府与市场的界限模糊难以把握，公用企业的改革市场就有可能出现极端现象，仅仅偏向一方。就像有学者所指出的："要么是政府只进行零打碎敲式的改革，而不能在应该有效发挥市场作用的领域内合理退出；要么就是政府完全放手，让市场来彻底运行公用企业，不利于实现企业的公益性。"[2]

　　上述两种情形在我国均有体现。第一种情形就是在计划经济时代，在公用企业领域政企不分，政府是最终的管理者；第二种情形表现为改革的过度市场化。[3]过分地推崇市场的作用就会极大地削弱政府的管控力。

　　(3) 自 1949 年以来，我国公用企业法律身份从最初的没有名分到公法人与私法人之间的游离，在这中间，有着我国特殊历史因素的作用。从我国的国情来看，该特征是符合我国社会形势的发展以及经济发展特点的。这一特点首先体现了政府力求改变政企不分的乱象，希望通过简政放权，让专业的人做专业的事，政府只是做有限的事，不再实行大包大揽。其次，体现了政府将社会公用产品提供的义务交给公用企业以后，由于相应的法律缺位，公用企业呈现出了法律地位不清晰的现状，以至于造成了我国公用企业有着公法人和私法人的双重属性，一味地从公益性角度出发强调公法人的属性容易使公用企业畏手畏脚、活力丧失、效率低下。相反，过于看重公用企业私法人的属性容易让公用企业忽视其承担的义务重要性，也不符合公用企业设立的初衷。公用企业究竟是应该划归公法人，从而完全排斥《公司法》《合同法》等一般私法法律的规范，保障其公益目的的实现，还是归入私法人范畴，单纯受私法规范调整？尽管公用企业归根结底是一个企业，但这个企业的设

---

　　〔1〕　[美] 埃莉诺·奥斯特罗姆、帕克斯、惠特克：《公共服务的制度建构》，宋全喜、任睿译，上海三联书店 2000 年版，第 338 页。

　　〔2〕　张莉莉、王建文："公用企业基本法立法的逻辑证成与基本结构"，载《南京社会科学》2011年第 10 期，第 104~109 页。

　　〔3〕　例如，全国已经有成都、沈阳、济南、郑州、昆明、海口等几十个主要城市的供水项目被外资局部或整体控制。参见李松涛："市政建设岂是摇钱树"，载《中国青年报》2009 年 5 月 14 日。

立的原因、类型、提供的产品性质等与一般私法人的企业还是有很大区别的。从我国目前的现实情况来看，公用企业法律身份的认定问题似乎陷入了一个怪圈。《合同法》《公司法》有明确的条款把公用企业纳入了调整范围，而行政法学的研究成果普遍认为公用企业是行政机关以外，法律、法规和规章授权的组织，在法律上应当也属于行政主体的一种。

其实，纵观其他国家，在公法、私法的适用问题上，分权思想占据了主导地位。大陆法系国家希望通过社会分工高效供给公共物品，公用企业公法化是社会分权、自治和民主法治的需要。它直接体现了社会公共行政的多元化。而英美法系国家虽然没有实行公私法二元制，但自由主义让政府放任公用企业管理社会公共义务，政府只是进行必要的、有效的监管。对于我国来说，也不能简单地定性公用企业姓"公"还是姓"私"，还是应该根据公用企业针对消费者作出的行为的性质来界定。如果公用企业的行为纯粹只是一种基于双方真实表示所签订的合同而做出来的行为，没有任何行政行为的特征，就应该认定公用企业在这种情况下私法人的身份。如果公用企业的行为是通过法律、法规和规章的授权而作出的，此时的行为便带有明显行政行为的特点，那就应该认定公用企业公法人的身份。为了便于操作，未来制订的公用企业法应该做一个比较清晰的区分和列举。

2. 公用企业法立法的可行性

对于公用企业法立法的可行性，我们可以从理论和实践两方面来分析。首先，从理论方面来讲，对于传统的公共利益论来讲，管制的最终目的在于防止公用企业滥用自身的市场支配地位去损害消费者的合法权益。依据波斯纳的说法，公共利益学说建立在政府管制的成本较低这个假设基础之上。其一，从历史的角度出发，"公共利益"的概念是在动态中发展的，并不是一成不变的，它是特定历史时代下的产物，反映的是当时的社会公共价值的取向。其二，政府失灵已经成为客观事实，进而成了社会共识。对于此种情形，新制度主义经济学理论抛弃了以政府规章为中心的规制方法，从而转向了规制制度建立的研究，对于规制的研究有着实际的作用。因此，从法律上寻求一些弥补公用企业旧制度缺陷的新制度有了坚固的理论基础。在现实生活中，我国虽然没有公用企业法法典，但是也有很多法律规范性对供水、供电、供热、供气等公用企业进行规范。以电力和天然气为例，相关的立法数量也不少，《电力法》（1995年）、《电力供应与使用条例》（1996年）、《电力监管条例》（2005年）、《城市燃气安全管理规定》（1991年）、《城市燃气管理办法》（1997年）、《石油天然气管道保护条例》等这些单行的公用企业立法为公用企业法的制定和出台提供了宝贵基础。

### 三、加强信息公开，增强公用企业透明度

推动和加强政府信息公开，是建设法治政府、推进国家治理体系和治理能力现代化的基础。美国弗吉尼亚大学法学教授曾指出，政府信息透明性有四大价值：①规约价值。信息掌控的非均势足以形成一个人或组织的权力资源。②民主价值。所谓"阳光是最好的防腐剂"。公开透明可以防止政府贪腐、劣政或被利益集团俘获，进而保证人民主体地位的体现。③效率价值。通过信息的真实流动和畅通，可以保证市场资源的高效配置。④认识论价值。通过信息的开放和可及性，促使人们更好地认知真理，促进知识增长和社会进步。可见，法治政府的信息公开是一个切实的保障。作为政府简政放权的公用企业的"公"意味着其在实现和维护公共利益的同时需要接受法律的规制，信息公开是公众实现知情权和监督权的主要渠道，更是保障公共利益的重要手段。随着法治政府建设的要求，公用企业作为政府法定义务的实施主体，履行社会公共行政职能。鉴于公用企业的这种特殊身份，信息公开是理所当然的。同时，作为消费者来说，其有权知道产品的成本、质量以及维权的路径等信息。但是，"行业行政主管部门制定规章，公用企业按规章行为，而这些规章制定过程缺乏必要的透明度。因此，行业行政主管部门与公用企业独享了'信息权'，消费者的知情权自然无法得到保障"。[1]立法者在制度设计时，在要考虑如何有效监督政府信息公开之外还应该考虑公用企业基于其市场垄断地位所带来的信息不对称因素。那么，具体哪些领域的公用企业需要信息公开？公开内容的范围有哪些？公开后有哪些救济途径？这些是研究公用企业法律地位时绕不开的问题，既然公用企业提供的服务与人民群众公共利益息息相关，那么便有必要增强公用企业提供服务的透明度，加强信息公开。需要做到以下几个方面：

---

〔1〕　陈云良："反垄断民事公益诉讼：消费者遭受垄断损害的救济之路"，载《现代法学》2018年第5期，第131~145页。

1. 对公用企业信息公开立法模式的设计

公用企业信息公开的程序设计主要有两种方式：

（1）统一立法模式，此种模式是将公用企业信息公开程序制度纳入政府信息公开制度，以政府信息公开制度为大框架进行顶层设计，不单独为公用企业信息公开进行立法。其主要代表国家有美国、英国、法国、加拿大等。这些国家大多将承担信息公开义务的主体概念外延扩大至承担公共职能或者掌握公共信息的主体，并且规定特定行业（如保险公司、银行）需要承担一定的信息公开义务。

公用企业虽然与行政机关在功能上有一定的相似性，但其毕竟具有"私"的属性，追逐利益仍是影响公用企业的重要因素，不进行信息公开势必会损害公众利益。从法理的角度来看，各国《政府信息公开法》都追求信息公开最大化，政府运行最大限度的透明化，秉承"以公开为原则，不公开为例外"的法治理念。可在商业市场运行中，过多强调公用企业的信息公开的义务势必会影响企业的运行效率，使得企业处于市场劣势地位进而影响到企业利益。如何设计信息公开程序是关键。对待公用企业应该像放风筝，在让其自由发挥适应市场规律的同时以一根无形的线定住主方向，不至于随风飘落到完全自由竞争以牟利为根本目的的天空中去。

（2）单独立法模式，虽然各机关都有对相关公用企业的信息公开配套规定，但统一立法模式没有关注公用企业自身的特性，不易将公用企业和政府机关区分开来，难以把握企业信息公开的范围。单独立法则能很好地避免这种问题，单独立法可针对公用企业主体的特殊性及其提供的公用产品特殊性进行有效的程序设计，能更好地平衡企业权益和公众利益。不仅如此，单独立法有益于警醒企业，使其认识到自身信息公开的法定义务。需要注意的是，单独立法是一项耗时、耗力的工程，势必占用大量的人力资源。我国在公用企业信息公开的立法设计上应该充分考虑到自身国情、公用企业和消费者矛盾现状、行业特点等。可以先从规范性文件做起，由地方低层次立法逐渐上升到国务院行政法规的形式，待时机成熟时可以通过法律的层面进行管制。这样一种循序渐进的方式既符合我国公用企业的发展规律，也有利于立法机关摸索总结经验道路，更是可以让司法裁判者更好地解决冲突。

2. 明确信息公开企业主体的标准

2007年《政府信息公开条例》第37规定："教育、医疗卫生、计划生育、供水、供电、供气、供热、环保、公共交通等与人民群众利益密切相关的公共企事业单位在提供社会公共服务过程中制作、获取的信息的公开，参照本条例执行，具体办法由国务院有关主管部门或者机构制定。"《国务院办公厅关于施行〈中华人民共和国政府信息公开条例〉若干问题的意见》对公用企事业信息公开作出了进一步规定。《政府信息公开条例》只是概括性地列举规定了需要信息公开的领域，并未界定有信息公开义务的公用企业。在司法实践中，对于需要公开信息的公用企业，司法机关亦多采用实质判断标准，这样一来就使得公用企业信息公开识别标准模糊不清，公众监督难以实施，公用企业难以认识到自身信息公开义务，进而形成了不能有效保障公众权益的局面。纵观国外立法情况，美国等国家采取了实质判断标准，即从是否行使特定职权、行为是否具有"公"属性来进行判断，企业一经认定行使了实质独立的权力，便会具有公开义务，受到《联邦信息自由法》的规制。此种模式会带来法律不确定性，信息公开在适用上具有模糊性，对于公开信息程度很难有所把握。此外，还有学者认为，应该从信息本身去界定需公开信息的判断标准，即信息本身与公共利益相关性是重要衡量因素。有学者提出，我国公用企业主体资格认定应分两步走，笔者亦认同其观点。即首先从形式主义标准判断，如果《政府信息公开条例》或者其他地方规范作出了明确规定，则应依照其规定。如果没有明确规定，再采取实质判断标准，将公用企业提供服务涉及领域与公共利益关联性作为重要参考，当企业提供带有"公"属性的服务时，其行为达到实质独立行使职权标准，根据公开信息本身特性判断是否与"人民群众利益密切相关"以及信息公开是否具有安全性，以决定是否公开。从公用企业行使的职能和信息特性方面判断，可以全面概括有信息公开义务的企业，法律适用时拥有更广阔的空间，可以提升公用企业的透明度，更加有效地管制公用企业，防止公用企业自身"私"的利益追求对公众利益的损害。

3. 明确公用企业信息公开的范围

我国现行关于公用企业信息公开的立法主要采取排除法的模式，规定危害国家、公共、经济安全以及社会稳定的信息不得公开，没有明确规定公用企业应当公开的具体范围，实务中也没有判断的统一标准。在现代行政职能发展中，服务行政成了当下公众的普遍需求，提高行政效率，合理加大公用企业信息公开范围成了时代趋势，有必要遵循"以公开为原则，不公开为例外"的政府最大信息公开原则，对 2007 年《政府信息公开条例》第 37 条规定的公用企业提供公共服务过程中制作、获取的信息外延进行界定。

公用企业信息公开的内容应被分为主动公开的信息和依申请公开的信息，其中主动公开的信息应该包括：①公用企业的基本情况。包括企业名称、企业性质、法定代表人姓名及其职务、办公地址、业务范围、联系方式、业务许可证及其编号等。②服务、产品的具体信息。包括公用企业提供服务、产品的程序和时限、申请公共服务的消费者主体资格、公共产品或服务的收费标准及质量、紧急情况发生时（如电力企业遇到故障需要停电时）的明确通知义务等。③公用企业提供公共服务的相关依据。公用企业提供经营服务所执行的法律法规、涉及消费者利益的有关企业管理制度和技术标准，设置公开透明的标准将有利于减少公用企业和公民之间的矛盾，防止行政权扩张侵犯当事人权益，构建和谐的公民与公用企业的关系。④财政拨款使用情况。政府通过统计公用企业对财政拨款的使用情况，如固定资本增加、技术设备更新、员工培训等，再综合企业总营收情况、消费者反应及市场情况对公用企业拨款资金进行科学配置，提高政府拨款的使用效率。⑤公用企业依据相关法律法规依法公开不涉及侵犯用户隐私的信息，例如地区用户用电情况统计大数据等。⑥公用企业服务承诺及投诉电话。针对依申请公开的信息，消费者可以根据自身生产、生活、科研等需要，向公用企业申请获取。消费者在欲获取涉及个人隐私的自身信息时应提供个人身份证明等相关文件。此外，经过有关部门鉴定涉及国家秘密、公共利益的信息不得被申请。

4. 公民获取信息途径

正义不仅应得到实现，而且要以人们看得见的方式加以实现。建设社会主义法治社会的重要途径是保障公民知情权，而公民获取信息的简易往往体现在其获取信息的渠道上，疏通信息发布渠道对于建设社会主义公用企业制度具有重要意义。公用企业公开信息可以根据内容的性质、特点选择合理的渠道。在一般情况下，企业可以通过企业官方的网站、营业大厅、公开栏、便民资料手册、户外液晶电子显示屏、信息发布会和新型媒体等多种便于公众知晓的方式公开信息，同时还可以通过网站链接、开设专栏等方式在政府主管部门相关的门户网站公开信息。[1]企业对于应该主动公开的信息，应该

----

〔1〕 参见原国家能源局以国能监管〔2014〕149 号印发《供电企业信息公开实施办法》第 9 条。

选择快速、便捷的渠道公开，如企业的基本情况、资质证书等。对于涉及用户个人隐私的信息，应当通过书面方式提出申请，书面申请内容应详细地包括申请人的名称、身份证件及通信方式、申请公开的内容、申请公开信息的目的。此外，公用企业应该积极配合政府政策调控和监管，制作公开的信息目录和索引，公开信息时应尽量使用通俗易懂的语言替代专业术语，严格规定信息公开申请答复的时限，不得收取额外服务费用，更不得提供有偿的信息查询服务。

5. 信息公开救济途径

没有救济就没有权利，公用企业信息公开救济制度是公用企业制度的重要环节。现行信息公开救济制度存在法律法规不健全、法律依据不足、制度规范零散、执法标准不统一等问题。正如英国学者边沁所说："要理解法律，特别是要理解法律的缺陷。"要想有效地解决由公用企业信息公开引发的纠纷，就要充分理解现行立法的不足。信息公开纠纷的突破路径在于救济途径的选择，由于与公共利益具有关联性，公用企业信息公开救济途径完全可以类比政府信息公开救济途径。然而，采取公法救济的关键点在于认定公用企业行政主体地位，对于前文所述之理论方面的争议本书不再赘述。在司法实践中"贾某宝、中国移动通信集团山东有限公司青岛分公司案"[1]反映了法院在审理相关纠纷时的倾向。根据2007年《政府信息公开条例》第33条[2]，信息公开程度大致分为三种：一是举报处理制度，应该公开信息没有公开、公开的形式不符合法律规定或时限逾期，没有履行法定保密审查义务等违反法定情况进而造成当事人权益受到损失，当事人都有权利到相关主管部门进行举报。二是行政复议制度，这是行政主体的内部纠错机制，对于公用企业内部自我发现的信息公开程序上或内容上的错误，可以采取相对快捷、低成本的模式，有利于提高企业的效率。三是行政诉讼制度，即法院通过司法手段对相关纠纷进行审判，进而解决纠纷，这为公用企业无故不公开信息的受害人提供了行政诉讼的法律救济途径。完善公用企业信息公开救济制度对于建设社会主义法律制度、巩固社会主义政权、建设社会主义和谐社会等意义

---

[1] 参见［2018］京01行初1696号行政判决书。

[2] 2007年《政府信息公开条例》第33条规定："公民、法人或者其他组织认为行政主体不依法履行政府信息公开义务的，可以向上级行政主体、监察机关或者政府信息公开工作主管部门举报，收到举报的机关应当予以调查处理。公民、法人或者其他组织认为行政主体在政府信息公开工作中的具体行政行为侵犯其合法权益的，可以依法申请行政复议或者提起行政诉讼。"

重大且深远。

## 四、探索针对公用企业的行政公益诉讼

随着社会经济的不断进步，法治建设的日趋完善，关于行政公益诉讼的讨论越来越激烈，无论是理论界还是实务界都在积极开展研究。消费者的权益，有些通过普通民事诉讼路径就可以得到救济，有些却无法实现。尤其是在市场经济发展过程中日益扩张的垄断行为，已经成了侵害消费者权益的常见行为，但消费者却无法通过既有的诉讼路径得到有效救济。如果经济法无法提供一套有效的诉讼机制来保障消费者合法权益不受侵害，那么消费者权益保护法无疑只能是一条退路了。值得庆幸的是，新修订的《民事诉讼法》第58条规定："对污染环境、侵害众多消费者合法权益等损害社会公共利益的行为，法律规定的机关和有关组织可以向人民法院提起诉讼。"这一规定明确了消费者权益保护的公益诉讼机制。[1]陈云良教授认为，公用企业与消费者之间是一种平等民事主体关系。这种观点忽略了公用企业的主体特殊性。公用企业不是一般的法人，与其他性质的企业不一样。它是一种经过授权、从事社会公共管理与服务的组织。这样的组织形式应该被归为公法上的组织，救济路径应该按照公法上的制度来设计。特别是针对行政公益诉讼原告资格的讨论更是如火如荼。2014年10月党的十八届四中全会通过的《中共中央关于全面推进依法治国若干重大问题的决定》首次提出探索建立检察机关提起公益诉讼制度，2015年全国人大常委会发布的试点方案以及新修订的《行政诉讼法》都对行政公益诉讼作出了明确的规定。由此我国对公益诉讼制度的研究也开始步上正轨，从单纯的理论研究转变为理论与实践相结合的研究方法，取得了可喜的成果。

（一）行政公益诉讼制度存在的问题

试点方案和新的《行政诉讼法》以及最高人民法院、最高人民检察院的司法解释有关行政公益诉讼制度的规定都仅仅明确只有检察院有提起行政公益诉讼的权利。也就是说，在现实的生活当中，无论是普通公民还是社会团体以及其他组织都没有提起行政公益诉讼的权利。这样规定有有利的一面也

---

〔1〕 陈云良："反垄断民事公益诉讼：消费者遭受垄断损害的救济之路"，载《现代法学》2018年第5期，第131~145页。

有不利的一面。有利的一面是，对于现实的社会情形来讲是合理的，因为行政公益诉讼制度在我国尚处初始阶段还没有成熟的标杆，规定为由国家司法机关提出更有利于对秩序的维护，对其以后的发展有很大的助益。不利的一面是，对于行政公益诉讼的起诉主体（即原告）资格的规定过于狭窄，过于单一的主体容易导致一部分案件得不到及时、有效的处理，会对公共利益造成不必要的损害。因为当公共利益遭受损失时只有检察机关能为其维权，但是随着侵权行为的增加，检察机关的工作量会越来越大，进而最终压垮检察机关。此时公共利益所遭受的损失就会越来越多。而对于行政公益诉讼的受案范围来讲，其也存在一定的缺陷，无论是 2015 年的试点方案还是新修订的《行政诉讼法》对行政公益诉讼制度受案范围的规定，抑或者是现在的最高人民法院、最高人民检察院出台的司法解释等规定列举出来的公益诉讼受案范围都十分狭窄。即使以后有所增加，规定的本质也是一样的，都是列举式的规定，并没有发生有利的改变。以列举形式规定的受案范围局限性很大，明确地排除了一些明显符合行政公益诉讼的案件。以这种列举式的方法明确行政公益诉讼的受案范围，可能会导致公共利益损害且无法救济的情形。这与制度设立的初衷肯定是格格不入的。因此，应当扩大行政公益诉讼的受案范围。诉讼制度都有自己一套完整的诉讼程序，行政公益诉讼也不例外，但就目前的情形来看，法律对其作出的规范并不完整，很多诉讼程序都没有提及，即使提及了也没有完整的规定。

总的来讲，程序中出现的问题大致有案件的管辖权问题、起诉条件的一系列问题以及撤诉的相关规定。由于我国的行政公益诉讼制度还不是很成熟，行政公益诉讼相关的工作人员以及代理律师的专业水平也存在着一些缺陷，因此法官、检察官以及律师都要有专业的知识积累才能处理好这些问题。在检察机关系统中，业务繁忙自然是不言而喻的，其工作人员也往往身兼数职。然而，对于行政公益诉讼来讲，其涉及的领域多，因此应当在检察机关中培养专门的人才来解决公益诉讼案件。同样，在审判系统中，法官对于行政公益诉讼涉及的公用企业的专业知识亦不善长，在审理案件时会有很多不确定之处，法官对于此类案件缺乏审理经验。相较于检察院来讲，法院的职责更大，因此我国更应该加强对法官其他方面的知识培养，有条件的话可以成立专门的行政公益诉讼庭，设置专门的法官审理此类案件。从律师的角度来讲，在社会实践中，律师代理的案子一般都是民事、刑事或者行政诉讼等，对于新兴的行政公益诉讼的了解还不深入。律师专业素养的提升也是完善行政诉讼环节中的一环。再从实际操作方面讲，检察机关在办理案件时的阻力可想而知，行政机关不会支持检察机关去诉讼，因此来自于行政机关的干预也是很难解决的问题。在现实中，行政公益诉讼案件一般是同级管辖，而且在案件中大多数的被告都是基层行政机关。基于我国的行政层级问题，基层的行政机关一旦成为被告，它的上级机关有可能会为了维护整体的形象而向同级的检察机关提请协调。

（二）公用企业公益诉讼制度初构

2018 年 2 月 8 日施行的《最高人民法院关于适用〈中华人民共和国行政诉讼法〉的解释》首次明确指出行政公益诉讼的首要任务和目的是维护宪法法律的权威。虽然公用企业从事的是与公众利益密切相关的领域，但目前无论是法律明确规定还是实践中出现的被侵权的公众个人都主要是通过私权诉讼的方式进行维权，法院在审理此类案件时亦按照平等主体对待当事人双方。但实际上，这种做法忽视了公用企业行为的多样性和复杂性，没有针对不同行为设计和适用不同的救济路径，实际上起不到定分止争的效果。对于公用企业与消费者的争议与冲突，我们应予以分别对待，路径也应不同。对于双方基于合同而体现出的服务与被服务的民事法律关系，应按民事法律关系来处理；对于公用企业基于法律、法规和规章的授权而对消费者个人做出的准行政行为，消费者可以行政争议来寻求救济。对于公用企业依据法律、法规和规章授权对公众做出的影响公共利益的行为，可以探索从行政公益诉讼处寻求突破口。我们在设计公用企业行政公益诉讼时应该注意以下几点：

1. 扩大行政公益诉讼的原告主体范围

在现实的公益诉讼当中，行政公益诉讼的诉讼主体过于单一。针对此问题，可以扩大原告范围，只有使更多的不同的主体参与到行政公益诉讼中，才能够保障公平性，进而使得行政公益诉讼的发展更加完善、更加符合现在社会的发展、更有力度地保障公共利益。首先，我们也可以借鉴国外的经验把社会组织和个人纳入主体资格，让符合法律规定条件的个人和社会组织对侵害公共利益的行为提起行政公益诉讼，赋予它们提起行政公益诉讼的法律权利。但是，对于社会团体来讲，也应当做好严格的限制。在现有的检察机关享有行政公益诉讼原告资格的基础上，进一步扩大行政公益诉讼的原告主体范围能够有力地加强对行政主体的监督，让公用企业为自己的行为"买单"。同时，也要注意的这种改变有可以导致的滥诉、乱诉情形。

2. 明确针对公用企业的行政公益诉讼的受案标准

明确哪些组织和个人可以提起针对公用企业的行政公益诉讼只是解决了原告资格问题，并没有解决公共利益可能会受到侵害的实质性问题。只有明确了公用企业的哪些行为原告可以提起行政公益诉讼，才有可能防止公共利益受到侵害。笔者曾尝试用列举的方式论述公用企业的行为是经过法律、法规和规章的行为，但由于我国公用企业的种类繁多，相应的法律规范庞杂，故无法实现这一目的。即使这样，我们还是可以通过相应的理论研究大致概括出这些"权力行为"。只有做到这一点，才有可能提供一个具有可操作性的标准，让相应的主体向人民法院提起行政公益诉讼，以保护公共利益不受侵害。

由于行政公益诉讼的宗旨在于保护公共利益不受不法侵害，从理论上来说，凡是侵害公共利益的行政主体的行为都应该是行政公诉的受案范围。为了切实解决公用企业的一些"权力行为"侵害公共利益的问题，有必要对涉及公用企业的行政公益诉讼的受案标准进行相应的制度设计。我们可以从以下几个方面予以考虑：

（1）结合行政公益诉讼的目的和宗旨，只有在公共利益受到了公用企业不法侵害的情况下，相应的主体才可以提起行政公益诉讼。虽然我们说公用企业的典型特征是公益性，但在具体针对每一个消费者时，不能用所谓的公益性去生搬硬套。例如，供电企业给消费者提供了电能，到了该缴费的时候消费者不及时缴纳费用，供电企业实施了断电行为，此时消费者向人民法院提起行政公益诉讼，这种做法显然是不正确的。

（2）纵观我国的社会主义法律体系框架，宪法是根本大法，居于最高法律位阶，其他的法律规范都要服从于它，不得违反和超越。相应地，每个部门法分别有其相应调整的社会关系，民事法律只是针对平等民事主体而适用，在这种法律关系中，主体双方是平等的，没有高低之分。而行政法律关系则不同，在这种法律关系中，双方的地位是不对等的，对于传统意义上的行政机关和行政相对人的法律关系，我们很容易判断，但对于法律、法规和规章授权的组织与消费者之间的法律关系，我们很难判断。本书曾在前文中提到过，公用企业与消费者之间存在多重法律关系，既有民事法律关系。又有行政法律关系。对于后者，只有按照相应的标准去认定，才能通过正确的路径来维护公共利益。

（3）考虑到与民事行为的区别，公用企业的行为必须是法律、法规和规章授权的行为，且这种授权行为对于公共利益来说应该具有损益性。对于公用企业在其经营和管理领域作出来的行为，一般要求必须是要式行为，必须要有明确的载体让消费者对该行为有一个清晰的直观感触。这个载体会让消费者知道公用企业的行为是依据哪部法律的哪一条做出的，在没有明确的原告提起行政诉讼时，特定主体就可以启动行政公益诉讼这一诉讼程序。

针对公用企业的行政公益诉讼，除了理论上的受案标准外，我们还应该注意以下几点：

（1）可诉行为必须符合主体标准。即行政公益诉讼是针对公用企业起动的诉讼程序，对于一般法人的企业则不适用。行政公益诉讼是行政诉讼的一种特殊形式，是对公用企业这种特殊的行政主体的监督和制约，对其他企业侵害公共利益的行为则被排除在外。

（2）可诉行为必须符合授权标准。即公用企业在这种情况下实施的是一种广义上的行政行为，这种行为是依据法律、法规和规章授权做出的行为，而不是民事行为，公用企业和消费者此时不是一种平等的法律关系。此前笔者已反复提到，公用企业的行为具有很大的复杂性，它有民事行为的种类，而且占很大部分，同时也有行政职权行为，所以在进行判断时一定要把握职权行为标准。

（3）可诉行为必须是一种损益行为。即公用企业的行为给公共利益造成了损害，这种损害主要是给消费者的财产权带来了不利影响。当然，这种损害不包括人身权。在我国，对人身权的影响是有严格的法律规定的，实施的主体也是非常有限的。而且，公用企业的行为给公共利益带来的如果是一种授益性法律效果，那么行政公益诉讼的情形也不会发生。

行政公益诉讼制度对于保护公共利益和监督公用企业作为行政主体时依法经营而言具有重要的监督作用。由于我国的行政公益诉讼尚处于起步阶段，探索建立针对公用企业的行政公益诉讼制度迫在眉睫。在现实生活中，公用企业侵害公共利益的情形数不胜数，而现有的争议解决机制并没有真正揭示公用企业的法律地位。公用企业行政公益诉讼制度的构建不仅是对行政诉讼制度的完善，而且也为公用企业法律地位的确立提供了理论上的支撑，作用显而易见。

# 本章小结

完善公用企业法律定位的对策与建议。通过构建政府–公民（消费者）–公用企业三维空间理论体系，分别就政府与公民的法律关系、公民与公用企业的法律关系、政府与公用企业的法律关系展开论述。基于这一铺垫，从行政法学基本制度层面考虑入手，尝试着提出我国应当尽快制定统一的行政组织法和公用企业法，用一般法与特别法相结合的手段明确公用企业的行为符合"权力"行为的特征。同时，加强公用企业的信息公开制度设计，摆脱目前只能参照《政府信息公开条例》的尴尬局面。并且针对公用企业在享有行政主体资格定位的情形下探索建立行政公益诉讼，为法治政府的最终建成添加一块重要的拼图。

# 结束语

公用企业的法律定位是一个亟待解决的问题，尤其是在法治政府这样的大背景下。可以说，法治政府能否最终建成和实现，准确和清晰地界定公用企业的法律地位是其中必不可少的一环。公用企业履行了本应由政府履行的义务，向社会提供了水、电、气、暖、通信、交通等公用产品，而这一义务的履行保证是政府权力的授权来源主体——全体人民——基本生存和发展的重要物质要件。法治政府的核心理念是服务政府、有限政府，政府的一切行为都必须于法有据，且必须遵守法定程序，那么公用企业理所应当遵循这一法治理念。只有这样，才能保证公用企业在法治政府的轨道上正确运行。

本书采取从提出问题、分析问题和解决问题的方法，通过司法实践当中的三个案例以及立法实践当中的规定，发现我国公用企业的法律定位的乱象。我国公用企业存在着天然的"趋利性"，这导致其片面追求效益最大化而忽视其"公益性"本源、公用企业与消费者之间市场主体的地位不对等性、公用企业与消费者之间的信息不对称性，造成了行政主体属性的模糊和监督机制的有限性和信息公开的有限性这样的困境。公用企业法律定位不明确有着深刻的历史根源，也具有鲜明的中国特色。接着从公用事业理论入手，以公用事业基本属性为基点，以公用事业发展的内在逻辑为支撑，逐步引出公用企业这一核心概念，通过分析公用企业的界定、基本属性以及现行私法体系把公用企业与消费者之间的法律关系界定为大一统的民事法律关系，没有考虑到公用企业产品的特殊性、组织机构的特殊性、行为内容的多样性，以期初步揭示现行私法体系并不足以完全和正确阐释公用企业与消费者的法律关系，为公法的切入找到了逻辑起点和潜在路径。基于前面的分析，结合党的十八届三中全会提出的推进国家治理体系和治理能力现代化以及法治政府的建设纲要，我们找到了公用企业法治化的逻辑起点。公用企业作为社会公共领域产品的提供者，是政府治理社会的有机组织部分。通过对政府法治的理论基础和相关领域优秀理论进行分析，我们看到了明确公用企业法律定位具有极大的可能性。我们可以看到，大陆法系国家对于公用企业的法律定位还是倾向于公法层面，认为公用企业是不同于行政机关的一类特殊行政主体。公用企业行政主体地位清晰，同时强调了公用企业信息公开制度。毕竟，"阳光是最好的防腐剂"。英美法系国家由于没有公私法的划分，倾向于政府通过特许经营的方式，让民间资本参与公共服务，政府赋予企业较大的经营自主权，引入竞争机制，并通过立法加强管制。最后，笔者通过构建政府-公民（消费者）-公用企业三维空间这一理论体系，分别就政府与公民的法律关系、公民与公用企业的法律关系、政府与公用企业的法律关系展开论述。基于这一铺垫，从行政法学基本制度层面考虑入手，笔者提出我国应尽快制定统一的《行政组织法》和《公用企业法》，用一般法与特别法相结合的手段明确公用企业的行为属于"权力"行为的特征和情形。同时，加强公用企业的信息公开制度设计，摆脱目前公用企业信息公开须参照《政府信息公开条例》的尴尬局面，并且针对公用企业在享有行政主体资格定位的情形下探索建立行政公益诉讼，为法治政府的最终建成完成一块重要的拼图。鉴于笔者能力有限，特别是在构建博弈理论的数学模型上才疏学浅，该模型有很大的漏洞，但笔者希望通过浅显尝试，为公用企业研究提供更好、更新的研究方法和手段，促进社会的和谐发展，为我国法治政府的最终实现尽绵薄之力。

# 参考文献

## 一、中文著作

[1] 陈婉玲、汤玉枢：《政府与社会资本合作（PPP）模式立法研》，法律出版社 2017 年版。

[2] 王俊豪：《政府管制经济学导论——基本理论及其在政府管制实践中的应用》，商务印书馆 2017 年版。

[3] 蒲坚等：《PPP 的中国逻辑》，中信出版社 2016 年版。

[4] 郭锐欣：《公用事业改革与公共服务供给》，东方出版中心 2016 年版。

[5] 魏济民、何紫丹：《中国特色 PPP 法律实务与案例精选》，法律出版社 2016 年版。

[6] ［德］弗里茨·里特纳、迈因哈德·德雷埃尔：《欧洲与德国经济法》，张学哲译，法律出版社 2016 年版。

[7] 郑秀丽：《行政合同过程研究》，法律出版社 2016 年版。

[8] 王俊豪：《中国城市公用事业发展报告（2015）》，中国建筑工业出版社 2016 年版。

[9] 龚军姣：《民营企业家能力对进入城市公共事业的影响机制研究》，中国社会科学出版社 2016 年版。

[10] 陈辉：《PPP 模式手册政府与社会资本合作理论方法与实践操作》，知识产权出版社 2015 年版。

[11] 郭泰和：《公用企业信息公开研究》，中国政法大学出版社 2015 年版。

[12] 陈军：《变化与回应：公私合作的行政法研究》，中国政法大学出版社 2014 年版。

[13] 詹镇荣：《公私协力与行政合作法》，新学林出版股份有限公司 2014 年版。

[14] 章剑生：《现代行政法基本理论》，法律出版社 2014 年版。

[15] 章志远：《行政任务民营化法制研究》，中国政法大学出版社 2014 年版。

[16] 吴志红：《公用事业规制法研究》，中国政法大学出版社 2013 年版。

[17] 申艳红：《社会危机防治行政法律规制研究》，武汉大学出版社 2013 年版。

[18] 李卫：《行政参与主体研究》，法律出版社 2012 年版。

［19］［美］J. 格里高利·西达克、丹尼尔·F. 史普博：《美国公用事业的竞争转型：放松管制与管制契约》，宋华琳译，上海人民出版社 2012 年版。

［20］［德］施密特·阿斯曼：《秩序理论下的行政法秩序建构》，林明锵译，北京大学出版社 2012 年版。

［21］［美］埃莉诺·奥斯特罗姆：《公共事务的治理之道》，余逊达译，上海三联书店，2012 年版。

［22］郑艳馨：《我国公用企业垄断力滥用之法律规》，法律出版社 2012 年版。

［23］姜明安：《行政法与行政诉讼法》，北京大学出版社 2011 年版。

［24］［法］亚历山大·科耶夫：《法权现象学纲要》，邱立波译，华东师范大学出版社 2011 年版。

［25］许莲丽：《保障公民知情权——政府信息公开诉讼的理论与实践》，中国法制出版社 2011 年版。

［26］［美］麦克纳博：《公共事业管理：面对 21 世纪的挑战》，常健译，中国人民大学出版社 2010 年版。

［27］［美］朱迪·弗里曼：《合作治理与新行政法》，毕洪海、陈标冲译，商务印书馆 2010 年版。

［28］王俊豪：《深化中国垄断行业改革研究》，中国社会科学出版社 2010 年版。

［29］陈新民：《公法学札记》，法律出版社 2010 年版。

［30］余凌云：《行政法讲义》，清华大学出版社 2010 年版。

［31］李步云：《论人权》，社会科学文献出版社 2010 年版。

［32］毕雁英：《宪政权力架构中的行政立法程序》，法律出版社 2010 年版。

［33］徐宗威：《公权市场——中国市政公用事业特许经营》，机械工业出版社 2009 年版。

［34］徐增辉：《新公共管理视域下的中国行政改革研究》，中山大学出版社 2009 年版。

［35］王诗宗：《治理理论及其中国适用性》，浙江大学出版社 2009 年版。

［36］［美］詹姆斯·M. 布坎南：《公共物品的需求与供给》，马珺译，上海人民出版，2009 年版。

［37］仇保兴、王俊豪：《市政公用事业监管体制与激励性监管政策研究》，中国社会科学出版社 2009 年版。

［38］邢鸿飞、徐金海：《公用事业法原论》，中国方正出版社 2009 年版。

［39］［法］让-雅克·拉丰：《规制与发展》，聂辉译，中国人民大学出版社 2009 年版。

［40］周旺生：《立法学》，法律出版社 2009 年版。

［41］周林军、曹远征、张智：《中国公用事业改革：从理论到实践》，知识产权出版社 2009 年版。

［42］［英］达霖格里·姆赛、莫文·K. 刘易斯：《公私合作伙伴关系：基础设施供给和项

目融资的全球革命》，济邦咨询公司译，中国人民大学出版社 2008 年版。

[43] 王广起：《公用事业的市场运营与政府规制》，中国社会科学出版社 2008 年版。

[44] 李珍刚：《城市公用事业市场化中的政府责任》，社会科学文献出版社 2008 年版。

[45] 陈干全：《公共服务民营化及其政府管理研究》，安徽大学出版社 2008 年版。

[46] 王定云、王世雄：《西方国家新公共管理理论综述与实务分析》，上海三联书 2008 年版。

[47] [美] 史蒂芬·布雷耶：《规制及其改革》，李洪雷等译，北京大学出版社 2008 年版。

[48] 余晖：《管制与自律》，浙江大学出版社 2008 年版。

[49] 周佑勇：《行政裁量治理研究：一种功能主义的立场》，法律出版社 2008 年版。

[50] [日] 大桥洋一：《行政法学的结构性变革》，吕艳滨译，中国人民大学出版社 2008 年版。

[51] 沈福俊：《中国行政救济程序论》，北京大学出版社 2008 年版。

[52] [法] 让·里韦罗、让·瓦利纳：《法国行政法》，鲁仁译，商务印书馆 2008 年版。

[53] 王名扬：《法国行政法》，北京大学出版社 2007 年版。

[54] 敖双红：《公共行政民营化法律问题研究》，法律出版社 2007 年版。

[55] 龚向和：《作为人权的社会权》，人民出版社 2007 年版。

[56] 刘恒：《行政许可与政府管制》，北京大学出版社 2007 年版。

[57] [德] 汉斯·J.沃尔夫、奥托·巴霍夫、罗尔夫·施托贝尔：《行政法》（第 3 卷），高家伟译，商务印书馆 2007 年版。

[58] 刘戒骄：《公用事业：竞争、民营与监管》，经济管理出版社 2007 年版。

[59] [美] 菲利普·库珀：《合同制治理——公共管理者面临的挑战与机遇》，竺千威译，复旦大学出版社 2007 年版。

[60] 王丛虎：《行政主体问题研究》，北京大学出版社 2007 年版。

[61] [德] 魏伯乐、[美] 奥兰·扬、[瑞士] 马塞厄斯·芬格：《私有化的局限》，王小卫、周缨译，上海人民出版社 2006 年版。

[62] 林明锵：《行政契约法研究》，翰芦图书出版有限公司 2006 年版。

[63] [美] 爱伦·斯密德：《财产，权力和公共选择：对法和经济学的进一步思考》，黄祖辉译，上海三联书店 2006 年版。

[64] 刘飞宇：《转型中国的行政信息公开法》，中国人民大学出版社 2006 年版。

[65] 詹镇荣：《民营化法与管制革新》，元照出版社 2005 年版。

[66] 王名扬：《美国行政法》，中国法制出版社 2005 年版。

[67] 俞可平：《权力政治和公益政治》，社会科学文献出版社 2005 年版。

[68] 徐勇、高秉雄：《地方政府学》，高等教育出版社 2005 年版。

[69] 周佑勇：《行政法基本原则研究》，武汉大学出版社 2005 年版。

［70］［美］肯尼思·F. 沃伦：《政治体制中的行政法》，王丛虎译，中国人民大学出版社 2005 年版。

［71］程明修：《行政法之行为与法律关系理论》，新学林出版股份有限公司 2005 年版。

［72］吴康：《行政法之理论与实用》，中国人民大学出版社 2005 年版。

［73］［美］格罗弗·斯塔林：《公共部门管理》，陈宪译，中国人民大学出版社 2003.

［74］张越：《英国行政法》，中国政法大学出版社 2004 年版。

［75］王俊豪、周小梅：《中国自然垄断产业民营化改革与政府管制政策》，经济管理出版社 2004 年版。

［76］［英］亚当·斯密：《国富论：国民财富的性质和起因的研究》，谢祖钧译，中南大学出版社 2003 年版。

［77］［德］乌茨·施利斯基：《经济公法》，喻文光译，法律出版社 2003 年版。

［78］邓淑莲：《中国基础设施的公共政策》，上海财经大学出版社 2003 年版。

［79］［美］E. S. 萨瓦斯：《民营化与公私部门的伙伴关系》，周志忍等译，中国人民大学出版社 2002 年版。

［80］［德］奥托·迈耶：《德国行政法》，刘飞译，商务印书馆 2002 年版。

［81］［美］默里·L. 韦登鲍姆：《全球市场中的企业与政府》，张兆安译，上海三联书店 2002 年版。

［82］［美］丹尼斯·朗：《权力论》，陆震纶、郑明哲译，中国社会科学出版社 2001 年版。

［83］［德］哈特穆特·毛雷尔：《行政法学总论》，高家伟译，法律出版社 2000 年版。

［84］俞可平主编：《治理与善治》，社会科学文献出版社 2000 年版。

［85］余凌云：《行政契约论》，中国人民大学出版社 2000 年版。

［86］沈岿：《平衡论——一种行政法认知模式》，北京大学出版社 1999 年版。

［87］杨建顺：《日本行政法通论》，中国法制出版社 1998 年版。

［88］［英］威廉·韦德：《行政法》，徐炳译，中国大百科全书出版社 1997 年版。

## 二、中文期刊

［1］汪广龙："从历史中理解公共行政学的总体性——评《公共行政学史》"，载《中国行政管理》2019 年第 1 期。

［2］唐亚林："公共行政的原理、制度与方法——评竺乾威新著《公共行政的改革、创新与现代化》"，载《中国行政管理》2019 年第 1 期。

［3］李钊："我国公共行政研究的新进展"，载《理论探索》2019 年第 1 期。

［4］向芳青、王友云："公共行政实践中行政学与行政法学学科的互动建构"，载《四川行政学院学报》2019 年第 1 期。

［5］袁明旭："西塞罗的节制观及其公共治理伦理价值"，载《理论学刊》2019 年第 1 期。

［6］崔运武："论公共治理视角下我国 PPP 问题的成因及应对"，载《中国行政管理》2019年第 1 期。

［7］解志勇、王晓淑："行政执法三项制度：法治政府建设的加速器和稳定器"，载《中国司法》2019 年第 2 期。

［8］刘少松："公共行政管理理论的创新和发展分析"，载《中国管理信息化》2019 年第 6 期。

［9］沈国明："论规制公权力与强化法治监督体系建设"，载《东方法学》2018 年第 1 期。

［10］石佑启、杨治坤："中国政府治理的法治路径"，载《中国社会科学》2018 年第 1 期。

［11］刘晓静："范式重构：西方公共行政学的学科衍化与创新探析"，载《领导科学》2018 年第 2 期。

［12］孟星宇："公用事业特许经营视角下的国家赔偿责任及其嬗变"，载《法学论坛》2018 年第 2 期。

［13］肖泽晟："公共资源特许利益的限制与保护——以燃气公用事业特许经营权为例"，载《行政法学研究》2018 年第 2 期。

［14］丁捷、周佑勇："美国独立管制机构的兴衰及其对我国的启示"，载《南京社会科学》2018 年第 3 期。

［15］裴俊巍："欧盟特许经营立法研究——演变逻辑与核心议题"，载《西南政法大学学报》2018 年第 3 期。

［16］杨彬权、王周户："论我国 PPP 行政法规制框架之构建"，载《河北法学》2018 年第 3 期。

［17］龚玉朝："论公共行政的道德责任"，载《陕西师范大学学报（哲学社会科学版）》2018 年第 3 期。

［18］郭林雄："特许经营协议中的消费者权益保护分析——以公用事业领域为视角"，载《沈阳大学学报（社会科学版）》2018 年第 4 期。

［19］陈永章、娄成武："美国公共行政学的争论：基于实用主义哲学的一种解释"，载《云南行政学院学报》2018 年第 4 期。

［20］李亢："PPP 的法律规制——以基础设施特许经营为中心"，载《中国法律：中英文版》2018 年第 4 期。

［21］石佑启、陈可翔："政府与社会资本合作模式下法律救济制度之构建"，载《江海学刊》2018 年第 5 期。

［22］马怀德："新时代法治政府建设的意义与要求"，载《中国高校社会科学》2018 年第 5 期。

［23］李晶森："政府特许经营权转让的反思与走向——以若干典型政府特许经营权转让事件为实证分析对象"，载《郑州大学学报（哲学社会科学版）》2018 年第 6 期。

［24］颜昌武："公共行政学中的后现代主义：一个理论述评"，载《南京社会科学》2018年第9期。

［25］陈勇军、魏崇辉："公共治理理论对破解我国协商治理困境的意义"，载《江西社会科学》2018年第10期。

［26］张峥、郝宇青："耦合驱动：国家治理现代化与服务型法治政府角色重塑"，载《社会科学家》2018年第10期。

［27］严骥："我国公用事业监管的法治路径"，载《人民论坛·学术前沿》2018年第11期。

［28］马岭、苏艺："全面推行政府权责清单制度的法治意义"，载《学习与探索》2018年第11期。

［29］贺小荣："行政协议：跨越公私法界限的意思自治"，载《中国法律评论》2017年第1期。

［30］欧纯智："政府与社会资本合作的善治之路——构建PPP的有效性与合法性"，载《中国行政管理》2017年第1期。

［31］骆梅英："论公用企业的行政接管"，载《中德法学论坛》2017年第1期。

［32］于安："我国实行PPP制度的基本法律问题"，载《国家检察官学院学报》2017年第2期。

［33］马佳："公用领域竞争秩序：治理进入深水区"，载《工商行政管理》2017年第2期。

［34］袁辉霞："政府指导价制定行为的法律问题研究"，载《河北法学》2017年第2期。

［35］陈婉玲、曹书："政府与社会资本合作（PPP）模式利益协调机制研究"，载《上海财经大学学报（哲学社会科学版）》2017年第2期。

［36］单飞跃、余骁："经济法法律责任：语义、规范及其整体谱系——基于法律文本的实证分析"，载《现代法学》2017年第3期。

［37］王珍珍："公用企业信息公开范围研究"，载《山东行政学院学报》2017年第3期。

［38］娄成武、董鹏："中国公共行政学本土化研究：现状与路径"，载《公共管理学报》2017年第3期。

［39］胡改蓉："论公共企业的法律属性"，载《中国法学》2017年第3期。

［40］潘立春："从英国电力法的演进看英国公共企业的治理"，载《沈阳大学学报（社会科学版）》2017年第4期。

［41］耿旭："西方比较公共行政学研究的演进探析"，载《经济社会体制比较》2017年第6期。

［42］付金存："公私合作制下城市公用事业价格规制的目标体系、关键问题与政策设计"，载《新疆大学学报（哲学·人文社会科学版）》2017年第6期。

［43］尹少成："PPP模式下公用事业政府监管的挑战及应对"，载《行政法学研究》2017

年第 6 期。

[44] 于安："论政府特许经营协议"，载《行政法学研究》2017 年第 6 期。

[45] 谭仕荣："公用事业市场化改革的实现路径"，载《人民论坛》2017 第 31 期。

[46] 江利红："论日本行政法学中的公共性分析方法论"，载《法律方法》2016 年第 1 期。

[47] 汤磊："2014—2015 年的中国法治政府建设"，载《行政法学研究》2016 年第 2 期。

[48] 喻文光："PPP 规制中的立法问题研究——基于法政策学的视角"，载《当代法学》2016 年第 2 期。

[49] 李明超："公用事业特许经营风险来源的实证研究——基于行政法学研究视角的考察"，载《北京交通大学学报（社会科学版）》2016 年第 2 期。

[50] 付金存、龚军姣："公私合作制下城市公用事业的政府规制"，载《贵州社会科学》2016 年第 2 期。

[51] 徐琳："法国公私合作（PPP 模式）法律问题研究"，载《行政法学研究》2016 年第 3 期。

[52] 张雪帆、何艳玲："建构公共共同体：公共行政学合法性争论及其未来"，载《中国行政管理》2016 年第 4 期。

[53] 卢护锋："公私合作中政府责任的行政法考察"，载《政治与法律》2016 年第 8 期。

[54] 何文盛、杨亚琼、王艳："西方公用事业民营化改革研究回顾及对我国的启示"，载《中国行政管理》2016 年第 12 期。

[55] 李霞："论特许经营合同的法律性质——以公私合作为背景"，载《行政法学研究》2015 年第 1 期。

[56] 江利红："日本行政法学中的行政过程方法论"，载《法律方法》2015 年第 2 期。

[57] 高颖、张水波、冯卓："PPP 项目运营期间需求量下降情形下的补偿机制研究"，载《管理工程学报》2015 年第 2 期。

[58] 赵哲："俄罗斯国家与私人合作及其变革"，载《民间法》2015 年第 2 期。

[59] 李霞："公私合作合同：法律性质与权责配置——以基础设施与公用事业领域为中心"，载《华东政法大学学报》2015 年第 3 期。

[60] 陈富良，黄金钢："政府规制改革：从公私合作到新公共服务——以城市水务为例"，载《江西社会科学》2015 年第 4 期。

[61] 王万华："完善行政执法程序立法的几个问题"，载《行政法学研究》2015 年第 4 期。

[62] 崔运武："论我国城市公用事业公私合作改革的若干问题"，载《上海行政学院学报》2015 年第 4 期。

[63] 陈金钊、宋保振："法治国家、法治政府与法治社会的意义阐释——以法治为修辞改变思维方式"，载《社会科学研究》2015 年第 5 期。

[64] 查勇、梁云凤："在公用事业领域推行 PPP 模式研究"，载《中央财经大学学报》

2015 年第 5 期。

[65] 付大学、林竹芳："论公私合作伙伴关系（PPP）中'私'的范围"，载《江淮论坛》2015 年第 5 期。

[66] 杨海坤："我国法治政府建设的历程、反思与展望"，载《法治研究》2015 年第 6 期。

[67] 周正祥、张秀芳、张平："新常态下 PPP 模式应用存在的问题及对策"，载《中国软科学》2015 年第 9 期。

[68] 胡改蓉："PPP 模式中公私利益的冲突与协调"，载《法学》2015 年第 11 期。

[69] 陈阵香、陈乃新："PPP 特许经营协议的法律性质"，载《法学》2015 年第 11 期。

[70] 邢会强："PPP 模式中的政府定位"，载《法学》2015 年第 11 期。

[71] 周芬、张建刚："特许经营的立法政策问题研究——以欧盟经验为例"，载《中央财经大学学报》2015 年第 12 期。

[72] 纪鑫华："优化项目风险分配，实现 PPP'物有所值'"，载《中国财政》2015 年第 16 期。

[73] 王翔宇："公用企业侵犯消费者权益行为规制"，载《中国工商管理研究》2014 年第 1 期。

[74] 高俊杰："公用事业临时接管的行政法规制"，载《行政与法》2014 年第 1 期。

[75] 王岭："城镇化进程中民间资本进入城市公用事业的负面效应与监管政策"，载《经济学家》2014 年第 2 期。

[76] 邓敏贞："论公用事业消费者的权利——基于公私合作背景的考察"，载《河北法学》2014 年第 4 期。

[77] 陈婉玲："公私合制的源流、价值与政府责任"，载《上海财经大学学报（哲学社会科学版）》2014 年第 5 期。

[78] 李乐："美国公用事业政府监管绩效评价体系研究"，载《中国行政管理》2014 年第 6 期。

[79] 潘立春："基于法律视角的英国公共企业发展研究"，载《长沙大学学报》2014 年第 6 期。

[80] 贾康、孙洁："公私合作伙伴关系（PPP）概念、起源与功能"，载《中国政府采购》2014 年第 6 期。

[81] 何翠凤："关于行政授权的几个问题"，载《理论学刊》2014 第 12 期。

[82] 关保英："政府公共服务的法律建构研究"，载《湖北大学学报（哲学社会科学版）》2013 年第 1 期。

[83] 黄学贤、吴志红："对公用企业公、私法人法律身份的思考"，载《江海学刊》2013 年第 2 期。

[84] 王军："美国信息自由法上'行政机关'之认定标准——基于判例的视角"，载《行

政法学研究》2013 年第 2 期。

[85] 熊樟林："裁量基准制定中的公众参与———一种比较法上的反思与检讨"，载《法制与社会发展》2013 年第 3 期。

[86] 张淑芳："政府公共服务的行政法规制研究"，载《江淮论坛》2013 年第 3 期。

[87] 杨海坤："'平衡论'与'政府法治论'的同构性——以政府与人民法律地位平等为视角"，载《法学家》2013 年第 4 期。

[88] 李明超："公用事业特许经营中的临时接管程序研究——从'内蒙古西乌旗政府临时接管民营热电企业案'切入"，载《西南政法大学学报》2013 年第 4 期。

[89] 虞青松："公私合作契约的赋权类型及司法救济——以公用事业的收费权为视角"，载《上海交通大学学报（哲学社会科学版）》2013 年第 5 期。

[90] 邢会强："财政法的经济学根基——交易成本公共物品理论的提出"，载《政法论丛》2012 年第 1 期。

[91] 郑艳馨："英国公用企业管制制度及其借鉴"，载《宁夏社会科学》2012 年第 2 期。

[92] 方世荣、邓佑文："'参与式行政'视域下行政法理念的反思与重塑"，载《理论探讨》2012 年第 2 期。

[93] 邓敏贞："公用事业公私合作合同的法律属性与规制路径——基于经济法视野的考察"，载《现代法学》2012 年第 3 期。

[94] 李云雁："城市公用事业民营化改革中的政府责任"，载《财经论丛》2012 年第 3 期。

[95] 秦奥蕾："德国基本法上的公法人基本权利主体地位"，载《郑州大学学报（哲学社会科学版）》2012 年第 6 期。

[96] 江必新："论行政规制基本理论问题"，载《法学》2012 年第 12 期。

[97] 王太高、邹焕聪："民生保障、民营化与国家责任的变迁"，载《江海学刊》2011 年第 1 期。

[98] 周佑勇："裁量基准的制定定位——以行政自制为视角"，载《法学家》2011 年第 4 期。

[99] 李明超、章志远："公用事业特许经营监管机构模式研究"，载《学习论坛》2011 年第 3 期。

[100] 郑艳馨："论公用企业的界定"，载《社会科学家》2011 年第 10 期。

[101] 张莉莉、王建文："公用企业基本法立法的逻辑证成与基本结构"，载《南京社会科学》2011 年第 10 期。

[102] 高秦伟："私人主体的信息公开义务——美国法上的观察"，载《中外法学》2010 年第 1 期。

[103] 冯果、辛易龙："公用企业社会责任论纲——基于法学的维度"，载《社会科学》2010 年第 2 期。

［104］高秦伟：“对公众获取公用企业信息的法律分析”，载《行政法学研究》2010 年第 4 期。

［105］王锡锌、章永乐：“我国行政决策模式之转型——从管理主义模式到参与式治理模式”，载《法商研究》2010 年第 5 期。

［106］张丽娜：“城市公用事业公私合作中的政府责任”，载《理论探索》2010 年第 6 期。

［107］余凌云：“行政主体理论之变革”，载《法学杂志》2010 年第 8 期。

［108］杨慧：“公用企业垄断对消费者权益的侵害及法律对策”，载《安徽大学学报（哲学社会科学版）》2009 年第 4 期。

［109］姚保松：“国外公用企业歧视行为反垄断法规制对我国的启示”，载《郑州大学学报（哲学社会科学版）》2009 年第 5 期。

［110］邢鸿飞、徐金海：“论公用事业的法律调整：法域归属与理念定位”，载《法学杂志》2009 年第 8 期。

［111］王霁霞：“公众参与与行政主体理论之变迁”，载《河北法学》2009 年第 12 期。

［112］黄学贤、陈峰：“试论实现给付行政任务的公私协力行为”，载《南京大学法律评论》2008 年第 1 期。

［113］周蒨文、刘林：“试论城市公用事业建设中的公私合作制——来自国外的基本理论及其在中国的实践”，载《华南理工大学学报（社会科学版）》2008 年第 1 期。

［114］王锡锌：“英美传统行政法‘合法性解释模式’的困境与出路——兼论对中国行政法的启示”，载《法商研究》2008 年第 3 期。

［115］章志远：“我国国家政策变迁与行政法学的新课题”，载《当代法学》2008 年第 3 期。

［116］王锡锌：“利益组织化、公众参与和个体权利保障”，载《东方法学》2008 年第 4 期。

［117］章剑生：“反思与超越：中国行政主体理论的批判”，载《北方法学》2008 年第 6 期。

［118］左然：“公务法人研究”，载《行政法学研究》2007 年第 1 期。

［119］杨小君：“我国行政诉讼被告资格认定标准之检讨”，载《法商研究》2007 年第 1 期。

［120］章志远：“公用事业特许经营及其政府规制——兼论公私合作背景下行政法学研究之转变”，载《法商研究》2007 年第 2 期。

［121］朱新力、唐明良：“现代行政活动方式的开发性研究”，载《中国法学》2007 年第 2 期。

［122］李海平：“行政授权的若干争议问题探析”，载《深圳大学学报（人文社会科学版）》2007 年第 2 期。

［123］ 湛中乐、刘书燃:"PPP 协议中的法律问题辨析",载《法学》2007 年第 3 期。

［124］ 柳砚涛:"行政法领域适用私法应遵循的原则",载《政法论丛》2007 年第 5 期。

［125］ 毕晓平:"论公用企业的法律意识",载《东岳论丛》2007 年第 6 期。

［126］ 吴卫军、石俊峰:"论行政接管的法律规制",载《行政法学研究》2006 年第 1 期。

［127］ 蔡翔华:"公共事业民营化改革中的政府责任",载《理论观察》2006 年第 2 期。

［128］ 杨海坤、郭朋:"公用事业民营化管制与公共利益保护",载《当代法学》2006 年第 5 期。

［129］ 王晓晔:"公用企业滥用优势地位行为的法律管制",载《法学杂志》2005 年第 1 期。

［130］ 詹国彬:"治理视野中的公用事业民营化改革",载《北京航空航天大学学报（社会科学版）》2005 年第 2 期。

［131］ 王继军、王士亨:"公用企业改革与市场规制法",载《山西大学学报（哲学社会科学版）》2005 年第 3 期。

［132］［德］莱纳·皮恰斯、郑春荣:"德国、欧盟和英美国家行政改革的介绍和比较",载《上海行政学院学报》2004 年第 4 期。

［133］ 刘汉屏、刘锡田:"论公共财政下城市公用事业筹融资与管理模式的转换",载《财政研究》2002 年第 8 期。

［134］ 赵凌云:"国有企业治理结构的规范构建必须寻求突破",载《中南财经政法大学学报》2001 年第 2 期。

［135］ 马怀德:"公务法人问题研究",载《中国法学》2000 年第 4 期。

## 三、外文期刊

［1］ Wettenhall Aulich, "The Evolution Of Public Enterprise In Australia: Disillusion and Dissolution", *Asia Pacific Journal Of Public Administration*, 2019（1）.

［2］ Timo Tremml, "Linking Two Worlds? Entrepreneurial Orientation In Public Enterprises: A Systematic Review And Research Agenda", *Annals Of Public And Cooperative Economics*, 2019（1）.

［3］ Stephanie Warm, Christina Schaefer, Benjamin Friedlnder, "Role And Performance Of Public Enterprises: A Case Study On The Strategic Relevance And Specificity of Enterprises At The German Federal Level", *Annals Of Public And Cooperative Economics*, 2018（3）.

［4］ Roger Wettenhall, "From Public Enterprise Through Privatisation To Public-Private Mixing-An Important Irish Contribution", *Administration*, 2016（1）.

［5］ Dorothea Greiling, Birgit Grüb, "Towards Citizen Accountability Of Local Public Enterprises", *Annals Of Public And Cooperative Economics*, 2015（4）.

［6］ PhilippeBance, Gabriel Obermann, "Serving The General Interest With Public Enterprises - New Forms Of Governance And Trends In Ownership", *Annals Of Public And Cooperative Economics*, 2015（4）.

［7］ Kuo-Tai Cheng, "Public Service Motivation And Job Performance In Public Utilities", *International Journal Of Public Sector Management*, 2015（4）.

［8］ Mark Richard Hayllar, Roger Wettenhall, "As Public Goes Private, Social Emerges: The Rise Of Social Enterprise", *ublic Organization Review*, 2013（2）.

［9］ Rnella Tarola, "Public Utilities: Privatization Without Regulation", *AUCO Czech Economic Review*, 2010（01）: 62.

［10］ HiroakiIno, Toshihiro Matsumura, "What Role Should Public Enterprises Play In Free-entry Markets? ", *Journal Of Economics*, 2010（3）.

［11］ Jacques Demotes-Mainard, Emmanuel Canet, Lionel Segard, "Public-Private Partnership Models In France And In Europe", *Thérapie*, 2006（4）.

［12］ Bryce, "The Authority As A Mechanism For Public Enterprise: United States Experience", *International Review Of Public Administration*, 2001（6）.

# 《邮电部关于加强经营管理，改善电信服务的若干规定》

颁布日期：1994 年 4 月 22 日
实施日期：1994 年 4 月 22 日
发布机关：邮电部

为了适应市场经济新形势的需要，建立与之相适应的经营体制，强化经营运行机制，加快电信业务发展，改善服务，满足社会的通信需求，特作如下规定：

一、转变观念，面向市场。

面对市场经济，各级电信部门必须破除在长期计划经济体制下形成的旧观念、旧思想，确立适应市场经济有利于电信大发展的新观念。

在通信发展上，转变计划经济体制下形成的不以市场需要定产的思想，确立按用户需求组织和发展生产的观念。

在通信服务上，转变"以我为主、予我方便"的观念，确立"用户第一、方便用户"的观念。

在通信生产管理上，摆脱在人工设备、手工操作条件下形成的"小生产"管理意识，确立适应现代化大生产的管理思想。在市场经济条件下，要改变过去那种搞小而全，按区域分散管理的体制，要按照社会化大生产的特点，强化集中管理。

在通信经营上，破除官商思想和传统的经营意识，确立面向用户、开拓经营的市场观念。要尽快改变过去那种"等客上门"，市场等我们，用户找我们的被动型经营方式,要面对市场经济,主动找市场,主动找用户,积极开拓业务,掌握经营的主动权。

**二、建立适应电信大发展的管理体制。**

为了适应电信大发展的需要,按照社会化大生产的规律,实行专业化管理,以加快通信建设,强化设备运行维护,搞好经营业务管理,必须进行体制改革。

(一)省会局的电信管理体制要逐步实行工程建设、维护运行、经营业务三条线管理。每条线不是独立核算的经济实体,但在其规定范围内,具有对人、财、物的调度管理权。京、津、沪的专业局也要按此办理。

(二)经营业务系统设立业务部,为双重职能的事业部制,既是局的经营业务职能部门,又是经营业务生产单位。

业务部设以下几个部门:

客户营业部门:负责用户的长途、市话业务受理、营业服务、咨询、解答与工单管理等,是营业系统的龙头单位。

大用户服务部门:负责对长途、市话、数据通信、专线等大用户进行全方位的服务。

配线配号部门:负责全市话网号、线资料管理和装移电话的配线配号工作。

营业会计部门:负责长途、市话用户的计费、收费工作。

用户交换机、公用电话管理部门:负责用户交换机、公用电话的管理与业务技术辅导、业务检查工作。

经营业务管理部门:是业务部的参谋(智囊)管理部门,主要研究市场信息动态、竞争策略和手段,开发新业务和增值业务,研究日常营销活动的各项政策和程序,负责业务宣传及对整个系统的各生产环节和工作过程进行检查监督等。

办公室:是业务部的支撑系统,负责全系统的秘书、文印、公关、稽查、人事、后勤等事务。

装机公司(队):负责装拆移机的施工。

(三)各省会局和市、地、县局可按照上述设置原则,结合本局实际情况进行安排。

### 三、充实营销队伍，提高营销工作在企业中的地位。

当前，各局营业部门普遍存在人员不足，处于超负荷运转，经常加班加点，动辄突击"会战"，不少工作由于人员不足尚未开展，业务素质不高的矛盾也很突出，多数人员缺乏系统技术业务训练，这种状况与电信业务大发展形势很不适应，必须引起各级领导的重视，采取切实有效的措施，建设一支适应市场需要的营销队伍。

（一）营销人员要随着业务发展相应增加。企业人事劳动工资部门应根据业务发展，调整人员定额，配足营销人员，提高营销工作在企业中的地位，要经过努力，使各岗位生产人员全部到位，形成规模经营的营销队伍。

充实营销队伍，主要靠内部挖潜、调剂解决。

（二）抽调一批政治素质好，有一定技术水平，又有经营意识的干部、职工充实市话营业、计费收费、配线配号、装移机施工等岗位，明显缓解人员不足的紧张状况。

当前要重点增配：经营业务管理、大用户服务、新业务开发、资费稽核、业务查询、计算机技术人员等。

（三）各局应制定培训计划，有计划分层次对现有营销干部、职工进行市场经济、市场竞争、职业道德、局风局纪、服务标准、技术业务、电信新业务等教育，使人员素质有一个普遍提高。

凡是新上岗或转岗来的人员，必须坚持岗前培训，未经培训不得上岗。

（四）邮电大专院校和各省邮电学校应增设电信经营管理专业，有计划地培养营销人员的新生力量。

### 四、转换经营运行机制，掌握经营工作的主动权。

（一）要重视市场调查、分析和预测工作。一方面要主动地和政府规划建设部门保持联系，密切关系，及时了解城市建设的新动向和发展计划，索取有关图纸资料；同时要直接到大街小巷去观察与走访，遇到破土动工的新建筑，立即探访调查；另一方面要对营业部门掌握的待装户资料，按照不同街道进行分布分析，确定分期建设的重点。然后汇集各方面的资料进行科学地实事求是地分析预测，提出机线增容扩建的建议，按程序提供给相关部门，安排机线增容工程，做到"以需定产"，确保机线设备建设超前发展。

（二）为了加快市话发展，必须把机线增容工作做在前面，提前做好下一年度市话放号计划的安排，防止因各种原因造成的"脱销"现象。

（三）要加强经营政策和竞争策略的研究。各局必须深入了解市场，研究市场的动态和趋势，提出培育市场、开拓市场、占领市场的经营策略。要分析研究本地区的经济状况、居民消费水平和承受能力，运用灵活的经营策略，开发新业务和增值业务，保持电信旺盛的发展势头。

制定促进电信业务发展的内部激励政策，充分调动各方面加快发展电信业务的积极性。

（四）坚持经常性的经营活动分析制度。要对各类电信业务的发展、用户通话次数和业务量的变化，业务收入的增减以及营收工作的进展等情况进行分析，找出规律，总结经验，及时发现经营活动中的薄弱环节与存在问题，采取措施，使经营工作越做越好。

五、继续抓好市话营业集中管理，加快市话装移机速度。

当前，市话通信正处于大发展时期。为了建立一个与之相适应的科学管理的市话营业体系，形成一个管理有序、严密、高效的业务流程，适应市场需要，加快放号速度，必须抓好市话营业集中管理。

（一）必须尽快理顺营业体制。市话营业机构必须实行集中统一管理和营业一家对外的原则，市话营业部门必须对全市话网的营业、计费、用户线对、装移机施工、用户交换机、电话号码及公用电话实行集中统一管理，不得下放到分局，装移机施工必须与维护工作分开。为了方便装移机施工，装机部门可在同一城市内设装机分队。

（二）配线工作是市话装移机工作的重要环节，必须建立准确的配线资料，理顺营业、测量、维护、设计、工程等单位（工序）与营业配线部门的关系。及时准确地提供线路增容、占用线对、变动线序、配线区调整、割接改线等资料，并沟通渠道，形成制度，实行动态管理，实行室内配线，提高配线准确率。

配线工作是掌握市话装移机主动权的关键，也是实行集中管理的难点，必须下大力气，使配线工作尽快到位。

（三）必须管好工单。市话装移机工作是通过工单来实施的，必须严格管理，防止失控。

一要严格各工序各环节的工单交接手续，做到交接清楚；二要按分段时限对工单运转进行管理，以加快装移机的速度；三要把竣工的工单在五日内返回营业，以尽快建帐立卡便于营收。

（四）必须加强装移机施工管理。要严格实行派工派单制度，配置工单管理员，坚持一天一派，及时回收的办法，对派出的工单要有登记，明确规定工单返回时限，工单在装机人员手中最长不得超过三天，因故未能装移机的要收回重派，并采取措施设法解决。

六、把方便送给用户，切实改进服务工作。

"用户第一、服务第一、质量第一"要体现在电信经营服务工作的全过程，具体要求是：

（一）方便用户装移电话登记

1. 在市话营业集中管理的原则下，为方便用户各局要设立多处营业点，形成集中管理，网状服务的格局。

2. 提倡用电话受理用户登记。各局应积极创造条件，使用电话受理用户新装、装移副机、室内移机、换机、增设程控电话新服务项目、分户名变更等业务的登记。

3. 在机线条件具备的地区，实行现场受理，即行装机。

4. 在机线条件充足地区，开办"团体装机"业务，即由用户单位或居委会为集体宿舍或街道居民统一办理装机登记手续。

5. 用户办理非话、专线业务应由营业一个窗口受理，涉及长、市及内部其他环节的，由营业部门负责统一协调，不得让用户分别到多个地点办理。京、津、沪应设立电信综合营业处，统一受理用户登记。

（二）能否装移机，要及时给用户明确答复

1. 受理用户登记以后，必须在十五天以内给用户答复，力争做到当场答复。对能够装移的告知装移时间，对机线条件不具备的列入待装管理并向用户说明原因及大体解决时间。

答复要真实、准确、具体、有透明度，不得笼统。

2. 在营业厅或相关街道里弄，通过各种宣传媒介，向用户公布已具备或即将具备装移机条件的地点范围，与大约装移时间。

（三）按规定的时限为用户安装电话

1. 按照时限规定组织施工,施工前应提前通知用户。

2. 装机人员施工时应佩戴明显标志。

3. 装移机施工应即装即通,竣工时用户能够通话。

（四）做好用户查询与投诉工作

1. 营业厅设值班主任,现场答复用户问询,指导用户办理各项业务。

2. 设立业务查询窗口。负责答复用户关于装移电话和资费等问题的询问。业务查询窗口应配备业务熟练、服务态度好的工作人员,并保持业务查询人员的相对稳定。答复要准确,态度要和蔼,做到有问必答,件件有回音。

3. 各局营业部门要积极创造条件,开发计算机辅助管理。对用户装机登记实行封闭式跟踪管理,切实掌握每个用户装机全过程的每一环节的进展情况,能随时准确答复用户查询。

尚未实行计算机管理的,必须成立跟踪管理机构或配置专人,及时掌握每个用户装机流程的进展情况,并按规定填写《装机封闭跟踪管理登记表》。

装机流程中的任何工序环节,必须在规定分段时限内进行操作,不具备条件的要及时交用户登记卡或工单返回营业跟踪管理单位,不得超时限截留。

4. 用户查询资费问题,一律实行无偿服务,不得收取任何费用。

5. 用户来信来访来电投诉,营业部门要指定专人负责处理,作好登记,认真查处。对有理由批评,要认真整改。严禁对用户申告打击报复,一经发现,必须从严惩处。

（五）方便用户缴费

1. 增设收费网点,减少用户排队。

2. 提倡用户预交款。

3. 通过银行、邮政储蓄收取各项电信费用。

4. 创造条件,通过居委会代收月租费等。

（六）停话和拆机必须慎重,严格按规定办理。

1. 一切停话,必须经业务主管部门批准,并事先书面或以送语音的方式通知用户,方可办理。不经批准或事先没有通知用户而停话的,都是违反规定的行为,要追究有关人员的责任。

2. 对重要用户的停话,必须经局长批准。

3. 对用户欠费,要多做催缴工作,采取电话口头催款、送语音通知、收取滞纳金、上门催缴等措施，督促用户缴费。

（七）增设电信服务网点，方便用户使用电信业务

1. 在城市的机场、码头、火车站、长途汽车客运站、大型医院、大型商店、繁华街道、居民小区等地都应装设公用电话。

2. 有人专人值守的公用电话（亭）都应开办国内、国际长途直拨业务，并有醒目的 DDD、IDD 标志。

3. 在城乡集贸市场，以及城市机场、火车站及繁华区域应设置综合电信服务点，开办长途电话、市内公用电话、电报和用户传真等业务。并昼夜对外服务。

七、做好大用户服务工作，千方百计满足大用户的通信需求。

大用户是我们服务工作的重点，要千方百计地满足大用户对通信的需要。

（一）确定大用户的范围与名单，建立大用户的业务档案。大用户是指使用电信业务数量多、电信费用和款额大的用户单位。一般可按下列依据来确定大用户的范围：

1. 用户年电信费用款额数大的单位，一般以最高营收额往下顺延，具体款额数由各局自定。

2. 大型企业、党政军机关、金融单位、外贸部门。

3. 三资企业。

4. 大型涉外宾馆、饭店。

在此范围内确定大用户的具体名单，并立即着手建立大用户的业务档案。

（二）向每个大用户单位发放《大用户使用电信业务优待证》，供大用户单位来局办理电信业务时使用。

对大用户单位使用电信业务的优惠，主要应体现在办理手续要简，处理时限要快，试用新业务资费可适当优惠。

（三）企业内部各个单位、各个环节对大用户的装移机和其他电信业务都要优先处理，做到优先受理、优先配线、优先配号、优先开单、优先施工。

营业部门要设置大用户服务窗口，专门受理大用户办理各项电信业务。同时可派出联络员或营业人员，主动上门受理。

对大用户的各项业务要求，由大用户服务处（科）负责跟踪服务，确保优先提供。

　　"112"障碍台应掌握大用户名单(测量台的大用户资料应有明显标志),对大用户提出的障碍申告,应按重要用户对待,要在 24 小时内修复。

　　设计、工程施工部门对大用户提出的要求应尽力予以满足,做到优先设计、优先施工。

　　(四)制定为大用户的服务制度。各局应制定对大用户服务制度,明确对大用户服务标准、内部业务流程与时限要求、优惠原则、企业内部各相关单位对大用户服务的要求等,以确保大用户服务工作的落实。

　　(五)沟通局方与大用户的联系渠道,配备素质高的局方联络员。局方可在大用户服务处(科)根据大用户单位数量配备足够的具有一定政策水平、有强烈责任心、熟悉电信业务、有一定公关能力的工作人员,作为局方的联络员,分片负责大用户的服务联络工作。联络员对外代表局方,对内代表用户,应成为局方与大用户联系的"桥梁",做大用户单位使用通信的"参谋"与朋友,真心实意地为大用户服务。联络员应深入用户单位,了解用户生产业务过程,根据其特点帮助制定使用电信业务的计划,并付之实施,为用户单位提高经济效益,以建立相互信任长期合作的伙伴关系。

　　对特大用户单位,应由局方与大用户共同组成联络小组,作为双方经常联系的渠道。

　　(六)举办新技术、新业务讲座。各局应组织领导干部、工程技术人员、业务经营管理人员为大用户单位定期或不定期举办电信新技术、新业务讲座,使大用户单位能及时了解当今电信新技术、新业务的发展情况,帮助大用户单位使用适合其特点的电信新技术、新业务。

　　(七)开展大用户通信需求调查,想方设法满足大用户的通信需求。局方联络员应深入走访每个大用户,了解他们的通信需求以及在使用电信方面的困难与问题,为他们提供技术业务咨询。对大用户单位提出的通信需求,局方应认真落实,想方设法予以满足。对大用户使用通信方面的困难,局方也要尽可能给予帮助,如提供技术支援,解决技术难题,排除设备故障、培训人员等,真心实意地为大用户排忧解难。

　　(八)定期或不定期召开大用户座谈会。根据需要,各局可按不同层次不同行业定期或不定期召开大用户座谈会。通过座谈会,主要通报局方电信建设、业务发展以及有关改善服务的主要举措等情况,介绍新开发的电信新业务,听取他们的意见等。必要时局方主要领导应亲自参加大用户座谈会,与大用户单位交朋友，把电信经营服务工作做好。

## 八、重视经营服务设施建设，提高工作效率。

服务设施和管理设施的建设应与通信能力的建设同步进行，配套发展，特别是在通信迅速发展的形势下，更应引起各级领导的充分重视。

（一）把营业场所建设好。营业场所是电信部门的门面。各局必须把营业厅建设好，体现电信部门为用户服务的新风貌。为用户提供宽敞、明亮、整洁的服务环境。

（二）加快营业计算机管理系统的开发、应用进度。市话营业实现计算机管理，既是发展方向，又是当务之急，各局要加强领导，从资金、技术、人力、场地等方面给予支持，积极创造条件，加快计算机管理系统开发、应用进度，实现营业受理、用户资料档案、各项计费、业务查询、待装用户、配线配号、时限管理、电话号簿、以及统计报表等进入计算机管理，并与"112"测量台联网，提高科学管理水平。

（三）为提高工作效率，要为营业收费部门配备自动点钞机、假币识别机、保险柜以及送款用的机动车辆。

（四）为装移机施工单位配备必要的机动车辆，改进施工工具等。

（五）随着营销人员增加，办公面积要相应增加。

## 九、强化监督检查，坚持制止以话谋私的行业不正之风。

严格的监督检查是电信服务质量的有效保证。为了加强局风建设，坚决制止以话谋私的行业不正之风，必须认真贯彻执行邮电部617号文件的各项规定，完善内部制约机制，健全监督检查体系，制定监督检查制度，开展严格的、认真的、有效的检查活动。

（一）强化专职检查。各局要设置局和营业部门两级专职服务质量、服务纪律监督检查机构，配备坚持原则、秉公办事、廉洁奉公的监督检查人员，明确各自的监督检查任务，分层负责，对服务质量，规章制度、局风局纪等开展监督检查活动。专职检查侧重局风局纪、用户举报方面的调查处理，对违章违纪、以话谋私、索卡用户的问题要严肃查处，一查到底。

（二）坚持干部上岗抽查制度。各级干部要抓管理，要有一定时间深入实际进行业务监督检查。对主要的制度规定、重要的生产环节、薄弱环节等做到心中有数,进行定期及不定期抽查,对有章不循的问题要及时纠正,严格要求,敢抓敢管,使各项规章制度得到认真贯彻执行。

各级干部要支持专职检查人员的工作,对专职检查人员提出的问题要及时处理,认真整改。

(三)严格班组与工序检查。内部制约机制是通过制度来实现的。班组长要把主要精力放在贯彻执行规章制度的检查上面,使各项规定在班组内得到很好执行,发现问题,及时纠正。

要加强工序之间的检查。上一工序要对下一工序负责,下一工序要对上一工序的工作质量与执行规章制度情况进行检查。要加强对配线、装机施工等重要工序的检查,对配线员定为没线的,和装机员定为"无法装机"的,要组织抽查。

(四)认真接受社会监督。聘请社会监督员,及时反映用户的意见,对社会监督员反映的问题和用户来信来访来电提出的问题,都要作好登记,认真查处,并在规定时间内将查处结果和有关情况回复社会监督员或用户,做到件件有回答。检查机构要保护申告人,绝不允许对申告人进行打击报复。

(五)严明纪律,坚决制止以话谋私的行业不正之风。各级干部要以高度的责任心,认真抓好局风建设,反腐倡廉,坚决遏止以话谋私的行业不正之风,把本单位的队伍带好。

要严明纪律,凡是搞以话谋私、索卡用户财物的,一定要从严处罚,是干部的,要加重处罚,决不手软。

# 《石家庄市电信管理办法》

颁布日期：1997 年 2 月 21 日

实施日期：1997 年 4 月 1 日

发布机关：石家庄市人民政府

第一章　总则

第二章　规划与建设

第三章　安全与保障

第四章　电信市场管理

第五章　服务与监督

第六章　罚则

第七章　附则

一九九七年一月十六日市政府第四十九次常务会议审议通过，现予发布施行。

一九九七年二月二十一日

## 第一章　总　　则

**第一条**　为加强电信市场管理，保障电信安全畅通，促进电信事业的发展，根据《河北省邮电通信管理条例》及有关法律、法规，结合本市实际，制定本办法。

**第二条**　本办法适用于石家庄市行政区域内的电信建设和管理。

**第三条**　保护电信设施是公民的义务，任何单位和个人都有权制止或检举破坏电信设施的行为。

**第四条**　通信业务经营单位应为社会提供迅速、准确、安全、方便的通信服务，维护客户的合法权益。

**第五条**　石家庄市电信局、县（市）、矿区邮电局是本辖区电信业务和电信行业管理的主管部门，根据《河北省邮电通信管理条例》的授权和人民政府规定的职责，负责本办法的组织实施和监督检查。

公安、交通、工商行政管理、建设、规划、市政公用、市容环卫、技术监督等部门，按各自职责，协同电信主管部门实施本办法。

## 第二章　规划与建设

**第六条**　电信事业应当纳入石家庄市总体规划，与本市经济和社会发展需要相适应。

电信建设应当采用先进技术，回忆国家公用电信网技术进步，合理配置电信资源，保证国家公用电信网的统一性、完整性和先进性。

**第七条**　公用电信网和专用电信网应统筹规划、协调发展。在公用电信网覆盖范围内，除部队、附近路和个别特殊需要的部门以外，其他部门应利用公用电信网的电信设施，不得重复建设。

**第八条**　电信管线建设应纳入建设项目统建配套范围，并与主体工程统一规划、统一设计、同步建设、同步验收，所需费用纳入基建项目预决算。

电信主管部门应参加有关项目的规划设计会审和竣工验收。

**第九条**　城市规划区内新建楼房，建设单位应按电信主管部门的规划设计标准和方案，在楼内配置电话暗线系统，但用于解困的住宅楼除外。

**第十条**　新建、改建、扩建道路、桥梁、隧道、涵洞等工程时，应当按照电信规划统筹安排电信管线位置。

**第十一条**　电信线路经过耕地、道路和建筑物时，有关单位和个人应予支持，不得借故阻挠。如损坏青苗、树木、道路和建筑物，通信业务经营单位应按有关规定给予补偿或修复。

**第十二条**　承担电信工程勘察、设计、施工和监督的单位，必须具备相庆的资质等级，经电信主管部门批准后，方可承担电信工程。

## 第三章　安全与保障

**第十三条**　电信主管部门尖当加强对电信设施的维护和管理。因重大自然灾害或其他不可抗力使电信设施遭受损坏时，电信主管部门应当及时组织修复，有关部门和单位应当给予协助。

**第十四条**　未经电信主管部门批准，任何单位和个人不得迁改电信线路、电杆及其他电信设施，因特殊情况必须迁改时，迁改单位应征得电信主管部门批准，并按国家有关规定补偿经济损失。

**第十五条** 在电信设施安全防护范围内新建、改建、扩建具有腐蚀性的产品和排放腐蚀性废液、废渣、废气的企业及具有干扰性的电气设施时，必须征得电信主管部门同意。需要采取安全技术措施的，由建设单位承担所需费用。

**第十六条** 在微波通道范围内，规划部门应按照电信技术规范要求控制新建建筑物高度，不得阻挡或影响电波正常传输。

**第十七条** 电信和电力部门应按国家颁布的技术规范，建设电信线路与高压输电线路。新建线路与原有线路需并行或交叉穿越时，新建单位应征得原线路使用部门同意，并符合有关净空控制范围的规定。

**第十八条** 为抢修和处理电信重大阻断事故，电信主管部门可先采取持之以挖掘道路等紧急措施，并同时通知公安、交通、市政公用等部门，在二十四小时内按照规定补办有关手续。

**第十九条** 新建地上电信管线应按有关规定，保持与树木之间的距离。因不可抗力致使树木倾斜危及电信管线安全时，通信业务经营单位可以先行修剪、扶正或者砍伐树木，并在三日内通知园林绿化主管部门或树木所有者，按有关规定处理。

**第二十条** 执行任务的通信专用车辆，凭公安部门核发的通行证，可在禁行路线通行、禁停地段停靠，经过桥梁、道口、隧道、检查站时，有关部门应准予优行通过。

**第二十一条** 通信业务专用车辆在执行紧急任务途中发生交通违章时，公安部门在作出勘验记录后应先放行，待其完成任务后再行处理。

**第二十二条** 造成电信设施损坏或通信阻断的，应按照有关规定承担修复费用，赔偿因通信阻断所造成的经济损失；涉嫌触犯刑律的，移送司法机关处理。

## 第四章　电信市场管理

**第二十三条** 电信主管部门对电信市场实行行业管理，会同有关部门维护本辖区电信市场的正常秩序。

**第二十四条** 除国家另有规定外，由电信主管部门统一经营下列业务：

（一）电报、电话、900兆赫无线电移动电话、数据传输、图文传真和国际通信；

（二）电话号码簿的编印发行；

（三）专用电信业务的有价证券、卡片的印制、发行和销售；

（四）国家规定由电信主管部门统一经营的其它电信业务。

**第二十五条** 电信主管部门可以委托其它单位或个人代办经营下列业务：

（一）公用电话（含移动公用电话）服务；

（二）公用传真服务；

（三）国家规定可以委托的其它经营性业务。

**第二十六条** 持有河北省邮电管理局核发的《经营许可证》的通信业务经营单位，可以经营下列业务：

（一）无线电寻呼；

（二）800兆赫集群电话；

（三）450兆赫无线移动通信；

（四）国内VSAT（甚小天线地面站）通信；

（五）国家规定实行《经营许可证》制度的其它电信业务。

**第二十七条** 持有河北省邮电管理局批准文件的通信业务经营单位，可以申报经营下列业务：

（一）电话信息服务；

（二）计算机信息服务；

（三）电子信箱；

（四）电子数据交换；

（五）可视图文；

（六）国家规定实行申报制度的其它电信业务。

**第二十八条** 从事第二十六条、第二十七条所列能信业务的，应向当地电信主管部门提交经营业务申请、可行性报告及有关证明材料，由市电信局签署初审意见后，报河北省邮电管理局审批。对符合条件的，发给《经营许可证》或批准文件。

**第二十九条** 持《经营许可证》或批准文件的通信业务经营单位，应到当地工商行政管理部门申领营业执照，并到市电信局办理登记、审批中继线等手续后，方可开业。

**第三十条** 持《经营许可证》或批准文件的通信业务经营单位，应在每年规定的时间内，将年检材料送当地电信主管部门，由市电信局签署初审意见后，报河北省邮电管理局审核。

第三十一条　生产进入公用网的电信终端设备及附属设备，必须持有邮电部核发的《进网许可证》。

销售移动电话机、无线寻呼机，必须持有河北省邮电管理局核发的《准销证》。

第三十二条　受委托办理公用电话和传真服务业务的经营者，应当公布服务时间，安装使用电话自动计费器，按照有关规定实行明码标价。

对拨打公安报警、消防报警、障碍申告、医疗急救和人工长途挂号的，经营者不得收取费用。

第三十三条　通信业务经营单位不得实施下列行为：

（一）擅自停办核准经营的电信业务；

（二）超出批准的经营范围；

（三）擅自提高资费标准、增加收费项目；

（四）利用虚假广告或不正当竞争手段进行业务宣传；

（五）限制或强迫客户使用某种业务、购买电信设备；

（六）转让、买卖、涂改、伪造和冒用《经营许可证》或批准文件、《准销证》、《进网许可证》及进网标志；

（七）其他损害客户权益的行为。

第三十四条　任何单位或个人不得实施下列行为：

（一）生产销售不符合国家标准、销售无进网许可证和进网标志的电信终端设备及附属设备；

（二）盗打有线电话、盗用他人电话帐号；

（三）非法复制、销售和使用重号的移动电话机、无线寻呼机等移动通信设备；

（四）不按规定缴纳资费；

（五）擅自在电话机线路上加装无绳电话、用户交换机、有/无线转换器、传真机和其它附属设备；

（六）利用本单位的专用电信网或用户交换机出租中继设备、线路和有偿装设电话；

（七）将普通电话线改为用户交换机中继线开办其他电信业务或将用户交换机中继线改做他用；

（八）擅自将个人住宅电话改为经营性或者办公电话；

（九）非电信主管部门使用专用电信标志从事经营性活动。

## 第五章　服务与监督

**第三十五条**　通信业务经营单位应在营业场所醒目位置，公布营业时间、经营业务种类、服务质量和资费标准。因特殊原因需要改变营业时间、暂停办理某项业务时，应及时通知客户。电信设备扩容改造需要中断能信或变更客户电话号码时，应提前十日通知客户。

**第三十六条**　通信业务经营单位应设置客户意见簿，公布监督举报电话，制定受理制度。在接到客户举报或投诉之日起十五日内，应将处理情况答复客户。

**第三十七条**　通信业务经营单位应在三个月内为已缴电话初装费的客户安装开通电话。历机线不到位等特殊情况不能按期安装的，应向客户说明原因，并按银行同期活期存款利率返还客户自交费之日至电话安装开通时初装费（含工料费）的利息。

**第三十八条**　通信业务经营单位应在三个月内为申请迁移电话的客户安装开通电话。因机线不到位等特殊情况不能按期迁移的，应向客户说明原因，并按银行同期活期存款得率返还客户自交费之日至迁移电话安装开通时工料费的利息。

**第三十九条**　通信业务经营单位应在三日内为证件齐备，申请办理电话、无线移动电话、无线寻呼机改名、过户的客户办妥手续。因特殊情况确需延期的，应向客户说明原因。逾期不予办理又不说明原因的，通信业务经营单位应免收当月的基本月租费。

**第四十条**　通信业务经营单位接到客户电话障碍申告后，对属于客户线路故障的，应在二日内予以修复；属于电缆、光缆故障的，应在三日内予以修复。因自然灾害或线路重大故障等特殊原因不能按期修复的，应向客户说明原因。因通信业务经营单位原因未按期修复造成客户不能通话达七日的，免收当月基本月租费；超过三个月不能恢复通话，客户要求撤机的，按邮电部有关规定退还电话初装费。

**第四十一条**　因欠费而被停机的客户在补缴欠费后，通信业务经营单位应在二十四小时内予以恢复通话；因线路重大故障不能按期开通的，应向客户说明原因。逾期未开通又不说明原因的，免收当月基本月租费。超过三个月不能恢复通话，客户要求撤机的，按邮电部有关规定退还电话初装费。

**第四十二条** 通信业务工作人员不得从事下列行为：

（一）无正当理由拒绝、拖延或中止办理电信业务；

（二）隐匿、毁弃电报，窃听或盗用客户电话；

（三）擅自向他人提供客户使用电信业务的情况；

（四）利用工作之便谋取私利，刁难客户，索要钱物；

（五）对申告举报的客户进行打击报复；

（六）其他违反法律、法规的行为。

## 第六章 罚则

**第四十三条** 对违反本办法第九条、第十条规定的，有关单位在接到电信主管部门限期补建通知后不予补建的，处以补建费百分之十至百分之三十的罚款。

**第四十四条** 对违反本办法第二十六条、第二十七条规定的，由县以上电信主管部门责令停止经营，没收违法所得，中断其中继线，并可处以一千元以上、一万元以下的罚款。

**第四十五条** 对违反本办法第三十一条规定，由县以上电信主管部门没收违法所得和通信设备，并处以一千元以上、二万元以下的罚款。

**第四十六条** 对违反本办法经三十二条规定，由县以上电信主管部门给予警告、责令限期改正，并处以一百元以上、一千元以下的罚款；情节严重的，可终止委托代办协议。

**第四十七条** 对违反本办法第三十三条规定的，由县以上工商、物价、技术监督和电信主管部门按有关规定处理。

**第四十八条** 对违反本办法第三十四条规定的，由县以上电信主管部门分别给予以下处罚：

（一）违反第（一）、（二）、（三）项规定的，责令停止经营，没收违法所得和通信设备，负责赔偿经济损失，并处以一千元以上、三万元以下罚款；涉嫌触犯刑律的，移送司法机关处理；

（二）违反第（四）项规定的，电信主管部门可从发出催缴通知第十一日起，每日加收应缴资费百分之一的滞纳金；逾期一个月不缴的，可暂停对

其服务;逾期六个月不缴的,可拆机终止对其服务,并追缴所欠资费;

(三)违反第(五)项规定的,责令其拆除,并根据使用限追缴费用。使用期不满一年的,追缴一年的月租费;使用期一年以上的,依照年进制计算机追缴月租费;

(四)违反第(六)、(七)、(八)、(九)项规定的,责令停止经营活动,赔偿经济损失,没收违法所得,处以一千元以上、三万元以下罚款,停止使用中继线。

**第四十九条** 通信工作人员违反本办法第四十二条规定的,由所在单位给予行政处分,并处以三百元以上、二千元以下罚款;涉嫌触犯刑律的,移送司法机关处理。

**第五十条** 当事人对行政处罚决定不服的,可依法申请行政复议或提起诉讼。逾期不申请复议也不提起诉讼,又不履行处罚决定的,做出行政处罚决定的县以上电信主管部门可以申请人民法院强制执行。

## 第七章 附 则

**第五十一条** 本办法下列用语的含意是:

(一)电信,是指运用电磁或者光电方式,在指定地点之间传递语言、文字、数据、图像等信息;

(二)电信设施,是指为实现通信而设置的机房及设备、管道、线路、电杆、天线、通信专用车辆、公用电话亭及其他终端队属设施等;

(三)电信终端设备,是指接入国家公用电信网,安装在客户使用地点,供客户直接使用的电信设备,如电话机、集团电话、用户交换机、移动电话机、无线寻呼机、传真机、周制解调器、数据终端等设备;

(四)通信业务经营单位,是指电信主管部门所属的电信业务经营单位和其它经批准从事电信业务的经营者。

**第五十二条** 本办法自 1997 年 4 月 1 日生效。

# 《深圳经济特区城市供水用水条例》

(1995 年 12 月 26 日深圳市第二届人民代表大会常务委员会第五次会议通过 根据 2003 年 1 月 27 日深圳市第三届人民代表大会常务委员会第二十一次会议《关于修改〈深圳经济特区城市供水用水条例〉的决定》第一次修正 根据 2004 年 6 月 25 日深圳市第三届人民代表大会常务委员会第三十二次会议《关于修改〈深圳经济特区城市供水用水条例〉的决定》第二次修正 根据 2017 年 4 月 27 日深圳市第六届人民代表大会常务委员会第十六次会议《关于修改〈深圳经济特区城市供水用水条例〉的决定》第三次修正 根据 2019 年 8 月 29 日深圳市第六届人民代表大会常务委员会第三十五次会议《关于修改〈深圳经济特区人才工作条例〉等二十九项法规的决定》第四次修正)

目　　录
第一章　总则
第二章　城市供水水源
第三章　城市供水工程
第四章　供水企业及用户
第五章　水费
第六章　法律责任
第七章　附则

## 第一章　总　则

**第一条**　为了加强深圳经济特区（以下简称特区）城市供水和用水管理，发展供水事业，保障城市用水，维护城市供水、用水双方的合法权益，根据《城市供水条例》和有关法律、行政法规的基本原则，结合特区实际，制定本条例。

**第二条**　从事城市供水和使用城市供水，应当遵守本条例。

本条例所称城市供水，是指城市自来水供水企业（以下简称供水企业）

以城市公共供水工程向居民和单位提供生活、生产和其他各项用水的行为。

本条例所称城市用水，是指因生活、生产和其他活动直接使用城市供水的行为。

**第三条** 城市供水应当以发展供水和计划用水、节约用水为原则。

**第四条** 城市供水应当首先满足居民生活用水，并保障城市发展的用水需求。

**第五条** 市水务主管部门负责对城市供水、用水进行监督和管理。

各区水务主管部门负责本辖区内城市供水、用水监督和管理工作。

**第六条** 各级人民政府应当加强对计划用水和节约用水的管理，鼓励采用节约用水的先进技术，降低水的消耗量，提高水的重复利用率，健全节约用水的管理制度。

## 第二章　城市供水水源

**第七条** 市水务主管部门应当会同有关部门，根据国民经济和社会发展计划编制城市供水规划。城市供水规划应当纳入城市发展总体规划。

城市供水规划报市人民政府批准后，由市水务主管部门组织实施。未经市人民政府批准不得变更。

**第八条** 市水务主管部门应当根据城市供水规划对城市供水水源进行统一规划、统一开发、统一调配和统一管理。

**第九条** 市水务主管部门应当根据城市供水规划及本年度国民经济和社会发展计划，结合城市供水水源状况，制定城市供水水源年度调配计划。

城市供水水源年度调配计划不能满足城市供水需求的，市水务主管部门应当及时调整。

**第十条** 在饮用水源保护区内，禁止一切污染水源的活动。

城市供水水源的水质应当达到国家规定的水质标准。

**第十一条** 市水务主管部门、生态环境部门应当对城市供水水源的水质进行监测。

## 第三章　城市供水工程

**第十二条** 城市供水工程包括城市公共供水工程及用户供水设施。

城市公共供水工程是指水厂及其取水设施、城市公共供水管道及其附属设施。

用户供水设施是指与城市公共供水管道连接的供水管道及其附属设施。

**第十三条** 市水务主管部门应当根据城市供水规划，编制城市公共供水工程年度建设计划（以下简称年度建设计划）。

**第十四条** 新建、改建、扩建工程项目需要增加用水的，其工程项目总概算应当包括公共供水工程建设投资，并将其公共供水工程建设投资交付市水务主管部门，由其统一组织建设。

公共供水工程建设投资管理办法由市人民政府规定。

**第十五条** 城市公共供水工程由政府或者供水企业组织投资建设，并实行业主负责制。

用户供水设施由开发建设单位负责投资建设。

最低服务水压不能满足正常用水的，开发建设单位应当负责投资建设相应的水压加压设施。

**第十六条** 新建、改建、扩建城市供水工程项目应当向水务主管部门申请立项。

水务主管部门接到立项申请后应当对该项城市供水工程项目的性质、规模进行审查，并于三十日内给予答复。符合城市供水规划和年度建设计划的，发给《城市供水工程项目批准书》；不符合的，应当给予书面答复并说明理由。

开发建设单位取得《城市供水工程项目批准书》后，应当依法办理有关用地及报建手续。

**第十七条** 新建、扩建、改建的工程项目，应当按照规定建设配套节约用水设施，节约用水设施应当符合国家规定的标准。

节约用水设施应当有市水务主管部门参与验收。

**第十八条** 用水单位应当逐步采取循环用水、一水多用、海水利用或者其他节水措施，进行用水单耗考核，降低用水量。

市水务主管部门应当会同有关部门定期组织对用水单位开展水量平衡测试，合理评价用水水平。经测试发现不符合有关节水规定的，用水单位应当及时采取措施，整治改进。

**第十九条** 城市供水工程的设计、施工、监理应当由持有相应资质证书并经市住房建设部门许可的单位承担，并应当遵守国家有关技术标准和规范。

禁止无证或者超越资质证书规定的经营范围承接城市供水工程的设计、

施工、监理业务。

第二十条　城市供水工程的设计方案，由市、区水务主管部门按照各自权限会同有关部门进行审查，并应当征求供水企业的意见。

第二十一条　城市供水工程建设使用的供水管道、材料、设备和器具应当符合国家相关标准与规范。

第二十二条　市水务主管部门应当对城市供水工程的施工质量进行监督和检查。

第二十三条　城市供水工程竣工验收应当有供水企业参加。

第二十四条　城市公共供水工程、水表及水表之前的用户自建供水设施经验收合格后，应当移交给供水企业统一管理，产权自移交之日起一并转移，但是高层建筑的水压加压设施除外。

供水企业应当自接受移交之日起二十日内，保证该城市供水工程具备通水条件。

第二十五条　有下列情形之一的，供水企业可以认定该城市供水工程不合格：

（一）供水管道、材料、设备和器具不符合国家相关标准与规范；

（二）供水管道不能保证规定水压要求的；

（三）不符合有关技术规范、标准或者市水务主管部门审定的技术设计方案的；

（四）节水设施不符合有关节水规定的。

第二十六条　城市供水工程未经验收或者验收不合格的，供水企业不得接受移交。

第二十七条　城市供水工程未移交给供水企业的，供水企业可以拒绝通水。

第二十八条　用户供水设施连接城市公共供水工程，不得污染城市供水水质。

生产或者使用有毒、有害物质的单位不得将其用水管道及附属设施直接与城市公共供水工程连接。

第二十九条　除供水企业因更新改造应当改装、拆除或者迁移城市供水工程外，任何组织或者个人不得擅自改装、拆除或者迁移城市供水工程。

因工程建设确需改装、拆除或者迁移城市供水工程的，应当经供水企业同意，并报市水务主管部门及市规划和自然资源部门批准。

建设单位应当按照经批准的改装、拆除或者迁移方案及相应的补救方案进行工程建设。

**第三十条** 涉及城市供水工程的工程建设，建设单位和施工单位应当于开工前向供水企业查明地下供水管网情况。施工影响城市供水设施安全的，建设单位和施工单位应当采取相应的保护措施。

该保护措施应当经供水企业同意。

**第三十一条** 城市供水工程的地面或者地下的安全保护范围内，不得挖坑取土、修筑建筑物或者构筑物、堆放物品或者从事其他危害供水设施安全的活动。

## 第四章 供水企业及用户

**第三十二条** 供水企业是指依法从事城市供水生产经营，承担城市供水的法人。

非供水企业，不得从事城市供水业务。

政府鼓励、引导供水企业组建供水企业集团，实行规模经营。

**第三十三条** 供水企业应当按照城市供水水源年度调配计划，组织生产城市供水。

**第三十四条** 供水企业应当在每年第一季度向公众公布本年度供水服务目标和服务措施及上一年度服务目标的实施结果。

供水服务目标应当包括下列内容：

（一）供水服务水压；

（二）供水水质；

（三）抢修及时率；

（四）抄表、收费服务；

（五）其他服务指标。

**第三十五条** 符合城市规划且用水地点具备供水条件的，供水企业不得拒绝或者停止供水，但是本条例另有规定的除外。

**第三十六条** 供水企业应当建立、健全水质检测制度，保证其出厂水、管网水的水质符合国家规定的饮用水卫生标准。

卫生健康部门应当按照国家有关规定对城市供水水质进行监测。

市水务主管部门及其他有关部门应当按照国家有关规定对城市供水水质进行监督和管理。

**第三十七条** 供水企业应当按照国家有关规定设置供水管网水压测压点，保证供水管网压力不低于最低服务水压。

最低服务水压及水压的测定、监督办法由市人民政府另行制定。

**第三十八条** 供水企业应当定期抄录用户水表读数。

供水企业可以委托水压加压设施的管理机构或者其他物业管理机构抄录用户水表读数。受委托抄录水表读数的机构不得因此向用户收取任何费用，不得自行确定或者改变用户的用水性质或者用水定额。

**第三十九条** 供水企业或者受委托抄录水表读数的机构应当按照抄录的水表读数计算用户的实际用水量。

**第四十条** 供水企业应当按照规定定期向市水务主管部门报告供水、水费收取的情况及其他有关资料。

**第四十一条** 直接影响供水的重要设施、设备发生事故的，供水企业应当在事故发生后一小时内报告市水务主管部门。

**第四十二条** 供水企业应当保证不间断供水，但是有下列情形之一的，可以暂停供水，并报告市、区水务主管部门：

（一）工程施工；

（二）设备维修；

（三）其他确需停水的情形。

**第四十三条** 供水企业暂停供水的，应当将停水的原因、停水的时间及恢复供水的时间通过大众传播媒介或者其他方式在停水前二十四小时通知用户。

因发生自然灾害或者紧急事故不能提前通知的，应当在抢修的同时报告主管部门，并通知用户。

因发生自然灾害或者紧急事故造成停水超过十二小时的，供水企业应当采取临时供水措施。

**第四十四条** 城市用水，按照用水性质分为：

（一）居民生活用水；

（二）机关、事业单位及其他非盈利性组织的用水；

（三）工业用水；

（四）商业用水；

（五）建筑施工用水；

（六）饮食服务业用水；

（七）港口、船舶用水；

（八）消防、环卫、绿化用水；

（九）其他用水。

**第四十五条** 使用城市供水应当向供水企业提出申请，用水申请应当包括下列内容：

（一）申请人名称、地址；

（二）用水性质；

（三）生产规模；

（四）月用水量；

（五）耗水状况；

（六）节水措施；

（七）供水企业认为与用水有关的相应资料。

居民生活用水的，由开发建设单位或者住宅区管理机构自住宅区供水工程移交之日起十五日内统一向供水企业提出用水申请。

**第四十六条** 供水企业应当在接到用户用水申请一个工作日内联系用户约定勘察现场时间。勘察现场后，符合条件的，应当在五个工作日内确定用水方案。用水申请人完成管道接驳施工后通知供水企业验收，验收合格的，供水企业应当在一个工作日内完成通水。

**第四十七条** 用水性质一经核定，供水企业应当根据核定的用水性质与用户签订《城市供用水合同》。

供水企业与用户不得擅自变更用水性质。

**第四十八条** 用户水表由供水企业负责维修和更换，有关费用由供水企业承担。

供水企业应当负责对用户水表之前的城市供水工程及其附属设施进行维修、管理和更新改造。

用户水表之后的供水管道及其附属设施，由其用户负责维修、管理。

**第四十九条** 非高层建筑公共蓄水池的业主应当委托供水企业每半年对其公共蓄水池进行清洗和消毒，防止水质二次污染。

高层建筑的公共蓄水池由其物业管理机构负责清洗和消毒。

水务主管部门及卫生健康部门应当对公共蓄水池的清洗和消毒进行监督检查。

**第五十条** 消防用水不得用于非消防用途。

**第五十一条** 禁止盗用或者转供城市供水。

## 第五章 水 费

**第五十二条** 城市供水应当按照供水成本加税费加合理利润的原则确定水费标准，居民生活用水按照保本微利的原则定价，实行分级加价收费，消防、环卫和绿化用水按照成本价收费，其他用水合理计价。

居民生活用水收费办法由市人民政府另行规定。

**第五十三条** 供水企业的供水净资产利润率不得高于百分之八。

供水净资产利润率为年水费总额减税减供水成本与年供水净资产总额之比。

**第五十四条** 市价格主管部门应当会同市水务主管部门制定净资产核算办法。

供水净资产利润率由市价格主管部门会同市水务主管部门每年核算一次。

**第五十五条** 市价格主管部门应当会同市水务主管部门根据供水净资产利润率确定水价基价。水价基价经市人民政府核准后向社会公众公布。

**第五十六条** 供水企业应当设立"水费调节基金"，"水费调节基金"应当在银行开设专门帐户，专项用于稳定水价，不得挪作他用。

供水企业应当每年向市价格主管部门和市水务主管部门报告"水费调节基金"的收入情况，并接受市价格主管部门、审计部门和水务主管部门的监督检查。

**第五十七条** 供水企业的供水利润率高于百分之八的净资产利润率的，超出部分应当全额列入"水费调节基金"。

**第五十八条** 供水企业的供水利润率低于百分之六的净资产利润率的，经市价格主管部门会同市水务主管部门审核后，由"水费调节基金"补贴供水企业。

经"水费调节基金"全额补贴水费仍低于百分之六的净资产利润率的，供水企业可以申请调整水价。

**第五十九条** 调整水价应当经市水务主管部门同意后，由市价格主管部门核定调价方案，并报市人民政府批准。

调价方案经市人民政府批准后，应当向社会公众公布。

水价一年内至多只能调整一次。

**第六十条** 供水企业经营城市供水应当按照市人民政府公布的水价标准收取水费，并按照用户的实际用水量计收水费。用户应当按照实际用水性质和实际用水量交纳水费。

供水企业不得向用户收取除水费以外的其他任何费用，但是法律、法规和规章另有规定的除外。

**第六十一条** 供水企业可以委托水压加压设施的管理机构或者其他物业管理机构代收水费。受委托机构不得分摊水损耗、自行调高水价或者以代收水费为由向用户收取除水费以外的其他任何费用。

**第六十二条** 产权未移交或者未受委托的水压加压机构或者其他物业管理机构不得改变用户的用水性质或者定额，不得向用户分摊水损耗，不得向用户收取水费、加压费或者其他任何费用。但是法律、法规或者规章另有规定的除外。

**第六十三条** 供水企业或者受委托机构收取水费，应当发给用户《水费交纳通知书》。《水费交纳通知书》应当标明以下内容：

（一）抄录水表日期及水表读数；

（二）本期实际用水量；

（三）本期应交水费总额；

（四）交纳水费的时间、地点和方式。

**第六十四条** 用户应当按照水费交纳通知规定的时间交纳水费，逾期未交纳的，供水企业或者其委托机构可以按照相关规定向客户收取欠费违约金。逾期六十日仍未交纳的，供水企业可以停止供水；采取停止供水的，供水企业应当提前十日通知用户。

被停止供水的用户按照规定交纳了足额水费和违约金的，供水企业应当即时恢复供水。

**第六十五条** 用户对交纳水费有异议的，应当自接到《水费交纳通知书》之日起七日内向供水企业提出异议，供水企业应当自接到异议之日起七日内进行核实并书面答复用户，逾期未作答复的，视为异议成立。

异议期间，供水企业不得因用户提出异议而停止对该用户供水。

**第六十六条** 供水企业或者受委托机构不按照规定收取水费的，用户可以拒绝交纳，并向其主管部门进行投诉。供水企业或者被委托机构不得因此停止供水。

## 第六章 法律责任

**第六十七条** 违反本条例第十八条规定，有条件采取节水措施而未能采取或者使用的，由水务主管部门责令限期改正。期满后仍未改正的，由水务主管部门处所消费水量五倍罚款。

**第六十八条** 违反本条例第二十一条规定，城市供水工程建设使用的供水管道、材料、设备和器具不符合国家相关标准与规范的，由水务主管部门责令限期改正或者采取相应的补救措施，逾期未改正或者未采取补救措施或者采取的补救措施无效的，由供水企业予以改正或者采取相应的补救措施，由此产生的费用由开发建设单位承担。

**第六十九条** 违反本条例第二十八条规定的，由水务主管部门责令限期改正，并处一万元以上五万元以下罚款；造成水质污染的，应当负责赔偿供水企业因此造成的损失；构成犯罪的，依法追究刑事责任。

**第七十条** 建设单位或者施工单位违反本条例第二十九条规定，造成城市供水工程损坏的，应当负责维修，赔偿供水企业由此造成的损失，并由水务主管部门处实际损失五倍罚款。

由供水企业自行维修的，维修的费用由建设单位或者施工单位承担。

任何组织和个人损坏城市供水工程的，应当赔偿由此造成的损失。

**第七十一条** 违反本条例第三十一条规定的，由水务主管部门责令立即改正，并处一万元以上五万元以下罚款；造成损失的，应当负赔偿责任。

**第七十二条** 违反本条例第三十二条第二款、第五十一条规定，非法从事城市供水业务或者转让城市供水的，由市场监管部门责令立即改正，没收其非法所得，并处非法所得三倍罚款；造成供水企业或者用户损失的，应当负赔偿责任。

**第七十三条** 违反本条例第三十六条第一款规定，供水企业的出厂水、管网水的水质不合格的，应当立即改正；造成用户损失的，应当负赔偿责任。

**第七十四条** 违反本条例第三十七条第一款规定，供水企业造成供水管网水压低于最低服务水压的，由水务主管部门责令限期改正，造成用户损失的，应当负赔偿责任。

**第七十五条**　供水企业违反本条例第四十八条第二款规定的，由水务主管部门责令限期维修或者更新改造，期限届满仍未维修或者更新改造的，由水务主管部门组织维修或者更新改造，由此产生的费用由供水企业承担。

**第七十六条**　违反本条例第五十条规定，非法使用消防用水的，由水务主管部门责令按照其实际的用水性质和用水量补交水费，并处应交水费三倍罚款。

前款实际用水量无法计算的，由水务主管部门根据其最高日用水量确定。

**第七十七条**　违反本条例第五十一条规定，盗用城市供水的，由水务主管部门责令补交水费，并处应交水费五倍罚款；构成犯罪的，依法追究刑事责任。

**第七十八条**　供水企业及被委托机构违反本条例规定向用户收取水费、加压费或者其他费用的，由价格主管部门责令限期退回，并处多收取的水费、加压费或者其他费用五倍罚款。

**第七十九条**　供水企业或者被委托机构违反本条例规定停止供水或者拒绝供水的，由水务主管部门责令立即改正，并处二万元以上十万元以下罚款；造成用户损失的，应当负赔偿责任。

**第八十条**　违反本条例第六十二条规定的，由水务主管部门责令立即改正，并由市场监管部门责令限期退回，处非法所得十倍罚款。

**第八十一条**　供水企业或者用户违反本条例规定，擅自变更用水性质的，由水务主管部门责令立即改正，并处二千元以上五千元以下罚款。

**第八十二条**　水务主管部门工作人员违反本条例规定，滥用职权、玩忽职守、徇私舞弊的，由其所在机关依法给予处分或者由监察机关依法给予政务处分；构成犯罪的，依法追究刑事责任。

## 第七章　附　则

**第八十三条**　市人民政府可以根据本条例制定实施细则。

**第八十四条**　自建设施供水由市人民政府另行规定。自建设施供水适用国务院发布的《城市供水条例》的解释。

**第八十五条**　市人民政府及其各部门制定的城市供水、用水的有关规定或者供水企业自行制定的规定与本条例不符的，以本条例为准。

　　**第八十六条**　现有成片开发区域的供水工程应当于 1997 年 6 月 30 日前移交给供水企业，产权自移交之日起一并转移，移交的具体时间、方法由市水务主管部门会同市价格主管部门拟定。

　　**第八十七条**　特区内莲塘、盐田供水企业在 1998 年 1 月 1 日前可以不执行本条例第五十六条至第六十三条的规定，其水价由市价格主管部门会同市水务主管部门核定。

　　**第八十八条**　本条例自 1996 年 5 月 1 日起施行。

# 《建设部、国家工商行政管理局关于印发〈城市供用水合同〉、〈城市供用气合同〉、〈城市供用热力合同〉示范文本的通知》

颁布日期：1999 年 11 月 1 日；执行日期：1999 年 11 月 1 日；效力级别：部门规章

各省、自治区、直辖市建委（建设厅）、工商行政管理局，北京市市政管理委员会，各计划单列市建委、工商行政管理局：

为了贯彻落实《中华人民共和国合同法》，规范城市供用水、气、热力合同的签订行为，保护合同当事人的合法权益，建设部、国家工商行政管理局联合制定了《城市供用水合同》、《城市供用气合同》、《城市供用热力合同》示范文本（以下简称"示范文本"），现印发给你们，并通知如下：

一、充分认识推行"示范文本"的重要意义和作用。"示范文本"是依据《中华人民共和国合同法》和城市供用水、气、热力的有关法规和政策规定制定的，反映了城市水、气、热力供应企业与法人、其他组织等用户在供应和使用过程中，当事人双方应当明确的责、权、利关系，体现了城市供用水、气、热力的特点。正确签订和严格履行"示范文本"，有利于当事人了解、掌握有关法规和政策，保护当事人的合法权益，加强对城市供用水、气、热力行为的监督检查，减少供用水、气、热力合同纠纷，有利于合同纠纷的解决，以避免因合同缺款少项和当事人意思表示不真实、不确切而出现显失公平和违法条款。

二、结合行业管理，积极推行"示范文本"。要使当事人了解和掌握供用水、气、热力的有关法规知识，了解和掌握签订城市供用水、气、热力合同的基本原则和要求，通过"示范文本"的执行，检查各环节行为的合法性和真实性，规范供、用双方行为，保护其合法权益。各地应当积极宣传推行"示范文本"，把它作为加强城市供用水、气、热力市场管理、规范市场行为的一项重要工作来抓，切实做好实施的工作。

三、做好"示范文本"的颁发工作，方便当事人领取。各省、自治区建委（建设厅）、直辖市建委或公用局，应当与本地工商行政管理局，协商指定"示范文本"的印刷单位，并负责监制。当事人使用"示范文本"，可向所在市的城市建设行政主管部门领取，并缴纳工本费，工本费应当按照物价管理部门批准的标准执行。

四、"示范文本"中的"用水人、用气人、用热人"系指法人、其他组织等用户，不包括居民家庭用户。

附件：

一、《城市供用水合同》

二、《城市供用气合同》

三、《城市供用热力合同》

一九九九年十一月一日

# 城市供用水合同

## GF-1999-0501

合同编号：

签约地点：

签约时间：

供水人：＿＿＿＿＿＿＿＿＿＿＿＿＿＿＿＿＿

用水人：＿＿＿＿＿＿＿＿＿＿＿＿＿＿＿＿＿

为了明确供水人和用水人在水的供应和使用中的权利和义务，根据《中华人民共和国合同法》、《城市供水条例》等有关法律、法规和规章，经供、用水双方协商，订立本合同，以便共同遵守。

**第一条** 用水地址、用水性质和用水量

（一）用水地址为＿＿＿＿＿＿＿＿。用水四至范围（即用水人用水区域四周边界）是＿＿＿＿＿＿＿＿（可制订详图作为附件）。

（二）用水性质系＿＿＿＿＿用水，执行＿＿＿＿＿供水价格。

（三）用水量为＿＿＿＿＿立方米/日；＿＿＿＿＿立方米/月。

（四）计费总水表安装地点为：＿＿＿＿＿（可制订详图作为附件）。

（五）安装计费总水表共＿＿＿＿＿具，注册号为＿＿＿＿＿。

**第二条** 供水方式和质量

（一）在合同有效期内，供水人通过城市公共供水管网及附属设施向用水

人提供不间断供水。

（二）用水人不能间断用水或者对水压、水质有特殊要求的，应当自行设置贮水、间接加压设施及水处理设备。

（三）供水人保证城市公共供水管网水质符合国家《生活饮用水卫生标准》。

（四）供水人保证在计费总水表处的水压大于等于_____兆帕；以户表方式计费的，保证进入建筑物前阀门处的水压大于等于_____兆帕。

**第三条**　用水计量、水价及水费结算方式

（一）用水计量

1. 用水的计量器具为：_____计量表；_____IC 卡计量表；或者_____。安装时应当登记注册。供、用水双方按照注册登记的计费水表计量的水量作为水费结算的依据。

结算用计量器具须经当地技术监督部门检定、认定。

2. 用水人用水按照用水性质实行分类计量。不同用水性质的用水共用一具计费水表时，供水人按照最高类别水价计收水费或者按照比例划分不同用水性质用水量分类计收水费。

（二）供水价格：供水人依据用水人用水性质，按照_____政府_____（部门）批准的供水分类价格收取水费。

在合同有效期内，遇水价调整时，按照调价文件规定执行。

（三）水费结算方式

1. 供水人按照规定周期抄验表并结算水费，用水人在_____月_____日前交清水费。

2. 水费结算采取_____方式。

**第四条**　供、用水设施产权分界与维护管理

（一）供、用水设施产权分界点是：供水人设计安装的计费总水表处。以户表计费的为进入建筑物前阀门处。

（二）产权分界点（含计费水表）水源侧的管道和附属设施由供水人负责维护管理。产权分界点另侧的管道及设施由用水人负责维护管理，或者有偿委托供水人维护管理。

**第五条**　供水人的权利和义务

（一）监督用水人按照合同约定的用水量、用水性质、用水四至范围用水。

（二）用水人逾期不缴纳水费，供水人有权从逾期之日起向用水人收取水

费滞纳金。

(三) 用水人搬迁或者其他原因不再使用计费水表和供水设施,又没有办理过户手续的,供水人有权拆除其计费水表和供水设施。

(四) 因用水人表井占压、损坏及用水人责任等原因不能抄验水表时,供水人可根据用水人上_____个月最高月用水量估算本期水量水费。如用水人三个月不能解决妨碍抄验表问题,供水人不退还多估水费。

(五) 供水人应当按照合同约定的水质不间断供水。除高峰季节因供水能力不足,经城市供水行政主管部门同意被迫降压外,供水人应当按照合同规定的压力供水。对有计划的检修、维修及新管并网作业施工造成停水的,应当提前 24 小时通知用水人。

(六) 供水人设立专门服务电话实行 24 小时昼夜受理用水人的报修。遇有供水管道及附属设施损坏时,供水人应当及时进入现场抢修。

(七) 如供水人需要变更抄验水表和收费周期时,应当提前一个月通知用水人。

(八) 对用水人提出的水表计量不准,供水人负责复核和校验。对水表因自然损坏造成的表停、表坏,供水人应当无偿更换,供水人可根据用水人上_____个月平均用水量估算本期水量水费。由于供水人抄错表、计费水表计量不准等原因多收的水费,应当予以退还。

**第六条** 用水人的权利和义务

(一) 监督供水人按照合同约定的水压、水质向用水人供水。

(二) 有权要求供水人按照国家的规定对计费水表进行周期检定。

(三) 有权向供水人提出进行计费水表复核和校验。

(四) 有权对供水人收缴的水费及确定的水价申请复核。

(五) 应当按照合同约定按期向供水人交水费。

(六) 保证计费水表、表井(箱)及附属设施完好,配合供水人抄验表或者协助做好水表等设施的更换、维修工作。

(七) 除发生火灾等特殊原因,用水人不得擅自开封启动无表防险(用水人消火栓)。需要试验内部消防设施的,应当通知供水人派人启封。发生火灾时,用水人可以自行启动使用,灭火后应当及时通知供水人重新铅封。

(八) 不得私自向其他用水人转供水;不得擅自向合同约定的四至外供水。

（九）由于用水人用水量增加，连续半年超过水表公称流量时，应当办理换表手续；由于用水人全月平均小时用水量低于水表最小流量时，供水人可将水表口径改小，用水人承担工料费；当用水人月用水量达不到底度流量时，按照底度流量收费。

**第七条** 违约责任

（一）供水人的违约责任

1. 供水人违反合同约定未向用水人供水的，应当支付用水人停水期间正常用水量水费百分之＿＿＿＿＿＿的违约金。

2. 由于供水人责任事故造成的停水、水压降低、水质量事故，给用水人造成损失的，供水人应当承担赔偿责任。

3. 由于不可抗力的原因或者政府行为造成停水，使用水人受到损失的，供水人不承担赔偿责任。

（二）用水人的违约责任

1. 用水人未按期交水费的，还应当支付滞纳金。超过规定交费日期一个月的，供水人按照国家规定有权中止供水。当用水人于半年之内交齐水费和滞纳金后，供水人应当于48小时内恢复供水。中止供水超过半年，用水人要求复装的，应当交齐欠费和供水设施复装工料费后，另行办理新装手续。

2. 用水人私自改变用水性质、向其它用水人转供水、向合同约定的四至外供水，未到供水人处办理变更手续的，用水人除补交水价差价的水费外，还应当支付水费百分之＿＿＿＿＿的违约金。

3. 用水人终止用水，未到供水人处办理相关手续，给供水人造成损失的，由用水人承担赔偿责任。

**第八条** 合同有效期限

合同期限为＿＿＿＿年，从＿＿＿＿年＿＿＿月＿＿＿日起至＿＿＿＿年＿＿月＿＿＿日止。

**第九条** 合同的变更

当事人如需要修改合同条款或者合同未尽事宜，须经双方协商一致，签订补充协定，补充协定与本合同具有同等效力。

**第十条** 争议的解决方式

本合同在履行过程中发生争议时，由当事人双方协商解决。也可通过＿＿＿＿＿＿＿调解解决。协商或者调解不成，由当事人双方同意由＿＿＿＿＿＿仲裁委员会仲裁（当事人双方未在本合同中约定仲裁机构，事后又未达成书面仲裁协议的，可向人民法院起诉）。

**第十一条** 其他约定

_____

_____

_____

| 供水人 | 用水人 |
| --- | --- |
| （盖章）： | （盖章）： |
| 住所： | 住所： |
| 法定代表人 | 法定代表人 |
| （签字）： | 签字）： |
| 委托代理人 | 委托代理人 |
| （签字）： | （签字）： |
| 开户银行： | 开户银行： |
| 账号： | 账号： |
| 电话： | 电话： |

# 城市供用气合同

GF-1999-0502

合同编号：

签约地点：

签约时间：

供气人：_____

用气人：_____

为了明确供气人和用气人在燃气供应和使用中的权利和义务，根据《中华人民共和国合同法》、《城市燃气管理办法》、《城市燃气安全管理规定》等法律、法规和规章，经供气人与用气人双方协商，签订本合同，以便共同遵守。

**第一条** 用气地址、种类、性质和用气量

（一）用气地址为_____（用气人燃气用具所在地的地址、用气贮气设备所在地的地址、燃气供应站的地址等）。

（二）用气种类为＿＿＿＿＿＿＿＿

（三）用气性质为＿＿＿＿＿＿＿＿

（四）用气数量

1. 用气量：＿＿＿＿＿＿＿＿立方米/年（吨/年）；＿＿＿＿＿＿＿＿立方米/月（吨/月）；＿＿＿＿＿＿＿＿立方米/日（吨/日）。

2. 用气调峰的约定：＿＿＿＿＿＿＿＿。

**第二条** 供气方式和质量

（一）供气方式

1. 供气人通过管道输送方式；瓶组供气方式；瓶装供气方式；或者＿＿＿＿＿＿＿＿＿设施，向用气人供气。

2. 燃气供应时间约定：24 小时连续供气；自＿＿＿＿＿＿＿＿时起至＿＿＿＿＿＿＿时止；或者＿＿＿＿＿＿＿＿。

（二）供气质量

1. 供气人所供燃气气质应当执行"天燃气-Sy7514"；"人工煤气-GB13612"；"液化气-GB11174"标准。

2. 根据用气人用气性质，双方约定执行下述质量指标：

＿＿＿＿＿＿＿＿＿＿＿＿＿＿＿＿＿＿＿＿＿＿＿＿＿＿＿

＿＿＿＿＿＿＿＿＿＿＿＿＿＿＿＿＿＿＿＿＿＿＿＿＿＿＿

＿＿＿＿＿＿＿＿＿＿＿＿＿＿＿＿＿＿＿＿＿＿＿＿＿＿＿

3. 供气人保证在＿＿＿＿＿＿＿前气压大于等于＿＿＿＿＿＿＿千（兆）帕。

**第三条** 用气的价格、计量及气费结算方式

（一）供气人根据用气人的用气性质和种类，按照＿＿＿＿＿＿＿政府＿＿＿＿＿＿＿（部门）批准的燃气价格：天燃气＿＿＿＿＿＿＿元/立方米；人工煤气＿＿＿＿＿＿＿元/立方米；液化石油气＿＿＿＿＿＿＿元/吨（元/立方米）收取燃气费。

在合同有效期内，遇燃气价格调整时，按照调价文件规定执行。

（二）供用燃气的计量、气费结算方式

1. 供用燃气的计量器具为：＿＿＿＿＿＿＿燃气计量表；＿＿＿＿＿＿＿IC 卡燃气计量；＿＿＿＿＿＿＿衡；或者＿＿＿＿＿＿＿。

结算用计量器具须经当地技术监督部门检定、认定。

2. 供用燃气的计量

供、用气双方以管道燃气计量器具的读数为依据结算；瓶装燃气以供气

人供应站检斤计量为依据结算；或者以_____为依据结算。

3. 结算方式

用气人于每月_____日前采取：通过银行方式交费；到供气人供应站交费；采取_____方式交费；供气人到用气场所收费。

**第四条** 供、用气设施产权分界与维护管理

（一）供、用气设施产权分界点是：_____。

（二）产权分界点（含）逆燃气流向的输、配气设施由供气人负责维护管理；产权分界点顺燃气流向的输、配气设施至燃气用气器具由用气人负责维护管理，或者有偿委托供气人维护管理。

**第五条** 供气人的权利和义务

（一）依照法律、法规和规章的规定，对用气人的用气设施运行状况和安全管理措施进行安全检查，监督用气人采取有效方式保证安全用气。

（二）监督用气人在合同约定的数量、使用范围内使用燃气，有权制止用气人超量、超使用范围用气。

（三）用气人逾期不交燃气费，供气人有权从逾期之日起向用气人收取滞纳金。

（四）用气人用气设施或者安全管理存在不安全隐患、可能造成供气设施损害时，或者用气人在合同约定的时限内拒不交燃气费的，供气人有权中断供气。

（五）供气人因供气设施计划检修、临时检修、依法限气或者用气人违法用气等原因，需要中断供气时，应提前72小时通过媒体或者其它方式通知用气人。因不可抗力原因中断供气时，供气人应及时抢修，并在2小时内通知用气人。

（六）有义务按照合同约定的数量、质量和使用范围向用气人供气。

**第六条** 用气人的权利和义务

（一）监督供气人按照合同约定的数量和质量向用气人提供燃气。

（二）有权要求供气人按照国家现行规定，对燃气计量器具进行周期检定。

（三）用气设施发生故障或者存在不安全隐患时，有权要求供气人提供（有偿、无偿）用气设施安全检查和维护保养的服务。

（四）按照合同约定交燃气费。

（五）按照合同约定的数量和使用范围使用燃气。

（六）未经供气人许可，不得添装、改装燃气管道，不得更动、损害供气人的供气设施，不得擅自更换、变动供气计量装置。

**第七条　违约责任**

（一）供气人的违约责任

1. 供气人未按照合同约定向用气人供气，应当向用气人支付正常用气量燃气费百分之＿＿＿＿＿＿＿的违约金。

2. 由于供气人责任事故，造成的停气、气压降低、质量事故，给用气人造成损失的，供气人应当承担赔偿责任。

3. 供气人在检修供气设施前未通报用气人，给用气人造成损失的，供气人应当承担赔偿责任。

4. 由于不可抗力的原因或者政府行为造成停气，使用气人受到损失的，供气人不承担赔偿责任。

（二）用气人的违约责任

1. 用气人未按照合同约定使用燃气，应当向供气人支付百分之＿＿＿＿＿＿的违约金。

2. 用气人未按期交燃气费的，还应当支付滞纳金。

3. 用气人未按照合同约定用气，给供气人造成损失的，用气人应当承担赔偿责任。

**第八条　合同有效期限**

合同期限为＿＿＿＿＿＿年，从＿＿＿＿＿＿年＿＿＿＿＿＿月＿＿＿＿＿＿日起至＿＿＿＿＿＿年＿＿＿＿＿＿月＿＿＿＿＿＿日止。

**第九条　合同的变更**

当事人如需要修改合同条款或者合同未尽事宜，须经双方协商一致，签订补充协定，补充协定与本合同具有同等效力。

**第十条　争议的解决方式**

本合同在履行过程中发生争议时，由当事人双方协商解决。也可通过＿＿＿＿＿＿＿＿＿＿调解解决。协商或者调解不成，由当事人双方同意由＿＿＿＿＿＿＿＿＿＿仲裁委员会仲裁（当事人双方未在本合同中约定仲裁机构，事后又未达成书面仲裁协议的，可向人民法院起诉）。

**第十一条　其他约定**

＿＿＿＿＿＿＿＿＿＿＿＿＿＿＿＿＿＿＿＿＿＿＿＿＿＿＿＿＿＿＿＿

_____

_____

供气人　　　　　　　用气人

（盖章）：　　　　　（盖章）：

住所：　　　　　　　住所：

法定代表人　　　　　法定代表人

（签字）：　　　　　（签字）：

委托代理人　　　　　委托代理人

（签字）：　　　　　（签字）：

开户银行：　　　　　开户银行：

账号：　　　　　　　账号：

电话：　　　　　　　电话：

# 城市供用热力合同

GF-1999-0503

合同编号：

签约地点：

签约时间：

供热人：_____

用热人：_____

为了明确供热人和用热人在热力供应和使用中的权利和义务，根据《中华人民共和国合同法》等有关法律、法规和规章，经供、用热双方协商，订立本合同，以便共同遵守。

**第一条**　用热地点、面积及用热量

（一）用热地点：_____。

（二）用热面积（按照法定的建筑面积计算）：_____平方米，收费面积为_____平方米。

（三）用热量为：蒸汽量为_____吨/小时；生活热水为_____吉焦/小时；_____用热量为_____吉焦/小时。

**第二条**　供热期限及质量

（一）供热人在地方政府规定的供热期限内为用热人供热。冬季供热时间为每年_____月_____日起至次年_____月_____日止。

（二）供热期间，在供用热条件正常情况下，供热质量应当符合国家规定的质量标准，供热人要保证用热人正常的用热参数。

**第三条** 热费标准及结算方式

（一）供热价格：供热人根据用热人的用热种类和用热性质，按照_____政府_____（部门）批准的价格收取热费。

合同有效期内，遇价格调整时，按照调价文件规定执行。

（二）采暖性质的用热，用热人应当在每年_____月_____日前将热费以_____方式全额付给供热人。其他方式的用热，用热人的热费按月结算。

**第四条** 供、用热设施产权分界与维护管理

经供热人和用热人协商确认，供、用热设施产权分界点设在_____处。供、用热双方对各自负责的供、用热设施的维护、维修及更新改造负责。

**第五条** 供热人的权利和义务

（一）有权对用热人的用热情况及设施运行状况进行监督和检查。

（二）监督用热人在合同约定的用热地点、数量、范围内用热，有权制止用热人超量、超使用范围用热。

（三）对新增用热人，供热人有权在供热之前对用热人采暖系统进行检查验收。

（四）用热人违反操作规程，造成计量议表显示数字与实际供热量不符、伪造供热记录的，供热人有权要求用热人立即改正。用热人应当按照本采暖期中最高用热月份用热量的热费收取当月热费。

（五）用热人用热设施或者安全管理存在不安全隐患、可能造成供热设施损害时，或者用热人在合同约定的时限内拒不交费的，供热人有权中断供热。

（六）属供热人产权范围内的供热设施出现故障，不能正常供热或者停热8个小时以上的，供热人应当通知用热人，并立即组织抢修，及时恢复供热。

（七）供热人因供热设施临时检修或者用热人违法用热等原因，需要中断供热时，应当提前_____小时通过媒体或者其它方式通知用热人。因不可抗力等原因中断供热时，供热人应当及时抢修，并在_____小时内通知用热人。

（八）有义务按照合同约定的数量、质量和使用范围向用热人供热。

**第六条　用热人的权利和义务**

（一）监督供热人按照合同约定的数量和质量向用热人提供热力。

（二）有权对供热人收取的热费及确定的热价申请复核。

（三）用热人新增或者增加用热，应当向供热人办理用热申请手续，并按照规定办理有关事项。

（四）用热人变更用热性质、变更户名、减少用热量、暂停或者停止用热、移动表位和迁移用热地址，应当事先向供热人办理手续。停止用热时，应当将热费结清。

（五）用热人的开户银行或者账号如有变更，应当及时通知供热人。

（六）应当按照合同约定向供热人交热费。

（七）对自己产权范围内的用热设施应当认真维护，及时检修。

**第七条　违约责任**

（一）供热人的违约责任

1. 因供热人责任未按照合同约定的期限向用热人供热的，除按照延误供热时间，折算标准热价减收或者退还用热人热费外，还应当向用热人支付热费百分之_____违约金。

2. 由于供热人责任事故，给用热人造成损失的，由供热人承担赔偿责任。供热人应当减收或者退还给用热人实际未达到供热质量标准部分的热费。

但有下列情况之一，造成供热质量达不到规定的标准，供热人不承担责任：

（1）用热人擅自改变居室结构和室内供热设施的；

（2）室内因装修和保温措施不当影响供热效果的；

（3）停水、停电造成供热中断的；

（4）热力设施正常的检修、抢修和供热试运行期间。

3. 供热人的供热设施出现故障，未能及时通知用热人，给用热人造成损失的，供热人应当承担赔偿责任。

4. 由于不可抗力的原因或者政府行为造成停止供热，使用热人受到损失的，供热人不承担赔偿责任。

（二）用热人的违约责任

1. 用热人逾期交热费的，还应当支付滞纳金。逾期一个月仍不交热费和滞纳金的，供热方有权限热或者停止供热。

2. 用热人违反合同约定，用热人应当向供热人支付百分之_____的违约金。

3. 用热人擅自进行施工用热，供热人有权立即停止供热，用热人应当赔偿供热人因此而受到的损失。损失额按照擅自进行施工用热的建筑物面积和实际用热天数热费的_____倍计算。开始擅自进行施工用热的时间难以确定的，按照当地开始供热时间为准。

**第八条** 合同有效期限

合同期限为_____年，从_____年_____月_____日起至_____年_____月_____日止。

**第九条** 合同的变更

当事人如需要修改合同条款或者合同未尽事宜，须经双方协商一致，签订补充协定，补充协定与本合同具有同等效力。

**第十条** 争议的解决方式

本合同在履行过程中发生争议时，由当事人双方协商解决。也可通过_____调解解决。协商或者调解不成，由当事人双方同意由_____仲裁委员会仲裁（当事人双方未在本合同中约定仲裁机构，事后又未达成书面仲裁协议的，可向人民法院起诉）。

**第十一条** 其他约定

_____

_____

_____

供热人　　　　　　　用热人
（盖章）：　　　　　（盖章）：
住所：　　　　　　　住所：
法定代表人　　　　　法定代表人
（签字）：　　　　　（签字）：
委托代理人　　　　　委托代理人
（签字）：　　　　　（签字）：
开户银行：　　　　　开户银行：
账号：　　　　　　　账号：
电话：　　　　　　　电话：

# 《北京市城市公共供水管理办法》

《北京市人民政府关于修改〈北京市复印业管理暂行办法〉等十六项规章部分条文的决定》已经 2002 年 2 月 4 日市人民政府第 44 次常务会议通过自 1992 年 12 月 20 日实施；2010 年修订。

## 第一章 总 则

**第一条** 为了维护城市公共供水工作秩序，保障城市生活、生产和各项建设的正常用水，根据国家和本市有关规定，制定本办法。

**第二条** 本办法适用于本市行政区域内公共供水和供水设施的管理。

本办法所称城市公共供水，是指供水企业通过公共供水管网向单位或者居民（以下简称用户）提供生活、生产和其他各项建设用水。

本办法所称公共供水设施，是指供水企业所属的水源井、输水渠道、取水口构筑物、泵站、专用供电通讯线路和输配水管网、消火栓、阀门、计量仪表等。

**第三条** 市水行政主管部门是本市城市公共供水工作的主管机关，负责本办法的组织实施。

区、县水行政主管部门，负责本行政区域内的城市公共供水工作。

## 第二章 供水、用水管理

**第四条** 供水企业必须遵守下列规定：

（一）保证供水水质符合国家生活饮用水卫生标准。

（二）在正常供水状态下，保证公共供水达到国家规定的压力标准，并保持不间断供水。

（三）依照国家和本市规定的水价标准和计量标准，对用户用水进行计量、收费。

（四）定期检查、维护公共供水设施，建立相应的管理制度。及时排除公共供水设施故障，保障正常供水。

（五）接受城市公共供水工作的主管机关和卫生、质量技术监督、物价等有关行政机关的监督检查。

**第五条** 用户必须遵守下列规定：

（一）节约用水；

（二）按规定交纳水费，不得拖欠或拒付；

（三）变更户名、改变用水性质等，必须事先到供水企业办理变更手续；

（四）不得利用公共供水设施转售用水；

（五）保护供水设施，发现公共供水设施损坏或跑水等情况，应立即告知供水企业；

（六）协助供水企业检查、维修或抢修公共供水设施。

**第六条** 因施工或检查、维修公共供水设施，需暂停供水或降压供水时，供水企业应当提前通知用户。暂停供水时间超过 3 天的，由供水企业采取临时供水措施。

大范围暂停供水或暂停供水、降压供水可能对生产、生活造成重大影响的，供水企业必须在暂停供水前报经城市公共供水主管机关批准。

**第七条** 需在城市公共供水管网上接装管道或者用水设施，临时使用公共供水（以下简称临时用水）的，应经供水企业同意，方可用水。

**第八条** 供水企业与用户应当签订供用水合同，明确双方的权利、义务以及违约责任。供水企业与用户对用水计量、收费等发生争议时，可以申请城市公共供水主管机关处理。

## 第三章　供水设施管理

**第九条** 公共供水设施和用户供水设施的建设，必须与城市公共供水能力相适应，符合城市公共供水的统一技术要求。供水设施工程的规划、建设、施工等，必须符合国家和本市的其他有关规定。

**第十条** 用户自行投资新建、改建户内供水设施（以下简称用户供水设施），应向供水企业提出书面申请，提供相应的资料，经供水企业同意后，方可按有关规定进行供水设施工程的设计和施工。

**第十一条** 从事用户供水设施工程设计和施工的单位，必须持有主管部门核发的资格证书，按资格证书确定的资格等级承担设计和施工任务。

用户供水设施工程的设计、供水设施设备的选用和施工，必须严格按照批准的设计文件和有关的设计、施工技术标准、规范等进行。

**第十二条** 用户供水设施工程竣工后，必须经供水企业验收。验收合格的，由供水企业办理用户立户手续，安装计费水表，经测试水质、水压等合格，方可正式供水。用户供水设施工程未经验收或经验收不合格的，供水企业不予供水。

第十三条　用户供水设施工程竣工并经验收合格后，其计费总表以外的户外管道及附属设施并入公共供水管网，交由供水企业统一维护和管理。

第十四条　供水企业安装的计费水表，由供水企业负责统一管理和维护，任何单位和个人不得擅自拆卸、启封。计费水表在用户地域内的，由用户负责保护。

第十五条　公用消火栓由供水企业负责维修管理，公安机关消防机构负责监督检查。除发生火灾时，任何单位和个人不得动用。

用户安装的无表消火栓，除发生火灾时，平时使用须事先征得供水企业同意。

第十六条　各类建设工程开工前，建设单位或施工单位应到供水企业查明地下公共供水管线情况。施工影响公共供水设施安全的，建设单位或施工单位应与供水企业商定相应的保护措施，并由施工单位保证按措施实施。

第十七条　禁止下列行为：

（一）擅自接装、改装公共供水设施；

（二）擅自在水表井内安装水管或穿插其他管道；

（三）擅自启动、拆卸、挪动公共供水设施；

（四）在城市公共供水管网上直抽加压；

（五）将自备水源管道、加压设备等与公共供水设施接通；

（六）在埋设公共供水设施的地面上及两侧安全间距内，挖坑、取土、植树、埋杆、倾倒废渣废液；

（七）在埋设公共供水设施的地面上及两侧安全间距内，修建与供水无关的建筑物、构筑物，或堆物、堆料；

（八）其他危及公共供水设施安全的行为。

## 第四章　违章行为查处

第十八条　供水企业违反本办法的行为，由城市公共供水主管机关按下列规定给予处罚，对负有直接责任的主管人员和其他直接责任人员，其所在单位或者上级机关可以给予行政处分：

（一）在正常供水状态下，公共供水达不到国家规定的压力标准或间断供水的，处 2000 元以下罚款。

（二）对公共供水设施不做定期检查、维护，造成公共供水设施损坏或发生供水事故的，处 3000 元以下罚款。

（三）供水设施发生故障，影响正常供水，不及时抢修的，处 5000 元以下罚款。给用户造成经济损失的，由供水企业赔偿直接经济损失。

供水企业违反卫生、质量技术监督、物价等管理规定的，按有关法律、法规、规章的规定予以行政处罚。

**第十九条** 对违反本办法的其他行为，由城市公共供水主管机关按下列规定给予处罚：

（一）利用公共供水设施转售用水的，责令改正，处 3000 元以下罚款，情节严重的，可以依法停止供水。

（二）擅自接装、改装公共供水设施或在水表井安装水管管线、穿插其他管道的，责令拆除，处责任单位 3000 元以下罚款。

（三）将自备水源管道与公共供水设施接通或在公共供水管网上直抽加压的，责令拆除，处责任单位 3000 元以下罚款。

（四）擅自拆卸、挪动公共供水设施，或除紧急需要擅自动用消火栓的，责令恢复原状，处责任单位 1000 元以下罚款。

（五）在埋设公共供水设施的地面上及两侧安全间距内挖坑、取土、植树、埋杆、倾倒废渣废液的，责令改正，恢复原状，处责任单位 3000 元以下罚款。

（六）在埋设公共供水设施的地面上及两侧安全间距内修建与公共供水无关的建筑物、构筑物或堆物堆料的，限期拆除或清除，处责任单位 5000 元以下罚款。

（七）施工造成公共供水设施损坏或供水事故的，由责任单位依法赔偿损失。

**第二十条** 用户不按规定交纳水费或拒付水费、擅自改变用水性质、临时用水违反本办法规定的，应当向供水企业交纳所欠水费，并由供水企业按日加收所欠水费 0.1% 的滞纳金。逾期 4 个月不交水费的，可依法停止供水。

## 第五章　附　则

**第二十一条** 本办法自 1992 年 12 月 20 日起施行。1987 年 10 月 27 日北京市人民政府发布的《北京市城市公用供水设施管理暂行规定》同时废止。

# 《贵州省燃气管理条例》

(2001年1月5日贵州省第九届人民代表大会常务委员会第二十次会议通过根据2004年5月28日贵州省第十届人民代表大会常务委员会第八次会议通过的《贵州省部分地方性法规条款修改案》第一次修正根据2011年11月23日贵州省第十一届人民代表大会常务委员会第二十五次会议通过的《贵州省人民代表大会常务委员会关于修改部分地方性法规个别条款的决定》第二次修正根据2015年7月31日贵州省第十二届人民代表大会常务委员会第十六次会议通过的《贵州省人民代表大会常务委员会关于修改〈贵州省统计管理条例〉等五件法规个别条款的决定》第三次修正)

## 第一章 总 则

**第一条** 为保障燃气安全使用和正常供应，维护燃气用户和经营者的合法权益，促进燃气事业发展，根据有关法律、法规的规定，结合本省实际，制定本条例。

**第二条** 本条例适用于本省行政区域内燃气的规划，燃气工程的建设，燃气的生产、销售、使用，燃气设施的保护，燃气器具的销售、安装、维修及其管理。

燃气自供企业的安全管理参照本条例执行。

**第三条** 省人民政府建设行政部门（以下简称省建设行政部门）负责全省燃气管理工作。县级以上人民政府建设行政部门负责本行政区域内的燃气管理工作。

公安消防、质量技术监督、工商、价格、经贸等部门根据各自职责，实施监督管理工作。

**第四条** 燃气事业的发展，坚持统一规划、配套建设，因地制宜、合理利用能源，建设和管理并重的原则。

燃气行业的管理，坚持安全第一、保障供应和规范服务的原则。

## 第二章 规划与建设

**第五条** 省建设行政部门负责制定全省燃气发展规划。

县级以上建设行政部门应当根据全省燃气发展规划，结合本地实际，制定本地燃气发展规划及城市燃气专业规划，经上级建设行政部门审核同意，报同级人民政府批准。

县级以上人民政府应当将燃气规划纳入国民经济和社会发展计划，并组织实施。

**第六条** 旧城改造和新区开发应当按照燃气专业规划，配套建设燃气设施。

燃气专业规划范围内的新建、扩建、改建工程，其燃气基础设施应当与主体工程同步设计、同步施工、同步验收。

**第七条** 新建、扩建、改建燃气工程项目，在项目立项前，应当按照管理权限，经相应建设行政部门审查同意，再按照建设项目审批程序办理有关手续。

建设行政部门应当在 20 日内完成审查工作。

**第八条** 燃气工程的设计、施工、监理，应当由持有相应资质证书的单位承担，并符合有关技术标准和规范。

禁止无证或者超越资质等级承担燃气工程设计、施工、监理业务。

省外燃气工程设计、施工、监理专业队伍在我省承接燃气工程，应当按照规定办理有关手续。

**第九条** 燃气工程建设选用的设备、材料，必须符合国家标准或者行业标准。

**第十条** 燃气工程项目的竣工验收，由建设行政部门会同公安消防、质量技术监督、环保等有关部门共同进行。验收合格后，方可交付使用。

**第十一条** 经批准的燃气工程施工安装，任何单位和个人不得阻挠。

经批准的居民住宅区燃气管道工程，相关住户不得以任何理由阻挠管道通过。工程结束后，施工单位必须及时对建筑物的损坏部分进行修复，达到原建筑物的质量要求。

**第十二条** 新型民用燃气必须经省建设行政部门会同有关部门鉴定合格后，方可投入使用。

## 第三章　经营与资质管理

**第十三条**　管道燃气实行区域性统一经营；瓶装燃气实行多家经营。

**第十四条**　设立燃气企业应当具备下列条件：

（一）有符合国家规定的燃气气源；

（二）有符合国家燃气技术规范要求的燃气设施；

（三）有与经营规模相适应的自有资金和符合城市规划要求及消防安全规定的经营场所；

（四）有相应资格的从业人员；

（五）有防泄漏、防火、防爆等安全管理制度；

（六）有与经营规模相适应的抢险抢修队伍及装备；

（七）法律、法规和国家燃气企业资质标准规定的其他条件。

**第十五条**　燃气企业必须按照规定办理有关手续，并到市、州建设行政部门取得燃气企业经营许可证后，方可从事燃气经营活动。

建设行政部门应当在 20 日内完成审查工作，对符合条件的颁发经营许可证。

**第十六条**　设置燃气供应站（点）应当具备下列条件：

（一）有符合规定的固定经营场地；

（二）有符合标准的燃气计量、消防、安全保护等设施；

（三）有相应资格的从业人员；

（四）有防泄漏、防火、防爆等安全管理制度；

（五）法律、法规规定的其他条件。

**第十七条**　设置燃气供应站（点），应当在所在地的县级人民政府建设行政部门取得燃气经营许可证，并办理有关手续后，方可从事燃气经营活动。

燃气经营许可证由省建设行政部门统一印制。

燃气经营者向所在地的县级人民政府建设行政部门提出燃气供应站经营许可证申请，建设行政部门应当在收到申请后 20 日内完成审查工作。

**第十八条**　燃气器具安装、维修企业按照规定办理有关手续，并到市、州建设行政部门取得燃气器具安装、维修许可证后，方可从事安装、维修活动。

燃气器具安装、维修企业应当具备下列条件：

（一）有与经营规模相适应的固定场所、通讯工具；

（二）有 4 名以上工程、经济、会计等专业技术职称的人员，其中有工程系列职称的人员不少于 2 人；

（三）有与经营规模相适应的安装、维修作业人员；

（四）有必备的安装、维修的设备、工具和检测仪器；

（五）有完善的安全管理制度。

市、州建设行政部门应当在 20 日内完成审查工作。

禁止个人擅自承揽燃气器具的安装、维修业务。

**第十九条** 燃气企业由颁证机关每 3 年进行一次资质审查；燃气供应站（点）和燃气器具安装、维修企业的资质由颁证机关按照年度进行审查。

未经审查或者审查不合格的，不得从事燃气经营或者燃气器具安装、维修活动。

**第二十条** 燃气企业及燃气供应站（点）停业、歇业、分立或者合并的，必须提前 30 日向当地建设行政部门提出申请，经确认采取了保护用户利益的措施后，到原发证单位办理有关手续后方可实施。

燃气企业及燃气供应站（点）停业、歇业、分立或者合并，应当具备下列条件：

（一）采取了保护用户利益的措施；

（二）采取了安全保障措施。

县以上建设行政部门应当在收到申请后 20 日内完成审查工作。

**第二十一条** 燃气器具应当由取得安装资质证书的单位派员安装，用户不得自行接管安装或者改装。

## 第四章　服务与使用

**第二十二条** 燃气企业应当遵守下列规定：

（一）燃气的气质和压力符合国家规定标准；

（二）保证安全稳定供气，不得无故停止供气；

（三）遵守消防安全规定，完善消防安全设施，并向用户宣传燃气安全常识；

（四）不得向无燃气资质证或者燃气经营许可证的单位和个人提供用于经营的燃气；

（五）不得强制用户到指定地点购买指定的燃气器具；

（六）配置相应的计量器具，经法定计量检定机构检定合格；

（七）燃气交易以法定计量单位计量，保证足量，并明示价格。

**第二十三条** 管道燃气企业还应当遵守下列规定：

（一）不得拒绝向供气区域内符合供气和用气条件的用户提供燃气；

（二）在规定时限内为用户安装、改装和维修管道及燃气设施，并明码标价，按照规定计费；

（三）严格执行经批准的燃气价格，不得擅自提高收费标准；

（四）进入居民住宅抄表、安装、检修燃气设施、燃气器具以及进行燃气设施安全检查的工作人员，应当持证上岗，佩戴标志。

**第二十四条** 燃气企业应当向用户公布并履行服务承诺。

**第二十五条** 管道燃气企业应当建立燃气用户档案，与用户签订供用气合同。

**第二十六条** 管道燃气企业因突发事故造成降压供气或者停止供气，应当及时通知当地建设行政部门和用户；因施工、检修等原因停止供气，应当提前 24 小时公告用户。

**第二十七条** 管道燃气用户的室内管道、计量表及其附属设施的维护更新，由管道燃气企业负责，所发生的费用由用户承担。

管道燃气用户室外管道及其附属设施，由管道燃气企业负责维护更新，所发生的费用由管道燃气企业承担。

**第二十八条** 管道燃气实行政府定价，其他燃气实行市场调节价。

管道燃气价格的制定和调整，必须经听证程序，并按照价格管理权限审批。

禁止向扩大用气量的管道燃气用户收取增容费。

禁止向瓶装燃气用户收取开户费。

**第二十九条** 管道燃气用户需移动燃气计量表及表前设施，以及安装、改装、拆迁用于经营的燃气设施，应当向管道燃气企业提出申请，办理相应手续。

管道燃气用户需安装、改装、拆迁家用燃气设施，应当委托具有资质的燃气器具安装单位或者燃气企业实施。

**第三十条** 燃气用户不得有下列行为：

（一）不按照规则使用燃气；

（二）盗用或者转供燃气；

（三）对燃气钢瓶加热；

（四）倒灌瓶装气和倾倒燃气残液；

（五）擅自改变钢瓶检验标志和漆色；

（六）自行拆卸、安装、改装燃气计量器具和燃气设施；

（七）其他危及公共安全的用气行为。

餐饮、娱乐等经营场所使用燃气必须符合消防安全要求。

**第三十一条**　管道燃气用户应当按照规定交纳燃气费。逾期未交纳的，管道燃气企业可以从逾期之日起，对生产经营性用户每日按照所欠燃气费的1%收取滞纳金，对其他用户每日按照所欠燃气费的5‰收取滞纳金；自催缴之日起30日内仍不缴纳燃气费的，管道燃气企业可以对其中止供气。

**第三十二条**　燃气用户有权就燃气质量、计量、价格、服务等问题向燃气供应企业查询，也可以向建设、质量技术监督、价格和工商等有关部门投诉。有关部门应当在接到投诉之日起15日内将查处情况告知投诉人。

## 第五章　安全管理

**第三十三条**　燃气企业的法定代表人应当对企业生产、经营安全负全面责任。

**第三十四条**　瓶装燃气企业除应当遵守第二十二条规定外，还不得有下列行为：

（一）将不合格的燃气钢瓶提供给用户；

（二）为无燃气资质证或者无燃气经营许可证的单位和个人代储、代充燃气；

（三）为不符合国家标准的燃气钢瓶或者超过检验期限的燃气钢瓶，以及经检验不合格的燃气钢瓶充装燃气；

（四）用槽车直接向钢瓶充装燃气；

（五）未抽取真空即向初次使用或者重新检验后的燃气钢瓶充装燃气；

（六）用燃气钢瓶相互转充燃气；

（七）燃气钢瓶充装前残液量超出国家标准；

（八）瓶装燃气未达到规定重量或者过量充装；

（九）购销无出厂检验合格证的燃气。

第三十五条　燃气企业的生产安全、技术和操作等从业人员以及燃气器具的安装、维修人员，应当按照国家对特种从业人员的规定，取得从业人员岗位证书后，方可上岗。

第三十六条　燃气企业应当对重大危险源进行监控，设置专职抢修队伍，实行 24 小时安全值班制度。在燃气设施公用部分所在地配齐相应的消防器材设施，设置明显的警示标志，加强巡回检查，并按照规定定期检修、更新燃气设施和消防器材设施，排除事故隐患。

第三十七条　燃气企业应当定期对燃气基础设施及用户燃气设施进行安全检查、检修和更新，向用户发放燃气安全使用手册，并负责指导安全使用燃气。对使用不当的，予以劝阻、制止，提出改正意见。对劝阻、制止无效又可能造成事故隐患的，燃气企业有权中止供气。

由于燃气企业的责任，造成燃气用户人身伤害或者财产损失的，燃气企业应当负责赔偿。

第三十八条　运输燃气必须符合国家和省的有关安全管理规定，并办理准运手续。

第三十九条　燃气生产、储存、输配中所使用的锅炉、储罐、钢瓶等压力容器和安全附件，应当经法定的压力容器检验机构检验合格，取得使用许可证后，方可使用。

第四十条　禁止任何单位和个人在国家规定的燃气设施安全保护范围内堆放物品、倾倒垃圾、排放腐蚀性物品、修建建筑物和构筑物、挖沙、采石、取土和停放、维修车辆等行为，不得进行影响或者危害燃气设施安全的施工作业和擅自涂改、覆盖、移动及拆除燃气安全标志。确需作业的，作业单位应当在作业前 15 日内提出安全保护措施，取得燃气企业的同意，并向当地公安消防部门备案。

第四十一条　任何单位和个人都有保护燃气设施的义务，如发现燃气泄漏或者燃气引起的中毒、火灾、爆炸、环境污染等事故，有义务及时通知燃气供应企业和安全管理、公安消防等有关部门。

燃气企业发现燃气设施损坏以及燃气泄漏等情况或者接到燃气事故报告后，必须立即组织抢险抢修，报告当地建设行政部门和有关部门，并按照规定上报。

## 第六章　法律责任

**第四十二条**　违反本条例规定，有下列行为之一的，由县级以上建设行政部门责令限期补办手续或者责令停止，可以处以 1 万元以上 5 万元以下罚款；情节严重的，责令停止建设，限期整改或者拆除：

（1）未经建设行政部门审查同意，擅自建设燃气工程的；

（2）燃气工程未经建设行政部门会同有关部门进行验收，擅自投入使用；

（3）新型民用燃气未经省级以上建设行政部门会同有关部门鉴定，擅自投入使用的；

（四）未取得燃气企业资质证，擅自从事燃气经营活动的。

**第四十三条**　违反本条例规定，有下列行为之一的，由县级以上建设行政部门责令限期改正或者责令停止销售，没收违法所得和非法财物，并可处以 5000 元以上 3 万元以下罚款；情节严重的，由原颁证单位吊销资质证书；造成损失的，依法承担赔偿责任：

（一）未取得燃气经营许可证或者燃气器具安装、维修企业资质证，擅自从事燃气经营或者燃气器具安装、维修活动的；

（二）未经年审或者年审不合格，从事燃气经营或者燃气器具安装、维修活动的；（三）燃气企业及燃气供应站（点）擅自停业或者歇业的；

（四）向无燃气资质证或者燃气经营许可证的单位和个人提供用于经营的燃气或者代储、代充燃气的；

（五）无故停止管道供气或者拒绝向管道供气区域内符合供气和用气条件的用户提供燃气的；

（六）向扩大用气量的管道燃气用户收取增容费或者向瓶装燃气用户收取开户费的。

**第四十四条**　违反本条例规定，有下列行为之一的，由县级以上建设行政部门责令停止违法行为，可以处以 500 元以上 5000 元以下罚款，造成损失的，依法承担赔偿责任：

（一）盗用或者转供燃气的；

（二）将不合格燃气钢瓶提供给用户的；

（三）对燃气钢瓶加热的；

（四）倒灌瓶装气和倾倒燃气残液的；

（五）自行拆卸、安装、改装燃气计量器具和设施的；

（六）个人从事燃气器具安装、维修业务的。

**第四十五条**　擅自在国家规定的燃气设施安全保护范围内实施影响或者危害燃气设施安全的，由县级以上建设或者公安消防行政部门责令停止违法行为，消除影响或者危害，处以 500 元以上 5000 元以下罚款；情节严重的，处以 1 万元以上 5 万元以下罚款。

**第四十六条**　违反本条例规定的其他违法行为，依照有关法律、法规的规定予以处罚。

**第四十七条**　建设行政部门和有关行政部门的工作人员，因玩忽职守造成事故，或者滥用职权、徇私舞弊的，由所在单位或者上级主管部门给予行政处分。

## 第七章　附　则

**第四十八条**　本条例中下列用语的含义是：

（一）燃气是指人工燃气（不含沼气）、液化石油气、天然气、矿井瓦斯气和新型民用燃气等。

（二）燃气设施是指燃气生产、储运、输配、供应、计量等各种设备及其附属设施。

（三）燃气器具是指使用燃气的炉灶、热水器、沸水器、取暖器、锅炉、空调器等器具。

（四）燃气企业是指生产、储运、输配、供应燃气的企业，包括管道燃气企业、瓶装燃气企业。

（五）燃气工程是指管道燃气的长输管线及门站、市区管网干线、调压站、液化石油气储罐站、燃气充装站、新型气体燃料站和人工煤气气源厂的新建、扩建、改建工程。

**第四十九条**　本条例自 2001 年 3 月 1 日起施行。

# 《新疆维吾尔自治区城市供热供水供气管理办法》

(2006年11月7日自治区第十届人民政府第33次常务会议讨论通过，现予发布，自2007年1月1日起施行)

## 第一章 总 则

**第一条** 为了加强市政公用事业监管，提高城市供热、供水、供气服务质量，保障社会公共利益和公共安全，维护用户和经营者的合法权益，制定本办法。

**第二条** 在自治区行政区域内从事城市供热、供水、供气（以下简称供热、水、气)，用热、用水、用气及其相关监督管理活动，适用本办法。

**第三条** 自治区建设行政主管部门负责全区城市供热、水、气的监督管理工作。

市、县（市）人民政府负责城市供热、水、气的市政公用事业行政主管部门（以下简称市政公用事业主管部门）对本行政区域内供热、水、气实施监督管理，具体工作可以委托其所属的市政公用事业管理机构承担。

**第四条** 城市规划、财政、价格、工商、公安消防、质量技术监督、卫生、水利、环境保护等部门在各自的职责范围内，负责供热、水、气的相关管理工作。

## 第二章 规划建设与设施管理

### 第一节 一般规定

**第五条** 市、县（市）市政公用事业主管部门应当根据本地社会经济发展和城市规划，组织编制供热、水、气专项规划，经城市规划行政主管部门综合协调，按法定程序报批后组织实施。

**第六条** 编制供热、水、气专项规划，应当符合城市规划，坚持城乡统筹、合理布局、保护环境、节约资源和能源的原则。

**第七条** 供热、水、气公共管网及其附属设施项目的建设，必须符合供热、水、气专项规划。

在供热、水、气专项规划确定建设的城市公共管网敷设范围内,不得批准重复建设公共管网;城市公共管网建设实行特许经营的,应当遵守特许经营协议。

**第八条** 城市新区开发、旧区改造工程,新建、改建、扩建城市道路、桥梁等市政工程,按照供热、水、气专项规划敷设城市公共管网的,公共管网应当与主体工程同时设计、同时施工、同时竣工验收。

**第九条** 新建、改建、扩建工程项目连接城市公共管网系统,或者增加热、水、气供应量的,建设工程项目总投资中应当包括与城市公共管网连接部分的支线管网及其附属设施的建设费用。

支线管网及其附属设施的设计、施工、材料采购、设备安装应当符合供热、水、气经营者(以下简称经营者)提出的具体要求。经营者的要求不得违反法律、法规和国家、自治区的相关技术标准。

项目竣工验收时,建设单位应当邀请经营者参加;不符合工程质量验收标准的,建设单位不得交付使用,经营者不得将支线管网及其附属设施与城市公共管网相连接。

**第十条** 新建住宅应当采用分户循环、分户闸门出户控制系统,安装智能控制系统的除外。

**第十一条** 市、县(市)城市规划行政主管部门应当会同市政公用事业主管部门,依据供热、水、气专项规划,规定供热、水、气公共管网及其附属设施以及燃气供应站点的安全保护范围,报市、县(市)人民政府批准后公布。

**第十二条** 禁止在城市供热、水、气公共管网及其附属设施,以及燃气供应站点的安全保护范围内实施下列行为:

(一)违反专项规划修建建筑物、构筑物及其他设施;

(二)堆放易燃易爆物品,或者倾倒、排放腐蚀性液体、气体;

(三)开沟挖渠、挖坑取土、钻孔或者种植深根植物;

(四)违反国家有关技术标准、规范进行勘察、施工等建设活动;

(五)其他损坏供热、水、气公共管网及其附属设施,影响其安全、正常运转的行为。

**第十三条** 因建设需要,经批准改动城市供热、水、气公共管网及其附属设施，或者在供热、水、气公共管网及其附属设施周边埋设其他管线的，建设单位应当与经营者商定保护措施，设计、施工方案应当征得经营者同意。造成损坏的，应当予以赔偿。

**第十四条** 供热、水、气管网及其附属设施维修、养护责任由经营者承担。经营者应当建立安全生产责任制，定期对供热、水、气管网及其附属设施进行巡查、检验、疏通、养护、维修，及时消除事故隐患，保障市政公用设施安全运行。

**第十五条** 供热、水、气管网及其附属设施的更新、改造、维修、养护费用，按照下列方式承担：

（一）用户室内部分或者用户单独使用的部分，由房屋所有权人承担；

（二）区分所有权建筑物以内共用部分，由该幢建筑物区分所有权人分担；

（三）用户室外或者区分所有权建筑物以外与城市公共管网连接部分，由该区域内的全体业主分担；其中增加转换、调控设施、设备的，由该设施、设备的所有权人承担；

（四）公共管网及其附属设施部分，由经营者承担；

（五）供热、水、气收费价格中已经包括分户计量表初装费、维修费、更新费的，该部分费用由经营者承担。

第二节　供　热

**第十六条** 城市人民政府选用供热方案应当进行科学论证，按照节约资源、提高使用效率、保护环境的原则，合理确定城市集中供热、区域供热、分散供热的敷设范围。鼓励热电联产供热、利用可再生能源供热和洁净能源供热。

**第十七条** 城市公共供热管网敷设范围内，不得批准新建、扩建区域锅炉供热和分散锅炉供热；现有区域锅炉供热管网敷设范围内，供热单位有能力提供热源的，不得批准新建、扩建分散锅炉供热。

对分散供热区域，市政公用事业主管部门应当会同城市规划、环境保护等部门制定拆除、改造分散锅炉的计划；分散锅炉产权人应当按照计划，在规定的期限内拆除、改造锅炉。

限期拆除、改造的分散锅炉单台容量和供热面积标准，由市、县（市）

市政公用事业部门根据国家和自治区规定，综合本地社会经济发展水平，资源、环境状况等因素确定，报本级人民政府批准后执行。

第十八条　新建住宅应当安装分栋用热计量装置和供热系统调控装置，安装或者预留分户热计量装置。

现有住宅采用单管循环供热系统的，市政公用事业主管部门应当对建筑物的供热系统、能耗指标和使用寿命等进行调查，对改造收益大于改造成本的，应当制定改造计划，报本级人民政府批准后实施。

第十九条　城市人民政府应当制定政策，鼓励供热单位或者其他投资主体对现有建筑供热系统进行节能改造，对投资人分享建筑节能改造所获收益作出承诺。

### 第三节　供　水

第二十条　编制供水专项规划应当与水资源开发、利用、保护区域规划相协调，合理安排使用地表水和地下水，提高水资源和供水设施利用率。

第二十一条　供水水源地应当严格保护。在水源地保护区内，禁止修建任何可能危害水源、水质的设施，或者进行与供水设施和保护水源无关的建设活动。

第二十二条　新建、改建、扩建城市供水工程，应当推广和使用先进的节水型工艺、节水型用水器具，降低城市供水管网漏失率，提高用水效率。

禁止使用不符合国家、自治区标准的供水设备、管材、器具。

第二十三条　单位自建供水管网系统，不得擅自与城市公共供水管网系统相连接。

第二十四条　禁止生产或者使用有毒有害物质的单位将其生产用水管网系统与城市公共供水管网系统直接连接。

禁止在城市公共供水管道上直接装泵抽水。禁止未经中间水池直接加压。

### 第四节　供　气

第二十五条　编制燃气专项规划，应当根据资源配置、用户需求，合理分布管道燃气与瓶装燃气供气区域。

第二十六条　现有瓶装燃气供气区域依照燃气专项规划纳入管道燃气供气范围的，建设、安装燃气管网及其附属设施所需费用，按照本办法第十五条规定的方式承担。

第二十七条　房屋所有权人与使用人应当对管道燃气工程施工安装活动予以配合。施工安装造成建筑物损坏的，施工单位应当予以修复；不能修复的，经营者应当予以赔偿。

## 第三章　经营服务

### 第一节　一般规定

第二十八条　从事供热、水、气经营服务，应当依照《新疆维吾尔自治区市政公用事业特许经营条例》取得经营权。

第二十九条　经营者应当与用户分别订立供用热、水、气合同。订立合同应当遵守《中华人民共和国合同法》。鼓励使用国家有关部门公布的合同示范文本签订合同。

第三十条　经营者应当按照国家规定的质量标准、资费标准、特许经营协议规定的条件以及合同约定，向用户提供安全、连续、稳定和质价相符的热、水、气，并履行普遍服务的义务。

第三十一条　热源、水源、气源的提供方，应当与经营者签订热、水、气源供应合同。变更供应合同的，应当征得对方同意并订立补充协议。

第三十二条　热源、水源、气源提供方，应当保证稳定、连续的供应，不得随意减少、停止热、水、气的供应。因特殊原因减少、暂停供应的，应当将减少数量和暂停时间提前20天通知经营者，并与经营者协商确定有效的替代措施。

第三十三条　经营者应当向社会承诺服务标准和产品质量，公布服务、维修、投诉电话，及时处理用户反映的问题。

### 第二节　供　热

第三十四条　市、县（市）人民政府应当根据本地气候情况，规定并公布公共管网和区域供热敷设范围供热起止时间。

未经市、县（市）人民政府批准，经营者不得擅自推迟供热或者提前停止供热。

第三十五条　采用分户控制供热系统的用户，有权选用其他取暖方式，提出终止供用热合同。

未采用分户控制供热系统的用户，终止单用户供热可能影响其他用户用热或者影响供热系统附属设施安全运行的用户，不得提出终止供用热合同。

**第三十六条** 实行热电联产的供热项目，电力监管部门应当按照热负荷的需要，制定热电厂电力生产、供应计划，确保热电厂对外供热。

**第三十七条** 供热设施发生故障不能正常供热，需停热 8 小时以上的，经营者应当及时通知用户，并立即组织抢修，恢复供热，同时报告市政公用事业主管部门。

由于经营者原因造成停热 24 小时以上不能恢复供热的，应当按日折算标准热价，并在供热期结束后向用户双倍退还热费；给用户造成损害的，应当予以赔偿。

**第三十八条** 在供热期内，居住用房室内温度应当达到国家规定的标准。测试室内温度以各房间中心位置（对角线交点）距离地面 1.4 米高度为测试点；非居住用房的室内温度要求和检测方法，由供用热双方在合同中约定。

用户与经营者对温度测试结果有异议的，由市政公用事业主管部门组织有关专家和供用热双方当事人进行检测。

**第三十九条** 用户室内温度低于国家规定的标准或者合同约定的，有权要求经营者予以处理；经营者应当及时采取措施改正，或者提出处理方案。

因经营者原因未改正的，按温度差折算标准热价向用户退还热费；属于热源、设计、施工单位的原因造成的，经营者有权向责任方追偿。

**第四十条** 用户应当正确使用供热管网及其附属设施，禁止实施下列行为：

（一）擅自连接、隔断、改动、增减供热管线、供热设施；

（二）在非热计量收费的供热系统中擅自增加散热装置、安装热水循环装置或者放水装置；

（三）擅自改变热用途；

（四）其他损害供热管网及其附属设施、影响供热质量的行为。

**第四十一条** 用户违反本办法第四十条规定，或者因下列原因导致室内温度低于国家规定的标准或者合同约定的，经营者不承担赔偿责任：

（一）未按照规定缴纳热费，经营者减少、停止供热的；

（二）用户或者相邻用户擅自改变房屋围护结构、采暖方式的；

（三）未采取正常保温措施或者自行遮挡散热装置影响供热效果的；

（四）室外气温连续 24 小时低于建筑设计保温标准的。

## 第三节 供 水

**第四十二条** 城市供水应当按照国家规定的质量标准进行净化处理，确保供水水质符合国家规定的水质卫生标准。

各类净水剂及与制水、供水相关的材料，应当按照国家有关质量标准进行检验；未经检验或者检验不合格的，不得使用。

用于城市供水的新设备、新管网投产前或者旧设备、旧管网改造后，必须严格清洗、消毒，并经质量技术监督部门认证的水质检测机构验收合格后，方可投入使用。

**第四十三条** 经营者应当按照国家规定的检测项目、检测标准、检测方法，定期检验水源水、出厂水和管网水的水质。

**第四十四条** 城市二次供水设施产权单位或者其委托的管理单位，应当建立水质管理制度，定期进行常规检测，并对储水设施清洗消毒。

**第四十五条** 经营者应当按照国家规定的供水水质、水压标准进行不间断供水，不得擅自停止供水。因施工或者设施检修等原因，确需临时停止供水或者降低供水水压的，应当提前 24 小时通知用户，并向市、县（市）市政公用事业主管部门报告。

因发生灾害或者紧急事故，无法提前通知的，应当在抢修的同时通知用户，尽快恢复正常供水，并向市、县（市）市政公用事业主管部门报告。

经营者通知用户应当采取公告或者其他易于用户知晓的方式。

**第四十六条** 因经营者原因连续超过 24 小时不能恢复正常供水的，经营者应当采取应急供水措施，保证生活饮用水的最低供给。

**第四十七条** 禁止用户实施下列行为：

（一）擅自拆卸、改装、迁移或者损坏公共供水管网及其附属设施；

（二）盗用水或者违反合同约定改变用水用途；

（三）未经许可转供城市公共供水。

## 第四节 供 气

**第四十八条** 管道燃气实行区域性经营。瓶装燃气按照燃气专项规划设置供应站点经营。经营者必须具备国家规定的条件，依法取得经营许可后方可从事燃气经营活动。

**第四十九条** 管道燃气气源提供方应当按照国家规定的燃气质量、压力和计量标准向经营者和用户提供燃气。

**第五十条** 瓶装燃气经营者应当遵守下列规定：

（一）不得使用没有产品合格证、报废、改装的气瓶，以及超期未检验或者检验不合格的气瓶充装燃气；

（二）不得用贮罐、槽车直接向气瓶充装燃气或者用气瓶相互倒灌燃气；

（三）充装瓶装燃气，瓶内残液存量和充气量应当符合国家规定的标准，充装后气瓶角阀应当进行塑封，并标明充装单位；

（四）存放气瓶必须符合国家有关安全的规定；

（五）配备或者委托符合安全运输要求的车辆运输瓶装燃气；

（六）法律、法规、规章规定的其他要求。

**第五十一条** 燃气经营者应当保证不间断供气。因施工、检修等原因确需停止供气的，应当提前24小时予以公告；因突发事故停止供气的，应当及时通知用户。

发布停气公告应当明确恢复供气时间，经营者应当按照规定时间恢复供气；向居民用户恢复供气时间应当避开夜间睡眠时间。

**第五十二条** 经营者应当编印并向用户免费发放燃气安全使用手册，对用户进行燃气安全使用宣传教育，解答用户咨询。

非居民用户应当制定燃气安全管理制度，操作维护人员应当依法接受安全生产教育和培训。

**第五十三条** 管道燃气用户安装家用燃气锅炉、改动户内燃气管道及其附属设施，或者改变燃气用途的，应当向经营者提出申请，由经营者对安全使用条件等进行检查；符合安全条件的，方可安装、改动。

从事前款规定的安装、改动活动，应当遵守有关法律、法规的规定。

**第五十四条** 燃气用户应当遵守下列规定：

（一）按照合同约定的用途和燃气安全使用规则，正确使用燃气；

（二）管道燃气用户应当使用与当地燃气相适配的燃气器具，不得安装、使用国家明令淘汰的燃气器具；

（三）不得盗用或者转供燃气，损坏燃气设施；

（四）不得用燃气管道作为负重支架或者接地引线；

（五）不得擅自拆卸、改装燃气设施，改换气瓶检验标识；

（六）不得加热、倒灌瓶装燃气或者自行倾倒瓶内残液。

**第五十五条**　经营者应当在燃气设施安全保护范围内设置明显的安全警示标识。任何单位和个人不得损坏、覆盖、移动、涂改和擅自拆除安全警示标识。

**第五十六条**　经营者应当制定燃气事故应急救援预案，成立事故抢险抢修队伍，配备专业技术人员、检测设备、防护用品、消防器材、车辆、通讯设备，并向社会公布抢险抢修电话，实行每天 24 小时值班制度。

发生燃气事故，经营者应当立即组织抢险抢修，并按照国家有关规定报告市、县（市）市政公用事业主管部门和其他有关部门。对影响抢险抢修作业的其他设施，经营者可以采取紧急处置措施，对产权人造成损失的，应当予以赔偿。

## 第四章　费用管理

**第五十七条**　城市供热、水、气实行政府定价、政府指导价。

确定市政公用产品服务收费依据、收费项目、收费标准，应当遵守价格法律、法规的有关规定。

经营者不得超出政府指导价允许浮动的范围，确定和调整市政公用产品价格及服务收费标准。

**第五十八条**　用水应当按照用水性质和用途实行定额管理，分类计价；用热应当按照建筑物的节能状况，减少收取热费。

**第五十九条**　管网供水、供气实行一户一表计量制，经营者应当按照用户计量表的计量和水、气价标准收费。

经营者未履行维护维修义务，造成管网漏损产生的水费不得向用户收取。

管网供热，安装用热计量表的，经营者应当按照国家规定的方式和标准收费；尚未安装分户用热计量表的，应当按照房屋用热面积收费。房屋用热面积计算规则，由自治区建设行政主管部门会同有关部门制定。

**第六十条**　热、水、气收费计量表和管道燃气报警装置，应当按照国家有关规定进行安装、检测、检验、更换。

**第六十一条**　用户应当按照合同约定缴纳供用热、水、气费。逾期不缴纳的，经营者可以自行或者通过物业管理委员会催缴，并可以按照合同约定对用户收取滞纳金；也可以通过仲裁、诉讼等方式解决。

**第六十二条**　经营者可以委托他人代收热、水、气费。委托他人代收热、水、气费的，应当签订委托协议，并出具委托书。

收费人员收费时，应当佩带统一标志，文明服务。

第六十三条　用户有权向经营者查询热、水、气的使用和缴费情况，对不符合收费和服务标准的，可以向价格、市政公用事业等有关主管部门或者有关组织投诉。

经营者擅自增加收费项目或者提高收费标准的，用户有权拒缴。

第六十四条　市、县（市）人民政府应当建立、健全社会保障机制，对享受城市最低生活保障待遇的用户，制定具体办法，减免其用热、水、气费用或者给予一定的补助。

## 第五章　监督管理

第六十五条　市、县（市）市政公用事业主管部门，应当加强对供热、水、气的监督管理，建立供热、水、气安全生产运行监测网络，定期发布监测信息，对供热、水、气质量实施定点、定时检测。

第六十六条　市、县（市）市政公用事业主管部门应当会同有关部门，建立热源、气源稳定供应监督协调机制，监督热源、气源供应单位履行供应合同，确保经营者提供安全、连续、稳定的服务。

第六十七条　市、县（市）市政公用事业主管部门，价格、质量技术监督、工商行政管理等部门，应当按照职责权限建立供热、水、气服务质量、价格监督、检查和意见征询机制，设置投诉电话，定期监测、检查服务质量和价格执行情况，及时处理用户投诉。

## 第六章　法律责任

第六十八条　经营者违反本办法规定，有下列行为之一的，责令限期改正，给予警告，可以并处 3000 元以上 1 万元以下罚款；逾期不改的，责令停业整顿，依法撤销经营许可：

（一）提供的热、水、气质量不符合国家规定的标准或者造成重大质量、安全事故的；

（二）擅自减少、暂停停止供应热、水、气的；

（三）未履行维护、维修管网和设施、设备的义务或者发生故障后未及时抢修，造成大面积或者长时间停热、停水、停气的。

前款第（一）项行为构成犯罪的，依法追究刑事责任；给用户造成经济损失的，依法承担赔偿责任。

**第六十九条** 瓶装燃气经营者违反本办法第五十条规定的，责令限期改正，并处 500 元以上 5000 元以下罚款。

**第七十条** 用户违反本办法第四十条、第四十七条、第五十四条规定的，责令限期改正，对公民处 200 元以下罚款，对法人或者其他组织处 1000 元以下罚款；属于经营活动的，处 1 万元以上 3 万元以下罚款。

**第七十一条** 违反本办法第十二条、第二十三条、第二十四条规定的，责令停止违法行为，拆除违法建筑物、构筑物和设施、设备，可以并处 5000 元以上 3 万元以下罚款；构成犯罪的，依法追究刑事责任；给经营者和用户造成经济损失的，依法承担赔偿责任。

**第七十二条** 违反本办法第十七条第二款规定，未在限期内拆除分散锅炉的，责令改正，并处 5000 元以上 2 万元以下罚款；逾期不改的，强制拆除。

**第七十三条** 气源提供方违反本办法第四十九条规定的，责令停业整顿，并处 1 万元以上 3 万元以下罚款。

因提供不符合国家规定标准的燃气造成人身伤亡或者重大财产损失，构成犯罪的，依法追究刑事责任；给经营者或者用户造成经济损失的，依法承担赔偿责任。

**第七十四条** 建设行政主管部门和其他有关部门工作人员违反本办法规定，玩忽职守、滥用职权、徇私舞弊的，由其所在单位或者有关主管部门给予行政处分；构成犯罪的，依法追究刑事责任。

**第七十五条** 本办法规定的行政处罚，由县（市）以上市政公用事业主管部门或者委托符合法定条件的市政公用事业管理机构实施。

**第七章 附则**

**第七十六条** 本办法所称公共管网系统，是指城市供热、供水、供气的主干管网及其附属设施。

**第七十七条** 本办法自 2007 年 1 月 1 日起施行。

# 《伊犁哈萨克自治州城镇供热条例》

2016 年 2 月 25 日伊犁哈萨克自治州第十三届人民代表大会第五次会议通过。

2016 年 5 月 27 日新疆维吾尔自治区第十二届人民代表大会常务委员会第二十二次会议批准。

## 第一章 总 则

**第一条** 为了规范城镇供用热管理，节约能源，保护环境，维护和保障供热单位、用热户的合法权益，根据国家有关法律法规，结合自治州实际，制定本条例。

**第二条** 在自治州行政区域内从事城镇供热规划、设计、建设、经营、使用及相关管理活动，适用本条例。

**第三条** 城镇供热管理应当遵循统一规划、保障安全、规范服务、节能环保的原则。

**第四条** 县级以上人民政府应当将城镇供热事业发展纳入国民经济和社会发展规划，建立完善的供热保障体系和供热管理协调机制，提高供热保障能力，发展集中供热，逐步淘汰分散锅炉供热。

**第五条** 州住房和城乡建设部门负责州直区域内的供热管理和监督工作，塔城、阿勒泰地区住房和城乡建设部门负责本行政区域内供热管理和监督工作。

县（市）人民政府供热行政主管部门负责本行政区域内的供热管理工作，并接受州、地住房和城乡建设部门的指导和监督。发改委、财政局、国土资源局、环保局、规划局、安全生产监督管理局、质量技术监督局、水利局、民政局等有关部门按照各自职责，做好供热管理的相关工作。

**第六条** 鼓励利用清洁能源和可再生能源发展供热事业，推广应用节能、高效、环保、安全的供热新技术、新工艺、新设备、新材料。

**第七条** 县级以上人民政府及供热单位应建立完善的供热能源保障、采暖应急救助、事故应急处置和备用热源建设等安全供热保障体系。

**第八条** 县级以上人民政府对在城镇供热工作中做出显著成绩的单位和个人应当给予表彰和奖励。

## 第二章　规划与建设

**第九条** 县级人民政府供热行政主管部门应当会同有关部门，根据城乡规划，编制本行政区域供热专项规划，经技术论证，按照规定程序批准后组织实施。

经批准的供热专项规划，任何单位和个人不得擅自变更；确需变更的，应当报原批准机关批准。

**第十条** 新建、改建、扩建城镇热源、管网和换热站等热力工程及其附属设施的，应当符合控制性详细规划和供热专项规划，经县（市）人民政府供热行政主管部门审核同意，并依法办理相关审批手续。

新建、改建、扩建的城镇热力工程应当进行环境影响评价，其供热设施应当配套建设环境保护设施、安全生产设施，并与城镇热力工程同时设计，同时施工，同时投产使用。

**第十一条** 供热工程的勘察、设计、施工、监理，应当由具有相应资质的单位承担，并执行国家和自治区有关技术标准和规范。

**第十二条** 供热工程竣工后，建设单位及有关部门应当依法组织竣工验收。未经验收或者验收不合格的，不得投入使用。建设单位应按有关规定将竣工资料向县（市）城建档案管理机构无偿移交，供热企业应建立供热设施档案。

**第十三条** 新建、改建、扩建城市道路时应当依据城镇热力专项规划同时设计和敷设热网管道。

城镇热力管道需要穿越危险物品生产、储存、运输等设施和场所的，应当进行安全论证，采取相关安全保护措施。

城镇热力管道按照城镇热力专项规划需要穿越单位、厂区或宅院时，相关单位和个人应当予以配合；因施工造成设施损坏的，建设单位应予以修复；无法修复的，应给予赔偿。

**第十四条** 县（市）人民政府城乡规划行政主管部门在办理建设项目用地规划条件手续时，应当就建设项目的供热方式征求供热行政主管部门的意见。配套建设的城镇热力设施应当与建设项目工程同时设计、同时施工、同时验收，验收时应当有供热单位参加。验收合格后，建设单位应当将配套建设的城镇热力设施竣工资料分别移交供热单位和城建档案管理机构。

第十五条　县（市）人民政府选用供热方案应当进行科学论证，按照节约资源、提高使用效率、保护环境的原则，合理确定集中供热、区域供热、分散供热的敷设范围。鼓励热电联产供热、利用可再生能源供热和洁净能源供热。在供热管网覆盖区域内，不得新建分散燃煤供热锅炉；供热管网覆盖前已建成使用的分散燃煤供热锅炉，应当限期停止使用，并将供热系统接入供热管网或者采用清洁能源供热。

配套建设的城镇热力设施应当符合国家建筑节能标准，采用高效、节能、环保型设备、管材和器具。

第十六条　新建建筑的建设单位应当依法承担供热系统的保修责任，最低保修期限为两个采暖期。保修期内保修责任未履行或者拖延履行的，保修期不受两个采暖期的限制。

## 第三章　供热保障

第十七条　从事供热经营活动的供热单位，应当依法取得供热经营许可证，取得供热经营许可证应当符合下列条件：

（一）具备法人资格；

（二）符合城镇热力专项规划要求；

（三）有稳定的热源；

（四）有与供热规模相适应且符合国家标准的供热设施；

（五）有与供热规模相适应的资金；

（六）有固定的、符合安全条件的经营场所；

（七）有与供热规模相适应并有相应资格的专业技术人员；

（八）有与供热规模相适应的维护检修队伍及设备；

（九）有可行的经营方案、完善的管理制度和服务规范；

（十）没有擅自停热或弃管记录；

（十一）法律、法规规定的其他条件。

第十八条　从事供热经营活动的供热单位，应当向所在地县（市）人民政府供热行政主管部门书面提出申请。供热行政主管部门应当自受理申请之日起二十日内作出决定。符合条件的，应当核发供热经营许可证；不符合条件的，应当书面说明理由。

**第十九条** 供热经营应当按照国家和自治区的规定取得特许经营许可，并按规定和要求开展经营活动。

**第二十条** 热源单位和供热单位在采暖期内应当安全、稳定、连续、保质保量供热，不得擅自停止供热。

热源单位和供热单位进行年度供热设施检修应当避开采暖期。

在供热期内，供热单位应当建立二十四小时电话服务制度。

**第二十一条** 供热单位不得擅自停业、歇业。确需停业或者歇业的，供热单位应当在采暖期开始六个月前向所在地县（市）人民政府供热行政主管部门提出申请，并对供热范围内的用热户用热作出妥善安排。供热行政主管部门应当自收到申请之日起二十日内作出是否批准的决定。准予停业或者歇业的，应当收回供热经营许可证；不准予停业或者歇业的，应当书面说明理由。

**第二十二条** 热源单位与供热单位、供热单位与用热户之间应当分别签订供用热合同。对已具备供热条件的住宅小区，申请用热户数达到一定数量的，供热企业应当供热，具体办法由县（市）人民政府制定。

采用分户控制供热系统的用户，有权选用其他取暖方式，提出终止供用热合同。未采用分户控制供热系统的用户，终止单用户供热可能影响其他用户用热或者影响供热系统附属设施安全运行的，用热户不得提出终止供用热合同。

供用热合同的主要内容包括供热面积、供热时间、供热质量、收费标准、交费时间、结算方式、供热设施维护责任、违约责任以及当事人约定的其他事项。供用热合同示范文本应当由自治州人民政府住房和城乡建设部门制定，自治州工商行政管理部门监制。

**第二十三条** 县（市）人民政府应当根据当地实际确定和公布采暖期起止时间。如出现异常天气情况，县（市）人民政府可以决定提前或延期供热，供热单位应当按照县（市）人民政府的决定执行。

**第二十四条** 供热单位对城市热力设施充水试压，必须明确充水试压时间，并提前七日通知用热户。充水试压时，出现室内供热设施漏水等异常情况，用热户可以要求供热单位进行检修，供热单位应当及时进行检修。室内供热设施在保修期内的，检修费用由建设单位承担；室内供热设施超过保修期的，检修费用由用热户承担。

第二十五条 在供热期内，除不可抗力和用户原因外，供热单位应当保证建筑节能达标用户室内温度每日 24 小时内持续不低于二十摄氏度。非住宅供用热双方对供热运行期限、温度标准另有约定的，从其约定，但应当符合国家标准和规范。

塔城、阿勒泰地区可根据当地实际情况确定供热温度，供热温度应当符合国家标准和规范。

第二十六条 供热单位应按规定设置测温点，定期进行测温，测温记录经用热户签字后建档。

测试居住用房的温度以各房间中心位置（对角线交点）距离地面 1.4 米高度为测试点；非居住用房的室内温度要求和检测方法，由供用热双方在合同中约定。用热户与供热单位对温度测试结果有异议的，供用热双方可申请县（市）人民政府供热行政主管部门或委托具备检测资质的第三方机构进行测量。

第二十七条 经测量，用热户室内温度低于国家规定标准或合同约定的，用热户有权要求供热单位予以处理，供热单位应当及时采取措施改正，或者提出处理方案。因供热单位原因自被告知之时起超过二十四小时温度仍未达标的，按温度差折算标准热价向用热户退还热费；供热单位应当在供热期结束后三十日内退还用热户。

第二十八条 城镇热力设施发生故障或因其他原因停止供热 8 小时以上的，供热单位应当及时通知用热户，并立即组织抢修，恢复供热，同时向供热行政主管部门等有关部门报告。

由于供热单位原因造成停热 24 小时以上不能恢复供热的，应当按日折算标准热价，并在供热期结束后向用热户双倍退还热费；给用热户造成损害的，应当予以赔偿。

第二十九条 供热期内，供热行政主管部门应当加强对供热企业经营服务活动的监督检查，设置投诉电话，及时协调处理各类供热问题。

第三十条 供用热双方发生供热争议的，可以申请供热行政主管部门调解，也可依法申请仲裁或者提起民事诉讼。

## 第四章　用热管理

**第三十一条**　用热户改变用热面积或者用热户发生变更的，应到供热单位办理有关手续，重新签订供用热合同。

**第三十二条**　用热户应当履行供用热合同，爱护管道、散热器等供热设施，并对房屋采取保温措施，确保正常采暖。

**第三十三条**　用热户应当配合供热单位对城镇热力设施的检查、维修和室温检测工作，及时反映供用热过程中发生的问题。

**第三十四条**　用热户在不影响其他用热户正常用热的情况下，可申请停止整个供热期用热，但应在供热期开始前三十日向供热单位以书面形式提出，并办理合同变更手续。停止用热的用热户，应当向供热单位缴纳基本热费。基本热费的收取标准由县（市）人民政府价格行政主管部门制定。

**第三十五条**　有下列情况之一的，用热户不得申请停止用热：

（一）非分户循环供热的居民用户；

（二）新建建筑在供热设施保修期内；

（三）其他可能危害相邻用热户用热安全和居民共有供热设施运行安全的。

**第三十六条**　用热户不得有下列行为：

（一）损坏或擅自拆除、移动、增设城市热力设施；

（二）隐瞒用热面积或擅自并网，改变城镇热力设施使用性质及运行方式；

（三）擅自在城镇热力设施上安装热水循环装置或放水装置；

（四）其他损害城市热力设施和影响供热效果的行为。

**第三十七条**　城镇热力价格的制定和调整由县（市）人民政府价格行政主管部门会同城镇供热行政主管部门提出方案，并举行听证会，依法按程序报批后实施。

**第三十八条**　用热户应当按照供用热合同约定及时交纳热费。用热户逾期三十日未交纳热费，经催告在合理期限内仍不交纳的，供热单位可以对其按合同约定收取滞纳金、暂缓供热、限制供热或者停止供热，但不得损害其他用热户的用热权益。

**第三十九条**　用热户有权就经营收费、供热服务等事项向供热单位、供热行政主管部门及行业组织查询或者投诉；相关部门接到查询或者投诉后，应当在五日内予以答复或者解决。

## 第五章  设施管理

**第四十条**  城镇热力设施的维修、养护责任按下列规定划分：

（一）居民用户以入户端口为分界点，分界点外（含计量器具及居民用户入户端口分界点外至供热管网小区入口处的供热设施）的供热设施由供热单位负责维护、养护，分界点内的供热设施由热用户负责。分界点内的供热设施需更新改造时，材料和安装费用由用热户承担；

（二）非居民用户以入户阀门（井）为分界点，分界点外（含阀门井）的供热设施由供热单位负责，分界点内的供热设施由用热户负责。对自管供热设施无管理能力的，可以委托供热单位有偿代管。

（三）对居民用户入户端口分界点外至供热管网小区入口处的供热设施维护费用，供热单位难以承担的，可以申请当地人民政府予以协调解决。

**第四十一条**  城镇热力设施养护维修的责任单位应当对养护范围内的供热设施进行定期巡检，履行养护维修责任，保证城市热力设施安全、稳定、正常运行。

**第四十二条**  进行可能影响城镇热力设施安全的施工或其他活动的，应当事先征得供热行政主管部门和产权所有者同意，并按要求采取安全保护措施。

**第四十三条**  建设单位在建设工程开工前，应当向县（市）人民政府城建档案管理机构或者热源单位、供热单位查明有关地下供热设施情况。相关单位应当予以配合。对新交工的建筑供热管网，应符合国家标准，经供热单位收合格后，方可供热。

**第四十四条**  供热单位应按规定设置明显的城镇热力设施安全保护标志。

**第四十五条**  城镇热力管道及其附属设施外缘安全距离范围内禁止下列行为：

（一）擅自修建建（构）筑物或从事挖掘、打桩、爆破等活动；

（二）向供热阀门井、管、沟排放污水或倾倒垃圾、残液；

（三）擅自拆除、安装、移动、占压供热管道、管道支架、井盖、阀门、仪表及其他设备；

（四）其他影响城镇热力设施安全的行为。

## 第六章 应急管理

**第四十六条** 县级以上人民政府应当建立城市供热保障体系，设立城市供热保障金，保证困难群众冬季采暖。

县（市）供热行政主管部门应当会同有关部门提出建立城镇供热保障体系和设立城镇供热保障金的具体方案，报县（市）人民政府批准后实施。

**第四十七条** 自治州人民政府、地区行署和县（市）人民政府应当制定供热应急事故抢修与应急处理预案，建立相应的组织指挥系统和资金、物资设备保障体系。

**第四十八条** 供热单位应当制定供热事故抢险抢修应急预案，并定期进行演练。建立与保障供热安全相适应的应急抢修队伍，配备应急抢修设备、物资、车辆以及通讯设备，在采暖期内实行二十四小时应急备勤。

## 第七章 法律责任

**第四十九条** 违反本条例规定有下列行为之一的，供热行政主管部门按下列规定予以处罚：

（一）城镇热力工程未按照批准的方案进行建设的，责令停止建设，并限期改正；逾期不改正的，予以拆除并处三万元罚款；

（二）城镇热力工程未经验收或者验收不合格擅自投入使用的，责令限期改正，没收非法所得，并处三万元以上五万元以下罚款；

（三）擅自从事城镇供热经营的，责令改正，没收非法所得，并处三万元以上五万元以下罚款；

（四）供热单位擅自改变供热能力、范围或方式的，责令改正，没收非法所得，并处三万元以上五万元以下罚款。

**第五十条** 违反本条例规定供热单位有下列行为之一的，由供热行政主管部门责令改正，并按以下规定处罚；造成损失的，依法承担赔偿责任：

（一）未按规定时间供热，处以一万元以上三万元以下罚款；

（二）城镇热力设施发生故障或因其他原因停止供热未立即组织抢修恢复供热的，处一万元以上二万元以下罚款。

**第五十一条** 违反本条例规定供热单位有下列行为之一的，由供热行政主管部门责令改正，并处五千元以上一万元以下罚款：

（一）未按规定设置城市热力设施安全保护标志的；

（二）未与用热户签订供用热合同的；

（三）充水试压未提前七日通知用热户的；

（四）未按规定设置测温点、定期进行测温的；

（五）停止供热八小时以上未及时通知用热户的；

（六）未按规定退还热费的。

**第五十二条** 违反本条例第三十六条、第四十五条规定之一的，由供热行政主管部门责令限期改正，对单位处一万元以上三万元以下罚款；对个人处五百元以上一千元以下罚款；造成损失的，依法承担赔偿责任。

**第五十三条** 热源单位或者供热单位违反本条例规定，有下列行为之一的，由供热行政主管部门责令停止违法行为，限期改正，并处以五万元以上十万元以下的罚款；造成热用户损失的，依法承担赔偿责任：

（一）未经批准擅自停业或者歇业的；

（二）在采暖期内未安全、稳定、连续、保质保量供热或者擅自停止供热的；

**第五十四条** 违反本条例规定应当受到行政处罚的其他行为，由有关部门依法予以处罚。

**第五十五条** 拒绝、阻碍城镇供热行政主管部门工作人员依法执行管理职能的，由公安机关依法予以处罚；构成犯罪的，依法追究刑事责任。

**第五十六条** 城镇供热行政主管部门工作人员有下列行为之一的，由其所在单位或上级主管部门给予行政处分；构成犯罪的，依法追究刑事责任：

（一）擅自变更经批准的供热专项规划的；

（二）未依法审批供热工程项目和供热经营许可证的；

（三）未依法审批供热单位停业、歇业的；

（四）未依法履行对供热单位的监督检查职责的；

（五）未依法受理有关供热质量和服务质量投诉以及发现违法行为未及时查处的；

（六）贪污、挪用供热管网维修、养护、更新保障资金的；

（七）有其他滥用职权、玩忽职守、徇私舞弊行为并造成损失的。

**第五十七条** 当事人对行政处罚决定不服的，可依法申请行政复议或提起行政诉讼。

## 第八章　附　则

**第五十八条**　本条例下列用语的含义：

（一）本条例所称供热，是指利用热电联产、区域锅炉等所产生的蒸汽、热水和工业余热、地热等热源，通过管网为热用户有偿提供生产和生活用热的行为。

（二）本条例所称热源单位，是指为供热单位提供热能的单位。

（三）本条例所称供热单位，是指利用热源单位提供或者本单位生产的热能，从事供热经营活动的单位。

（四）本条例所称用热户，是指有偿使用供热单位热能的单位或个人。

**第五十九条**　本条例自 2016 年 9 月 1 日起施行。

# 《西安市集中供热条例》

（2007 年 12 月 26 日西安市第十四届人民代表大会常务委员会第七次会议通过。2008 年 4 月 2 日陕西省第十一届人民代表大会常务委员会第一次会议批准。根据 2010 年 7 月 15 日西安市第十四届人民代表大会常务委员会第二十三次会议通过。2010 年 9 月 29 日陕西省第十一届人民代表大会常务委员会第十八次会议批准的《西安市人民代表大会常务委员会关于修改部分地方性法规的决定》第一次修正。2017 年 12 月 17 日西安市第十六届人民代表大会常务委员会第八次会议修订通过。2018 年 3 月 31 日陕西省第十三届人民代表大会常务委员会第二次会议批准。根据 2020 年 10 月 21 日西安市第十六届人民代表大会常务委员会第三十七次会议通过。2020 年 11 月 26 日陕西省第十三届人民代表大会常务委员会第二十三次会议批准的《西安市人民代表大会常务委员会关于修改〈西安市保护消费者合法权益条例〉等 65 部地方性法规的决定》第二次修正。）

目　　录
第一章　总　　则
第二章　规划与建设
第三章　供　　热
第四章　用　　热
第五章　设施管理
第六章　监督管理
第七章　法律责任
第八章　附　　则

## 第一章　总　　则

**第一条**　为了规范供热服务和用热行为，维护供热用热双方的合法权益，促进集中供热事业可持续发展，根据有关法律、法规，结合本市实际，制定本条例。

**第二条** 本市行政区域内集中供热的规划、建设、经营、使用和管理等活动，适用本条例。

**第三条** 本条例所称集中供热，是指集中热源所产生的蒸汽、热水，通过管网向城市（镇）或者部分区域的用户有偿提供用热的行为。

**第四条** 集中供热应当遵循统筹规划、优化配置、节能环保、规范服务、强化监管的原则。

**第五条** 市城市管理部门是本市集中供热行政主管部门，负责本市集中供热及相关活动的监督管理工作。

区县集中供热行政主管部门和开发区管理委员会在市集中供热行政主管部门的监督指导下，负责其管理范围内集中供热的监督管理工作。

发改、资源规划、住建、财政、生态环境、市场监管、应急、公安等部门，按照各自职责，做好集中供热的相关监督管理工作。

**第六条** 市、区县人民政府应当将集中供热事业纳入国民经济和社会发展规划，加强集中供热基础设施建设，提升集中供热保障能力，提高集中供热普及率，改善城市生态环境。

**第七条** 鼓励各类投资主体依照国家有关法律、法规的规定，投资集中供热项目的建设和运营。

**第八条** 鼓励采用热电联产、冷热电三联供、区域锅炉房等多种形式发展集中供热，推广先进、节能、环保的供热用热技术，支持利用太阳能、水能、地热能、生物质能等可再生能源发展集中供热。

**第九条** 市、区县人民政府和开发区管理委员会应当设立集中供热专项资金，专项用于集中供热的奖励和补贴。

## 第二章 规划与建设

**第十条** 集中供热专项规划是集中供热建设、管理、发展的依据。

市、区县集中供热行政主管部门应当会同资源规划主管部门依据城市总体规划及能源发展规划，编制本级集中供热专项规划，报同级人民政府批准后，由本级集中供热行政主管部门组织实施。

经批准的集中供热专项规划，任何单位和个人不得擅自变更。确需变更的，应当按照规划编制程序报请批准。

**第十一条** 编制集中供热专项规划，应当体现城乡统筹、节能减排、科学配置热源、长远与近期相结合的要求，合理安排热源厂（站）和管网布局，使其与城市发展规模相适应。

第十二条　新建、改建、扩建热源厂（站）、供热管网等集中供热工程项目，应当符合集中供热专项规划。

负责建设项目审批的部门在审查集中供热工程项目申请时，应当征求集中供热行政主管部门的意见。

第十三条　在已建成和规划建设的集中供热管网覆盖范围内，不得建设高能耗、高污染的供热设施。已建成使用的，应当按照城市发展规划和有利于集中供热、节能环保的原则予以改造，并逐步并入集中供热。

第十四条　新建、改建、扩建城市道路，应当按照集中供热专项规划的要求，同时设计和敷设供热管网。

城市道路建有地下综合管廊的，供热管网应当纳入综合管廊。

第十五条　按照集中供热专项规划建设的供热管网，需要穿越某一地段或者建筑物、构筑物时，产权单位或者产权人应当予以配合。因穿越施工造成相关建筑或者设施损坏的，建设单位应当及时修复；无法修复的，应当经过评估予以赔偿。

第十六条　城市基础设施配套费中的集中供热管网建设资金，专项用于集中供热管网的建设。

第十七条　新建、改建、扩建民用建筑需要实行集中供热的，建设单位应当向建设工程所在区域的供热企业提出申请。供热企业应当在接到申请之日起七个工作日内作出答复。

既有民用建筑需要实行集中供热的，按照前款规定征求所在区域的供热企业意见。不符合集中供热条件的，应当按照既有民用建筑节能改造标准进行节能改造。

第十八条　实行集中供热的新建、改建、扩建民用建筑，按照国家有关规定，安装供热系统调控装置、用热计量装置和室内温度调控装置。

实行集中供热的既有民用建筑不符合国家有关住宅设计规范要求的，在进行建筑节能改造的同时，安装供热系统调控装置、用热计量装置和室内温度调控装置。

第十九条　建设项目配套建设的供热设施应当与建筑主体工程同步设计、同步施工、同步验收。

建设项目配套建设的供热设施的设计、施工、监理，应当由具有相应资质的单位承担，并严格执行国家有关技术标准和规范；使用的设备、管材和计量器具，应当符合设计要求和国家规定的产品质量标准，其技术参数应当与热源的热媒参数相匹配。

**第二十条** 建设项目配套建设的供热设施竣工后，建设单位应当依法组织竣工验收，验收时应当有建设项目所在区域的供热企业参加。

建设单位应当在供热设施竣工验收合格之日起十五日内将竣工验收资料报住房建设行政主管部门备案。

住房建设行政主管部门应当将供热设施竣工验收备案意见告知建设项目所在地的区县集中供热行政主管部门或者开发区管理委员会。

## 第三章 供 热

**第二十一条** 本市集中供热实行经营许可制度。

供热企业取得集中供热经营许可证后，方可从事集中供热。

**第二十二条** 集中供热经营许可证由供热企业所在地的区县集中供热行政主管部门或者开发区管理委员会核发；跨区县经营的，由市集中供热行政主管部门核发。

**第二十三条** 申请集中供热经营许可证，应当符合下列条件：

（一）符合集中供热专项规划的要求；

（二）具有稳定的热源；

（三）具有与供热规模相适应且符合国家节能环保要求的供热设施；

（四）具有供热专业技术人员和安全管理人员；

（五）具有固定的经营场所、完善的管理体系和安全责任制度；

（六）具有健全的供热事故抢险预案和应急保障措施；

（七）法律、法规规定的其他条件。

**第二十四条** 供热企业应当根据集中供热经营许可证确定的供热方式和供热范围提供热源、发展用户。

供热企业的热负荷与其供热能力不相适应时，集中供热行政主管部门可以调整其供热范围，供热企业也可以申请调整。

**第二十五条** 本市集中供热推行热源、供热管网、换热站的一体化经营管理体制，由供热企业负责统一维护和管理，将热能直供终端用户。

第二十六条 新建民用建筑的集中供热设施，实行供热一体化经营管理，由供热企业维修、养护和管理。

既有民用建筑的集中供热设施，由业主大会决定是否移交供热企业维修、养护和管理。决定移交的，业主委员会应当与供热企业签订协议，由供热企业对供热设施实施维修、养护和管理。

第二十七条 具备集中供热条件的新建、改建、扩建民用建筑，申请用热户数达到总户数的60%以上的，供热企业应当予以供热。

第二十八条 供热企业和用户应当在集中供热期前依法签订供用热合同。

供用热合同除应当符合国家关于供用热合同的规定外，还应当包括计费标准、违约责任及滞纳金标准、供热设施维护责任及双方约定的其他事项。

第二十九条 本市集中供热期为当年的十一月十五日至次年的三月十五日。

市人民政府可以根据气象状况等因素对集中供热的起止日期进行调整，并向社会公布。

第三十条 集中供热期内，正常天气状况下，且室外温度不低于供热系统最低设计温度、建筑围护结构符合当时供热设计规范标准和室内供热系统正常运行条件下，供热企业应当保证用户卧室、起居室的室温不低于18℃；其他部位的室温应当符合国家住宅设计规范的温度要求。供用热合同另有约定的，从其约定。

第三十一条 供热企业应当在集中供热期前对供热设施进行注水、试压和排气，并提前五日通知用户，用户及供热设施管理单位应当予以配合。

第三十二条 供热企业应当建立用户室内温度抽测制度，按照有关标准规范设置用户室内温度检测点，使用符合标准并检定合格的计量器具，定期对用户室内温度进行检测。测温情况和结果应当予以记录，由检测员和用户签字后存档。

第三十三条 用户自测室温不达标的，可以向供热设施管理单位或者供热企业提出测温要求。供热设施管理单位或者供热企业应当及时到达现场进行测温。

供热设施管理单位或者供热企业和用户对测温结果有异议的，可以申请集中供热行政主管部门或者开发区管理委员会进行测温。

第三十四条 推行分户用热计量收费。

具备分户用热计量条件的，供热企业应当按照用热量收费，热费按照基本热价和计量热价相结合的方式核算；不具备分户用热计量条件的，热费按照房屋建筑面积核算。

**第三十五条** 因供热企业原因导致用户卧室、起居室的温度不达标的，供热企业应当及时采取措施，保证室温达到规定标准，并根据供热用热双方确认的不达标天数，去除基本热费后，按照下列标准向用户退还热费：

（一）供热温度高于或者等于16℃、低于18℃的，退还热费的20%；

（二）供热温度高于或者等于14℃、低于16℃的，退还热费的50%；

（三）供热温度低于14℃的，全额退还热费。

供热企业应当于每年集中供热期结束后至六月三十日前通知用户并办理退费。

**第三十六条** 集中供热价格的核定和调整，由价格主管部门按照相关权限的规定提出方案，举行听证会，按照规定程序报批。

**第三十七条** 供热企业应当实行标准化管理和规范化服务，向社会公开服务内容、服务标准、办事程序、收费标准和服务电话等事项。

供热企业在集中供热期间实行二十四小时值班制度，及时处理用户的报修或者投诉。对供热管网泄漏的报修，应当在接到报修后二小时内进行抢修；对供热质量的投诉，应当在接到投诉后十二个小时内到达现场。

**第三十八条** 因供热设施故障或者突发事件导致停热的，供热企业应当立即通知受影响区域的用户并组织抢修，同时报告集中供热行政主管部门或者开发区管理委员会。对影响抢修的其他设施可以采取合理的应急处置和必要的现场防护措施，相关单位和产权人应当予以配合。

**第三十九条** 供热企业应当按照规定向集中供热行政主管部门或者开发区管理委员会报送供热情况统计表及其他相关资料。

**第四十条** 供热企业无法保障安全稳定供热的，应当于当年集中供热开始之日的三个月前向集中供热行政主管部门或者开发区管理委员会报告。

集中供热行政主管部门或者开发区管理委员会应当要求供热企业限期整改。整改期满，仍未实现安全稳定供热的，由集中供热行政主管部门或者开发区管理委员会指定符合条件的供热企业进行应急接管，并在供热范围内公告。

**第四十一条** 未经集中供热行政主管部门或者开发区管理委员会批准，

供热企业不得擅自停业、歇业。确需停业、歇业的，应当于当年集中供热开始之日的六个月前向集中供热行政主管部门或者开发区管理委员会提出申请。集中供热行政主管部门或者开发区管理委员会应当在接到申请之日起十个工作日内作出是否批准的决定。

经批准停业、歇业的供热企业应当对其供热范围内的用户、热费和供热设施管护等事宜作出妥善安排，在收到批准决定之日起二十个工作日内与承接的供热企业完成供热设施及技术档案、用户资料、热费等事项的交接工作，并书面报告集中供热行政主管部门或者开发区管理委员会。

## 第四章 用 热

**第四十二条** 用户依法享有本条例规定和供用热合同约定的用热权。

**第四十三条** 用户用热应当向供热企业提出申请，供热企业应当在接到用热申请之日起七个工作日内作出答复。符合用热条件的，供热企业应当与申请人签订供用热合同并办理相关手续；不符合用热条件的，应当向申请人告知原因。

**第四十四条** 用户变更用热面积、用热量、用热性质等供用热合同约定的事项时，应当与供热企业协商确定。

**第四十五条** 用户停止用热或者恢复用热，应当于当年集中供热开始之日的十五日前向供热企业提出申请，供热企业应当在接到申请之日起五个工作日内作出答复。

停止用热的用户，应当向供热企业交纳基本热费。

**第四十六条** 用户应当妥善使用和维护室内供热设施，供热设施发生异常、泄漏等故障时，应当及时向供热设施管理单位或者供热企业报修。

供热企业应用户要求对室内供热设施维修时，应当事先向用户明示维修项目、收费标准、消耗材料等清单，经用户签字后实施维修。

**第四十七条** 用户不得有下列影响供热设施正常运行的行为：

（一）擅自排放或者取用供热管道中的热水、蒸汽；

（二）擅自改动供热管道、安装管道泵等；

（三）擅自改动、破坏用热计量装置、室内温度调控装置或者开启锁闭阀；

（四）擅自改变用热性质和方式；

（五）其他损坏供热设施或者影响供热与用热的行为。

确需改动室内供热设施的，用户应当向供热企业提出申请，按照供热企业提出的技术要求改动。

第四十八条　实行供热一体化经营管理的，用户应当按照供用热合同约定，及时、足额向供热企业交纳热费。尚未实行供热一体化经营管理的，用户应当向供热设施管理单位交纳热费。

第四十九条　用户未按规定交纳热费的，供热企业应当书面催告。经书面催告仍不交纳的，供热企业可以采取用热限制措施，并按照供用热合同约定收取违约金，但不得以少数用户未交纳热费为由，中断对其他已交费用户的供热或者降低供热标准。

第五十条　用户违反本条例第四十七条和第四十九条规定或者有下列行为之一，导致室温不达标的，供热企业不承担责任：

（一）擅自改变房屋结构的；

（二）遮蔽散热器严重影响供热效果的；

（三）未采取正常保温措施的。

## 第五章　设施管理

第五十一条　实行供热一体化经营管理的，供热设施的维护管理由供热企业负责。

尚未实行供热一体化经营管理的，供热设施的维护管理由设施产权人或者其委托的供热设施管理单位负责。

供热设施需要更新改造的，费用由设施产权人承担。

第五十二条　建设单位应当依法承担供热设施保修期内的维修、调试等保修责任。

供热设施的保修期不得低于二个供热期。保修责任未履行或者拖延履行的，保修期相应顺延。

供热设施的保修期，自供热设施正式投入运行之日起计算。

第五十三条　供热企业工作人员对用户室内供热设施检查、维修时，应当出示有效工作证件，用户应当予以配合。

第五十四条　供热企业和供热设施管理单位应当建立供热设施巡检制度，按照国家有关工程建设标准和安全生产管理的规定，设置防腐、绝缘、防雷、高压等保护装置和安全警示标志，对其负责的供热设施定期进行巡查、检测、维修和养护。

**第五十五条** 供热企业和供热设施管理单位根据安全生产需要，对其负责的供热设施组织安全评价。

**第五十六条** 供热企业应当建立集中供热智能管理平台，在线监测和调节热源、供热管网、换热站等供热设施的相关参数，完善用户查询、预约、投诉、交费等操作系统，提高集中供热服务水平。

**第五十七条** 任何单位和个人不得有下列影响供热设施安全的行为：

（一）擅自在供热设施安全保护范围内修建建筑物、构筑物、敷设管线或者种植深根植物；

（二）擅自在供热设施安全保护范围内挖坑取土、爆破、打桩；

（三）在供热设施安全保护范围内堆放垃圾、杂物、易燃易爆等危险物品；

（四）向供热管道排放污水、腐蚀性液体或者气体等；

（五）利用供热管道或者支架悬挂重物；

（六）破坏或者擅自改装、拆除供热管网、井盖、阀门和仪表等供热设施；

（七）损毁、覆盖、涂改、擅自拆除或者移动供热设施安全警示标志；

（八）其他影响供热设施安全的行为。

**第五十八条** 新建、改建、扩建建设工程，不得影响供热设施安全。

建设工程施工可能影响地下供热管网等供热设施安全的，建设单位应当会同施工单位与供热企业共同制定供热设施保护方案，并采取安全保护措施。

建设工程开工前，建设单位应当向地下供热管网资料的保存单位查明地下供热管网的相关情况。地下供热管网资料的保存单位应当及时提供真实准确的相关资料。

## 第六章 监督管理

**第五十九条** 市人民政府应当建立集中供热联席会议制度，研究、协调、解决涉及集中供热的重大事项及相关问题。

**第六十条** 市、区县人民政府和开发区管理委员会应当制定集中供热突发事件应急预案，建立相应的组织指挥系统和资金、物资应急保障体系。

第六十一条　集中供热行政主管部门和开发区管理委员会应当建立、健全集中供热督导、监管制度，对供热企业的运营活动进行定期检查、考核，并将考核情况向社会公布。

第六十二条　市集中供热行政主管部门应当建立集中供热信息监管平台，对集中供热项目的建设、供热企业运营情况、集中供热设施运行情况实行实时远程监测，实现供热信息共享和网络化监督管理。

第六十三条　集中供热行政主管部门和开发区管理委员会应当建立供热用热投诉举报制度，公开受理方式。受理投诉举报后，应当及时调查处理，并在接到投诉、举报之日起五个工作日内将处理情况告知投诉、举报人。

第六十四条　市集中供热行政主管部门应当履行下列职责：

（一）制定全市集中供热管理的相关政策、规范；

（二）负责组织落实市集中供热联席会议的决定；

（三）监督、检查供热企业的运营活动；

（四）监督、指导区县集中供热行政主管部门和开发区管理委员会的集中供热管理工作；

（五）组织开展集中供热行业管理人员的培训；

（六）法律、法规规定的其他职责。

第六十五条　区县集中供热行政主管部门和开发区管理委员会应当履行下列职责：

（一）监督、检查其管理范围内供热企业的运营活动；

（二）建立、健全集中供热运行台帐，定期向市集中供热行政主管部门报告；

（三）规范、监督其管理范围内的用户用热行为；

（四）依法查处其管理范围内影响供热设施安全的行为；

（五）组织开展集中供热宣传和专项执法检查。

第六十六条　集中供热相关部门应当按照下列规定，履行监督管理职责：

（一）发展改革部门负责集中供热工程的项目审批，协调集中供热的能源供应等事项；

（二）资源规划主管部门负责确定热源厂（站）及供热管网线位，做好热源厂（站）及其他供热设施建设用地的保障工作；

（三）住房建设行政主管部门负责民用建筑供热管网、散热设备等供热设施的竣工验收备案，负责供热设施管理单位有关集中供热工作的监督管理；

（四）生态环境主管部门负责供热企业排放的污染物类别、浓度指标等事项的监督管理；

（五）应急管理部门依法负责供热安全生产工作的综合监督管理。

## 第七章　法律责任

**第六十七条**　违反本条例第二十一条规定，未取得集中供热经营许可证从事集中供热经营的，由集中供热行政主管部门或者开发区管理委员会责令停止违法行为，没收违法所得，并处十万元以上五十万元以下罚款。

**第六十八条**　违反本条例规定，供热企业有下列行为之一的，由集中供热行政主管部门或者开发区管理委员会责令限期改正；逾期未改正或者拒不改正的，处二千元以上一万元以下罚款；造成损失的，依法承担赔偿责任：

（一）未按照集中供热经营许可证的规定从事供热经营活动的；

（二）未在集中供热期前对供热设施注水、试压和排气的；

（三）未设置测温点或者未进行测温的；

（四）未按照规定及时处理用户报修或者投诉的；

（五）未按照规定报送供热统计表及其他相关资料的。

**第六十九条**　违反本条例第三十八条规定，因供热设施故障或者突发事件导致停热后未及时采取抢修措施和通知用户、报告主管部门的，由集中供热行政主管部门或者开发区管理委员会责令限期改正，并处五万元以上十万元以下罚款；造成损失的，依法承担赔偿责任。

**第七十条**　违反本条例第四十条第一款或者第四十一条规定，供热企业未按照规定报告或者擅自停业、歇业的，由集中供热行政主管部门或者开发区管理委员会给予警告，责令限期改正；逾期未改正或者拒不改正的，处十万元以上五十万元以下罚款；情节严重的，吊销集中供热经营许可证；造成损失的，依法承担赔偿责任。

**第七十一条**　违反本条例第四十七条规定，影响供热设施正常运行的，由集中供热行政主管部门或者开发区管理委员会责令限期改正；逾期未改正或者拒不改正的，对单位用户处一万元以上五万元以下罚款，对个人用户处五百元以上二千元以下罚款；造成损失的，依法承担赔偿责任。

**第七十二条** 违反本条例第五十四条规定，供热企业和供热设施管理单位未设置保护装置和安全警示标志的，由集中供热行政主管部门或者开发区管理委员会责令限期改正；逾期未改正或者拒不改正的，处五百元以上二千元以下罚款。

**第七十三条** 违反本条例第五十七条规定，影响供热设施安全的，由集中供热行政主管部门或者开发区管理委员会责令停止违法行为、限期恢复原状或者采取其他补救措施，并对单位处二万元以上十万元以下罚款，对个人处五千元以下罚款；造成损失的，依法承担赔偿责任。

**第七十四条** 违反本条例第五十八条第二款规定，建设单位未会同施工单位、供热企业制定供热设施保护方案的，由集中供热行政主管部门或者开发区管理委员会责令限期改正；逾期未改正或者拒不改正的，处一万元以上五万元以下罚款；造成损失的，依法承担赔偿责任。

**第七十五条** 本条例规定由集中供热行政主管部门负责实施的行政处罚，由区县集中供热行政主管部门或者开发区管理委员会在各自的职责范围内实施。对市集中供热行政主管部门核发经营许可证的供热企业的违法行为，其行政处罚由市集中供热行政主管部门实施。

**第七十六条** 依照本条例规定，对个人作出三千元以上罚款、对单位作出三万元以上罚款处罚决定前，应当告知当事人有要求举行听证的权利。

**第七十七条** 违反本条例规定，集中供热行政主管部门、相关部门或者开发区管理委员会及其工作人员未履行本条例规定的监管职责，或者有其他滥用职权、玩忽职守、徇私舞弊的行为的，对直接负责的主管人员和其他直接责任人员依法给予处分；构成犯罪的，依法追究刑事责任。

**第七十八条** 违反本条例规定的其他行为，法律、法规已有法律责任规定的，适用其规定。

## 第八章 附 则

**第七十九条** 本条例下列用语的含义：

（一）供热企业，是指从事供热生产经营的企业，包括拥有一定规模的稳定热源并直接向用户供热的企业和外购热源向用户供热的企业；

（二）用户，是指有偿使用供热企业提供的热能的单位和个人；

（三）供热设施，包括共用供热设施和室内供热设施。共用供热设施包括热源生产设施、管网输配设施、换热站设施及其附属设施、供热计量仪表和户内共用管道等；室内供热设施包括用户室内支线管道、计量装置、管件、阀门、终端散热设备（含地埋管）及附件等。

　　**第八十条**　本条例自 2018 年 7 月 1 日起施行。

# 《国家发展改革委、建设部关于印发〈城市供热价格管理暂行办法〉的通知》

(发改价格 [2007] 1195 号)

各省、自治区、直辖市发展改革委、物价局、建设厅（建委、市政管委）：

为了完善城市供热价格形成机制，规范热价管理，根据城镇供热体制改革的要求，我们制定了《城市供热价格管理暂行办法》。现印发你们，请结合本地区实际情况，认真贯彻执行。

## 第一章 总 则

**第一条** 为规范城市供热价格管理，保障供热、用热双方的合法权益，促进城市供热事业发展和节能环保，根据《中华人民共和国价格法》等有关法律、法规，制定本办法。

**第二条** 本办法适用于城市行政区域内（包括省辖市、县城及乡镇连片供暖区域）供热价格行为。

**第三条** 城市供热价格（以下简称热价）是指城市热力企业（单位）通过一定的供热设施将热量供给用户的价格。

**第四条** 国家鼓励发展热电联产和集中供热，允许非公有资本参与供热设施的投资、建设与经营，逐步推进供热商品化、货币化。

**第五条** 热价原则上实行政府定价或者政府指导价，由省（区、市）人民政府价格主管部门或者经授权的市、县人民政府（以下简称热价定价机关）制定。

经授权的市、县人民政府制定热价，具体工作由其所属价格主管部门负责。供热行政主管部门协助价格主管部门管理热价。

具备条件的地区，热价可以由热力企业（单位）与用户协商确定。具体条件和程序另行制定。

## 第二章 热价分类与构成

**第六条** 城市供热价格分为热力出厂价格、管网输送价格和热力销售价格。热力出厂价格是指热源生产企业向热力输送企业销售热力的价格；管网输送价格是指热力输送企业输送热力的价格；热力销售价格是指向终端用户销售热力的价格。

第七条　城市供热实行分类热价。用户分类标准及各类用户热价之间的比价关系由城市人民政府价格主管部门会同城市供热行政主管部门结合实际情况确定。

第八条　城市供热价格由供热成本、税金和利润构成。

（一）供热成本包括供热生产成本和期间费用。供热生产成本是指供热过程中发生的燃料费、电费、水费、固定资产折旧费、修理费、工资以及其它应当计入供热成本的直接费用；供热期间费用是指组织和管理供热生产经营所发生的营业费用、管理费用和财务费用。

（二）税金是指热力企业（单位）生产供应热力应当缴纳的税金。

（三）利润是指热力企业（单位）应当取得的合理收益。现阶段按成本利润率核定，逐步过渡到按净资产收益率核定。

第九条　输热、配热等环节中的合理热损失可以计入成本。

## 第三章　热价的制定和调整

第十条　热价的制定和调整（以下简称制定）应当遵循合理补偿成本、促进节约用热、坚持公平负担的原则。

第十一条　成本是指价格主管部门经过成本监审核定的供热定价成本。热电联产企业应当将成本在电、热之间进行合理分摊。

第十二条　利润按成本利润率计算时，成本利润率按不高于3%核定；按净资产收益率计算时，净资产收益率按照高于长期（5年以上）国债利率2-3个百分点核定。

第十三条　各类用户的热价应当反映其耗费的供热成本，逐步减少交叉补贴。

第十四条　热力生产企业与热力输送企业之间按热量计收热费。热电联产热源厂、集中供热热源厂和热力站应当在热力出口安装热量计量装置。

第十五条　热力销售价格要逐步实行基本热价和计量热价相结合的两部制热价。基本热价主要反映固定成本；计量热价主要反映变动成本。基本热价可以按照总热价30%-60%的标准确定。

新建建筑要同步安装热量计量和调控装置。既有建筑具备条件的，应当进行改造，达到节能和热计量的要求，实行按两部制热价计收热费。

**第十六条** 暂不具备按照两部制热价计费条件的建筑，在过渡期内可以实行按供热面积计收热费，并要尽快创造条件实现按照两部制热价计收热费。

**第十七条** 热力企业（单位）向工业企业供应的蒸汽，按照热量（或蒸汽重量）计收热费。

**第十八条** 制定和调整居民供热价格时，应当举行听证会听取各方面意见，并采取对低收入居民热价不提价或少提价，以及补贴等措施减少对低收入居民生活的影响。

**第十九条** 符合以下条件的热力企业（单位）可以向政府价格主管部门提出制定或调整热价的书面建议，同时抄送城市供热行政主管部门：

（一）按照国家法律、法规合法经营，热价不足以补偿供热成本致使热力企业（单位）经营亏损的；

（二）燃料到厂价格变化超过10%的。

**第二十条** 消费者可以依法向政府价格主管部门提出制定或调整热价的建议。

**第二十一条** 政府价格主管部门商供热行政主管部门对调价建议进行统筹研究，拟定调价方案。

因燃料价格下跌、热力生产企业利润明显高于规定利润率时，价格主管部门可以直接提出降价方案报当地人民政府审批。

**第二十二条** 政府价格主管部门受理热力企业（单位）关于制定和调整热价的建议后，要按规定进行成本监审。

**第二十三条** 制定和调整热价的方案经人民政府批准后，由政府价格主管部门向社会公告，并报上级人民政府价格主管部门和供热行政主管部门备案。

**第二十四条** 热力企业（单位）应当根据价格主管部门的规定定期如实提供生产经营及成本情况，并出具相关账簿、文件、资料。

**第二十五条** 热价不足以补偿正常的供热成本但又不能及时调整热价的地区，省级人民政府和城市人民政府可以对热力企业（单位）实行临时性补贴。

**第二十六条** 由房屋产权单位或职工所在单位为职工支付采暖费用的，

应当按有关规定改为单位向职工直接发放补贴。

## 第四章　热价执行与监督

**第二十七条**　价格主管部门应当建立供热成本监审制度，促进热力企业（单位）建立有效的成本约束机制。

**第二十八条**　省、市供热行政主管部门要逐步建立、健全城市供热质量监管体系，加强对各类计量器具和供热质量的监管，维护供、用热双方的合法权益。

**第二十九条**　热力企业（单位）应当严格执行政府制定的供热价格，不得擅自提高热价或变相提高热价。

**第三十条**　用户应当按照规定的热价按时交纳供热费用。对无正当理由拒交供热费用的用户，供热企业可以按有关规定加收滞纳金。

**第三十一条**　热力企业（单位）的供热质量必须符合规定的供热质量标准。达不到规定供热质量标准的，热力企业（单位）应当按照供用热合同的约定对用户进行补偿或赔偿。

**第三十二条**　热力企业（单位）与用户之间应当签订供用热合同，约定双方的权利和义务。供用热合同格式与内容由建设部另行制定。

**第三十三条**　各级价格主管部门应当加强对本行政区域内供热价格执行情况的监督检查。鼓励群众举报热力企业（单位）的价格违法行为；群众举报属实的，价格主管部门应给予适当奖励。加强新闻舆论对供热价格执行情况的监督。

**第三十四条**　热力企业（单位）擅自提价或通过缩短供热采暖时间、降低供热采暖质量等手段变相提价的，由同级及以上价格主管部门依据《价格法》第三十九条、四十一条和《价格违法行为行政处罚规定》第六条、第七条进行查处。

**第三十五条**　热价定价机关违反本办法，不按规定的方法、程序和权限制定和调整热价的，由上级人民政府或其价格主管部门责令改正，并通报批评。

**第三十六条**　热价定价机关的工作人员在制定热价工作中有违法行为，构成犯罪的，依法追究刑事责任；尚不构成犯罪的，依法给予行政处分。

# 第五章　附则

**第三十七条**　本办法由国家发展改革委会同建设部负责解释。

**第三十八条**　各省、自治区、直辖市价格主管部门、供热行政主管部门可以根据本办法制定实施细则。

**第三十九条**　本办法自 2007 年 10 月 1 日起实施。

# 《唐山市供热管理办法》

2013 年 8 月 26 日市政府第 4 次常务会议通过，2013 年 10 月 11 日唐山市人民政府令第 2 号公布，自 2013 年 11 月 1 日起施行。

## 第一章 总 则

**第一条** 为加强供热管理，合理利用能源，保护环境，提高人民的生活质量，促进供热事业发展，根据国家有关法律、法规规定，结合本市实际，制定本办法。

**第二条** 本办法适用于本市行政区域内供热的规划、建设、经营、使用和管理。

**第三条** 本办法所称供热，是指由供热单位利用热电联产、区域锅炉、工业余热、中水供热、地热等方式所产生的热水、蒸汽等 热源，通过管网及其他设施向热用户有偿提供生产和生活用热的行为。

本办法所称热源单位，是指为供热单位提供热能的单位。

本办法所称供热单位，是指利用热源单位提供的热能或自身生产的热能从事供热经营的单位。

本办法所称热用户，是指利用供热单位提供的热能从事生产、生活的单位和居民，分为居民热用户和非居民热用户。

**第四条** 供热事业应当坚持统一规划、统一管理的原则，优先发展热电联产集中供热，鼓励开发利用清洁能源和可再生能源供热，支持热、电、冷联供，积极推进供热科技进步，提高供热的技术水平和管理水平。

**第五条** 市住房和城乡建设行政部门负责全市供热的管理、监督和指导工作。负责主城区供热规划、计划的管理，统一分配、调配城市热源。各县（市）区及市政府派出机构所辖区域住房和城乡建设行政部门按职责权限负责所管辖区域的供热监督管理工作。

发展和改革、规划、财政、价格、国土资源、质量监督、城市管理、环境保护、工商、人力资源和社会保障、民政、公安等部门按照各自职责做好供热管理的相关工作。

## 第二章　供热规划与建设管理

**第六条**　供热规划由市供热行政部门会同规划等相关部门编制，应当符合城镇建设总体规划并与土地利用规划相衔接，遵循因地制宜、合理布局、统筹安排、分期实施的原则，经市政府批准后实施。

**第七条**　根据供热规划，建设项目应当配套建设符合环保要求的供热设施，或者预留热源、换热站、供热管网等配套供热设施建设用地，任何单位和个人不得擅自占用。

**第八条**　因城市规划、建设、环保等原因需要拆除原有供热设施的，相关部门应当与供热行政部门协商并落实替代热源后方可拆除。

**第九条**　供热行政部门根据供热规划及热源情况统筹安排管网布局，组织制定供热计划，确定供热方案。

新建、改建、扩建供热工程由供热单位提出年度实施计划，报供热行政部门审定。

建设项目在办理环境影响评价前，应当由建设单位先行取得供热行政部门意见，确定供热方式。

**第十条**　供热工程建设资金由建设单位按相关规定通过政府投资、单位自筹、受益单位或个人承担、社会融资等多种渠道筹集。

**第十一条**　供热工程的设计与施工，应当由具有相应资质的单位承担，并执行国家有关规定、技术标准和规范。

供热工程按规定经设计审查合格后方可施工，经验收合格后方可使用。

**第十二条**　新建、改建、扩建城市道路时，应当依据城市供热规划同时设计和敷设供热管网。

城市供热管网确需穿越单位、厂区或者宅院时，相关单位和个人应当予以配合。因穿越施工造成设施损坏的，建设单位应当予以修复；无法修复的，应当给予赔偿。

**第十三条**　新建建筑和新入网既有建筑的供热系统应当符合分户计量及分室控温要求，墙体、屋顶等建筑围护结构设计应当符合现行节能标准。

既有建筑在建筑节能改造时应当同步进行供热系统计量改造，达到分户供热计量要求。

## 第三章　供热设施管理

**第十四条**　供热设施、设备、材料等，应当选用先进技术、高效率、低能耗并符合国家有关规定的合格产品。

市供热行政部门根据国家有关规定对本市供热工程中使用的产品和技术，建立信用管理体系，并定期公布相关信息。

**第十五条**　各供热单位应当在供热服务场所设置明显标志。

**第十六条**　热源单位、供热单位、热用户按照下列规定对供热设施进行维护：

（一）热源单位维护、管理范围为厂区规划红线外1米以内的供热设施（含热源出口处的计量仪表）；

（二）供热单位维护、管理范围为热源单位厂区规划红线外1米处至居民热用户自用供热设施前或非居民热用户用热建筑入户管网第一只阀门前的已接管供热设施（含阀门）；

（三）居民热用户自用供热设施及非居民热用户用热建筑入户管网第一只阀门以后的供热设施由用热建筑所有人维护、管理，也可委托供热单位有偿代管。

**第十七条**　建设单位应当向供热单位移交经验收合格的供热设施。

建设单位对其建设的新建房屋供热设施应当承担不低于两个采暖季的保修责任，未履行或者拖延履行保修责任的，供热设施的保修期顺延。

**第十八条**　供热单位应当对负责运营管理的供热设施，按照相关规定及技术标准定期检查、维修、更新改造，保证使用期内设备完好，并提取相关费用计入成本。

**第十九条**　凡危及供热设施安全、影响供热设施正常运行的工程项目，建设单位应当事前征得供热单位同意，经供热行政部门及相关部门批准并采取必要的防护措施后方可施工。

**第二十条**　在供热管道及附属设施、设备周围1.5米范围内或架空供热管道下面，禁止从事下列危害供热设施及人身安全的行为：

（一）修建建（构）筑物；

（二）挖掘、取土、打桩、植树、爆破、钻探等；

（三）排放污水、堆放垃圾杂物；

（四）压埋供热管道、井盖；

（五）利用供热管道支架架设线路或悬挂物体；

（六）向供热管道及其附属设施上排放腐蚀性物质；

（七）其他危害供热设施及人身安全的行为。

**第二十一条** 在水下供热管道中心线两侧100米以内的保护区内，不准进行抛锚、挖掘等危害供热管道安全的作业。

**第二十二** 条任何单位和个人不得擅自操作、拆改、移动、增设供热管网、标志、仪表等供热设施。热用户不得影响其他热用户正常采暖，不得妨碍供热设施的检查和维修养护。

**第二十三条** 供热设施发生故障需抢修时，可以先行施工，后补办手续，有关部门及个人应当积极配合，保证抢修及时进行。

供热管网新建、更改、维护、抢险等涉及绿化、道路等市政设施的，应当恢复原状的在工程完结后予以恢复。

**第二十四条** 供热单位工作人员在抢修过程中造成热用户财产损失的，供热单位应当承担相应赔偿责任；因热用户原因造成损失的，由热用户承担责任。热用户应当配合抢修工作，因热用户原因造成损失加大，热用户对扩大的损失承担责任。

## 第四章　供用热管理

**第二十五条** 供热经营活动实施特许经营制度。供热单位应当取得供热经营许可，并经工商行政管理部门注册登记后，方可在规定范围内从事经营活动。

供热经营许可不得转让。供热单位未经供热行政部门批准不得停业、歇业。

**第二十六条** 供热单位与热源单位、供热单位与热用户之间应当签订供用热合同，明确双方权利、义务。

热用户发生变更的，热用户应当与供热单位办理供用热合同变更手续。

热用户未与供热单位签订供用热合同，并在规定时间内未提出停止用热申请而形成事实用热的，热用户应当交纳采暖费。

**第二十七条** 热源企业应当以满足热负荷为主要目标，制定生产、供应计划，保证热源供应。

第二十八条　热源单位应当遵守下列规定:

(一) 按设计规模和设计参数向供热单位提供符合同约定的热水、蒸汽等介质,并及时提供热源参数;

(二) 按规定安装必要的计量仪表、监测系统;

(三) 发生生产故障影响供热时,应当通知供热单位,及时抢修,同时采取保护供热管网的措施;

(四) 其它相关法规规定的情形。

第二十九条　供热单位应当遵守下列规定:

(一) 按规定的采暖期向热用户供热;

(二) 根据供用热合同、管理范围及时处理热用户报修;

(三) 工作人员检查供、用热情况时应当出示有效证件;

(四) 因重大设备事故不能正常供热时,及时启动应急抢险救援预案,迅速组织抢修,同时报告供热行政部门,并通知热用户;

(五) 建立供热设施档案;

(六) 相关法规、规章规定的其它情形。

第三十条　热用户应当遵守下列规定:

(一) 按时足额交纳热费;

(二) 不得擅自扩大供热面积、改变供热设施使用性质及运行方式;

(三) 不得私放、私用供热管网水、蒸汽等介质;

(四) 保护供热计量器具及其附属设施;

(五) 非居民热用户应当安装计量仪表、监测系统等设施,确定管理机构及人员,负责其供热设施维护与管理;

(六) 工业蒸汽用户应当按供热单位要求提供必要的用气参数 及年度、季度和月用气计划;

(七) 不得从事其他损害供热设施及影响供热效果的行为。

第三十一条　经批准新增、扩大供热面积,纳入城市热网的热用户,应当按规定交纳相关费用。

新纳入城市热网的热用户要求当年用热的,应当由开发建设单位或产权单位、管理单位在 8 月 31 日前向供热行政部门提出申请,符合纳网条件的,与供热单位签定供用热合同。

第三十二条　符合分户供暖并且达到室外锁闭要求的热用户可以申请停

止用热或恢复用热，应当于每年 4 月 15 日至 10 月 15 日到供 热单位办理停热或恢复用热手续。非居民热用户恢复用热应当重新 办理入网手续。停热用户每年应当向供热单位按规定交纳相关费用。

**第三十三条** 本市居民生活采暖期为每年 11 月 15 日至次年 3 月 15 日。

**第三十四条** 采暖期内，对符合国家住宅设计规范要求的住宅，在正常情况下供热单位应当保证居民热用户卧室、安装供热设施的起居室（厅）温度达到 18°C±2°C，但因下列情形影响正常供热的除外：

（一）热用户内部采暖系统不合理，影响用热效果，未按供热单位意见改正的；

（二）热用户保温及建筑维护结构不合理的；

（三）热用户因室内装修或擅自改变房屋结构和采暖设施影响 供热效果的；

（四）私自扩大供热面积，改变供热方式的；

（五）停水、停电等突发事件及热源单位出现故障造成供热中断的；

（六）其它不可抗力因素。

**第三十五条** 采暖期内，热源单位、供热单位应当保证正常、稳定、连续按照规定供热。

供热单位不得无故推迟、中止供热或者提前结束供热，不得退出或者部分退出供热经营活动；向供热单位供应水、电力、燃气、燃油、煤炭和热能的单位应当保障供应，不得擅自中断。

**第三十六条** 建立供热风险防范机制。市、县（市）区年度财政预算中应当安排资金，专项用于供热保障。

供热单位、热源单位应当制定并完善本单位的供热应急预案，组建应急抢险队伍，配备应急抢修设施设备，做好应急处置工作。

## 第五章 热费管理

**第三十七条** 供热价格由市价格行政部门依照相关规定结合我市实际制定。

**第三十八条** 热用户应当在当年采暖期前全额交纳热费。

热费由供热单位收取，确需委托收取的，应当签订委托合同。

**第三十九条** 对具备热计量条件的热用户，采暖季结束后按计量收费文件规定结算热费。

对不具备供热计量条件的热用户，按面积计收热费。

**第四十条** 当年 12 月 31 日之前未交清热费的，供热单位可自次年 1 月 1 日起按拖欠热费总额每日加收 2‰滞纳金。

工业蒸汽用户应当于每月 10 日前向供热单位预交本月计划用汽 量 50%的热费，月底结清。至下月 10 日仍未结清的，供热单位可停止供汽，并按供热合同约定收取违约金。

**第四十一条** 热用户至次年 1 月 31 日仍未交纳热费的，经催告无效后，供热单位可采取停止供热等措施。

**第四十二条** 居民热用户居室温度低于供热温度标准时，经用户申请，供热单位应当按双方约定时间进行室温实测，实测记录双方签字。经实测，居室平均温度低于供热温度标准、属供热单位责任范围的，供热单位应当予维修，并按不达标天数减收热费。

物业企业或产权单位代收代缴的，居民住宅居室平均温度低于供热温度标准时，按代收代缴合同约定执行。

**第四十三条** 纳入城市热网的新建建筑供热设施第一采暖期应进行整体运转、调试，热费由建设单位整体交纳，已售出的房屋由购房者与建设单位按合同约定交费。

**第四十四条** 房屋产权变更时，热用户应当到供热单位办理变更手续，结清热费并妥善处理遗留问题。

## 第六章　法律责任

**第四十五条** 供、用热双方违反供用热合同，给对方造成损失的，应当承担赔偿责任。

**第四十六条** 有下列情形之一的，由市、县（市）区供热行政部门责令限期改正，赔偿经济损失，并按下列规定予以处罚，涉嫌犯罪的，移送司法机关处理：

（一）违反本办法第十九条规定的，处一万元以下罚款；

（二）违反本办法第二十条、第二十一条规定，属于非经营行 为的，处一千元以下罚款；属于经营行为的，处一万元以下罚款；

（三）违反本办法第二十五条规定，未取得经营许可擅自从事 供热经营活动的，处一万元以上二万元以下罚款；行为规模较大、社会危害严重的，处二万以上二十万元以下罚款；危害人体健康、存在重大安全隐患、威胁公共安全、破坏环境资源的，处五万元以上五十万元以下罚款；

（四）违反本办法第二十五条规定，取得经营许可的供热单位擅自停业、歇业的，予以警告，可以并处三万元以下罚款；逾期不改正的，依法取消其特许经营权；

（五）违反本办法第二十八条规定的，处一万元以上三万元以下罚款；

（六）违反本办法第二十九条第一项规定的，擅自推迟供热或者提前停热的，按照推迟供热或者提前停热日数退还用户热费，并处以等额罚款；违反本办法第二十九条第二、四项规定的，责令限期改正，逾期未改正的，处一千元以下罚款；

（七）违反本办法第三十条第一项规定的，责令补交热费；违反本办法第三十条第二、三、四、七项规定的，处一千元以下罚款；

（八）违反本办法第三十一条规定，未办理供热手续用热的，应当补交相关费用，由供热行政部门按相关规定处罚款，并补办纳网相关手续。

**第四十七条**　妨碍供热管理人员执行公务，由公安等机关依照有关规定处罚；涉嫌犯罪的，移交司法机关处理。

**第四十八条**　热源单位、供热单位、用热单位管理人员玩忽职守、滥用职权、徇私舞弊、敲诈勒索用户的，由其所在单位或上级行政部门给予行政处分；涉嫌犯罪的，移交司法机关处理。

## 第七章　附　则

**第四十九条**　本办法自 2003 年 11 月 1 日起施行，《唐山市城市供热管理办法》（唐政发〔1998〕5 号）同时废止。

# 《吉林市有线电视管理条例》

（1996 年 9 月 19 日吉林市第十一届人民代表大会常务委员会第二十六次会议通过。1996 年 11 月 22 日吉林省第八届人民代表大会常务委员会第二十七次会议批准。1997 年 9 月 25 日吉林市第十一届人民代表大会常务委员会第三十二次会议修改。1997 年 11 月 14 日吉林省第八届人民代表大会常务委员会第三十四次会议批准。2004 年 12 月 28 日吉林市第十三届人民代表大会常务委员会第十七次会议修改。2005 年 1 月 20 日吉林省第十届人民代表大会常务委员会第十八次会议批准。）

## 第一章 总 则

**第一条** 为加强有线电视的管理，推动有线电视事业的发展，促进社会主义物质文明和精神文明建设，根据有关法律、法规，结合我市实际，制定本条例。

**第二条** 本条例所称有线电视是指利用电缆、光缆、微波、卫星传送电视节目和信息及多种用途的公共电视传输系统。包括：有线电视台、有线电视站、共用天线系统等（以下统称有线电视系统）。

**第三条** 凡在本市行政区域内设置、使用有线电视系统，从事其工程设计、安装及其有关活动的单位和个人，均须遵守本条例。

**第四条** 有线电视必须坚持为人民服务、为社会主义服务的方向；坚持稳步、协调、科学的发展方针；坚持社会效益与经济效益相结合，把社会效益放在首位的原则。

**第五条** 有线电视实行统一领导、统一规划、分级管理。市、县（市）广播电视行政管理部门负责本行政区域内有线电视的管理工作。其具体职责是：

（一）贯彻执行有线电视的法律、法规、规章和政策；

（二）拟定本行政区有线电视发展总体规划并组织实施；

（三）审查有线电视系统的设立和工程设计，组织工程的检测验收；

---

（四）对有线电视系统技术维护运行工作及节目进行管理和监督；

（五）检查处理违反本条例的行为。

公安、安全、城建、工商、物价等有关部门按各自的职责做好有线电视管理工作。

## 第二章　有线电视系统的设立

**第六条**　有线电视的发展规划由市、县（市）广播电视行政管理部门提出，报本级人民政府批准。

有线电视建设必须纳入城市建设总体规划。

**第七条**　行政区域性有线电视台、网，由市、县（市）广播电视行政管理部门设立。同一城市或者同一区域只能设立一个行政区域性有线电视台、网。

**第八条**　机关、部队、团体、企业事业单位设立的非行政区域性有线电视站，其覆盖范围为本单位人员集中工作或居住的区域，不得超出其批准的覆盖范围向社会联网和发展用户。非行政区域性有线电视站必须按照本行政区域有线电视发展总体规划与本行政区域性有线电视台并网，并按规定交纳所需费用。并网后可以保留呼号和前端。

**第九条**　个人不得设立有线电视台（站）。

任何单位和个人不得与境外机构或个人合资、合股设立、经营有线电视台（站）。

**第十条**　申请设立有线电视台，应当具备如下条件：

（一）符合当地有线电视发展规划的整体要求；

（二）有专门的管理机构和可靠的经费来源；

（三）有15人以上的专职采访、编辑、摄（录）像、播音、传输等工作人员（不含传输网络的维护人员）；

（四）有省级以上（含省级）广播电影电视行政管理部门根据国家技术标准认定合格，并按规定配备的摄（录）像、编辑、播出设备；

（五）有省级以上（含省级）广播电影电视行政管理部门根据国家标准认定合格的传输设备；

（六）有固定的节目制作场所；

（七）有固定的播放场所；

（八）有容纳中央、省、市及当地无线电视节目的频道。

具备前款（一）、（二）、（五）、（七）项条件的可以申请开办有线电视站。具备前款（二）、（五）、（七）项条件的可以申请开办共用天线系统。

**第十一条** 设立有线电视站，由县（市）和市广播电视行政管理部门审核，报省广播电影电视行政管理部门批准。

设立、安装、使用卫星电视地面接收设施，按照国家有关法律、法规执行。

未经批准，不得设立、建设和使用有线电视系统及设施。

**第十二条** 有线电视台（站）不得擅自变更播出频道、技术参数和终止台（站）。确需变更或者终止的，须提前30日向县（市）、市广播电视行政管理部门申请，按照原审批程序办理有关手续，终止台（站）的需向社会公告。

**第十三条** 有线电视台不得向任何单位、境外机构和个人出租频道和播出时段。

**第十四条** 用于国防、公安、国家安全业务的有线电视系统，由中国人民解放军、公安、国家安全部门分别管理。对上述部门的民用有线电视系统，依照本条例进行管理。

**第十五条** 有线电视台（站）可以向其终端用户收取有线电视建设费、移装费和收视维护费，其收费标准由广播电视行政管理部门提出，报当地物价部门批准。

有线电视台（站）在收取用户建设费或移装费后30日内须安装完毕。

有线电视台（站）终端用户须按时交纳收视维护费。

有线电视台（站）不得擅自设立收费项目、扩大收费范围和提高收费标准。

## 第三章　有线电视工程建设

**第十六条** 具备下列条件的单位，可以申请从事有线电视工程设计业务：

（一）属独立承担民事责任的经济实体；

（二）具有独立承担有线电视工程设计的综合能力，有1名以上固定的电子专业高级工程师，4名以上电子专业工程师，1名以上经济师，若干熟练的工程技术人员和管理人员；

（三）有必要的流动资金；

（四）有从事有线电视工程设计的技术设备；

（五）有固定的办公场所。

**第十七条** 具备下列条件的单位，可以申请从事有线电视工程的安装业务：

（一）属独立承担民事责任的经济实体；

（二）有专门的管理机构，有 2 名以上的电子专业工程师，8 名以上熟练的技术工人；

（三）有必要的流动资金；

（四）有安装有线电视工程的技术设备；

（五）有固定的办公场所。

**第十八条** 集体所有制单位申请从事有线电视工程设计、安装施工的，除具备本条例第十六条、第十七条所规定的条件外，还应当有不低于 20 万元的注册资金。

**第十九条** 有线电视工程建设必须使用符合国家技术标准的设备和元器件。

**第二十条** 外地有线电视设计、安装单位在本市行政区域内承接业务，必须持设计、安装许可证、营业执照和设计总体方案，到工程所在地广播电视行政管理部门备案审查，经审查同意并办理有关手续后，方可从事设计、安装施工业务。

**第二十一条** 在有线电视发展总体规划范围内新建、改建居民住宅、宾馆等建筑物，必须按照有线电视总体规划要求设计、安装有线电视工程。建设前，须持该建筑物有线电视工程设计图纸和暗配管线图，到当地广播电视行政管理部门办理审查手续后，方可施工。

**第二十二条** 有线电视工程必须做到与建筑物同时设计、同时施工、同时交付使用。

**第二十三条** 有线电视工程应当在竣工后 30 日内，由建设单位和施工单位，持有线电视工程竣工报告单、施工图纸，向当地广播电视行政管理部门申请，由省、市广播电视行政管理部门组织技术指标检测和工程验收。

未经检测验收或经检测验收不合格的有线电视工程不得交付使用。

有线电视工程暗配管线系统的验收工作，由当地建筑工程质量监督机构检查验收。

**第二十四条** 有线电视工程检测验收单位，可以按规定向安装施工单位收取检测验收费。

## 第四章 有线电视节目管理

**第二十五条** 有线电视台（站）应当按照国家规定的节目设置范围开办节目，其传输的信号质量必须符合国家技术标准，保证节目质量。

禁止乡、镇设立的有线广播电视站自办电视节目。

禁止利用共用天线系统播放自制的电视节目和录像制品。

**第二十六条** 有线电视台（站）必须安排专用频道直接完整传送中央、省、市电视台和当地电视台的节目以及国家教委办的电视教学节目。

**第二十七条** 有线电视台播放的录像制品，须由省广播电影电视行政管理部门指定的有线电视节目供片单位提供，并贴有《有线电视节目准播证》。

**第二十八条** 有线电视台（站）禁止播放或转播下列电视节目：

（一）违反国家法律、法规、规章和政策的；

（二）未取得播映权的电视节目，电影片及录像制品；

（三）未持有广播电影电视部颁发《电视剧制作许可证》单位制作的国产电视剧；

（四）未经广播电影电视部批准播放的境外影视剧和录像制品；

（五）未取得《有线电视节目准播证》的录像制品；

（六）国家禁止播放的其他内容。

**第二十九条** 有线电视台（站）利用卫星地面接收设施接收、传送电视节目，按照国家有关规定执行。

**第三十条** 有线电视台（站）应当建立、健全电视节目审查制度、重播重审制度，并按月编制节目播放单。除特殊情况外，应当按当日节目预告播出，不得擅自更换节目。月播放节目单应当报当地广播电视行政管理部门备案。

**第三十一条** 有线电视台（站）不得对非自己制作的电视节目进行出租、转租、转借。

任何单位和个人未经授权，不得以营利为目的转录、销售有线电视台摄制生产的电视节目。

## 第五章　有线电视设施保护

**第三十二条**　任何单位和个人都有保护有线电视设施的义务。对危及有线电视设施安全和损害其工作效能的行为，任何单位、个人都有权制止和向广播电视行政管理部门报告。

**第三十三条**　移动、调整、拆除有线电视设施，必须经产权单位审查同意，报当地广播电视行政管理部门备案后方可进行，并承担其费用。

**第三十四条**　造成有线电视设施损坏的单位或者个人，应当及时采取保护措施，并立即向产权单位报告。有线电视设施的产权单位，接到设施损坏报告后，应当立即派员到现场勘察，确定损坏程度，分清责任并采取措施予以修复，确保正常播出。

**第三十五条**　不准破坏有线电视设施和利用各种方法、手段窃取有线电视信号。

**第三十六条**　单位或者个人从事非电视业务不得对有线电视信号造成干扰，造成干扰的，应当在 24 小时之内排除干扰。逾期未排除的，由广播电视行政管理部门会同无线电管理部门按照有关规定处理。

**第三十七条**　有线电视台（站）或者设置公用天线系统的单位应当及时对其传输设备、设施进行检测、检修、维护和保养，保障安全运行。

**第三十八条**　有线电视台（站）应当建立用户故障投诉登记和服务制度。一般故障应当在 24 小时内排除，难度大的故障排除不得超过 72 小时。

## 第六章　法律责任

**第三十九条**　违反本条例的，由广播电视行政管理部门或者有关部门按各自职权范围依照下列规定予以处罚。构成犯罪的，依法追究刑事责任。

（一）违反第八条第一款规定，非行政区域性有线电视站超范围发展用户的，责令其立即改正，将所收取的有线电视建设费返还给终端用户，并处以20000 元以下的罚款。

（二）违反第九条、第十一条第五款规定，未经批准设立有线电视系统的，责令其停止使用，没收其从事违法活动的设备，并处以投资总额 1 倍以上 2 倍以下的罚款；未经批准擅自建设的，给予警告，没收违法所得和从事违法活动的专用工具、设备，可以并处 20000 元以下的罚款。

（三）违反第十二条、第十三条规定，擅自变更播出频道、出租频道、时段，终止台（站）的，责令其停止活动，没收违法所得，并处以 20000 元以下的罚款；情节严重的，由原审批机关吊销许可证。

（四）违反第十五条规定，有线电视用户逾期交纳收视维护费者，每日按年应交金额的 1% 交纳滞纳金，一年以上不交纳者，取消其收视资格；有线电视台（站）在收取用户初装费或者移装费后 30 日未安装的，从逾期之日起至安装之日止，每日向用户支付交费金额 1% 的补偿费。

（五）违反第二十条规定，未获得有线电视工程设计或安装许可证、共用天线系统设计或安装许可证，以及外地设计、安装单位未经当地广播电视行政管理部门备案审查，私自承接工程的，除责令其立即停止非法业务活动外，处以 5000 元至 10000 元的罚款；

（六）违反第二十三条规定，有线电视工程未经验收投入使用的，责令其停止使用，可以处以警告、5000 元至 10000 元的罚款，或者吊销许可证，并建议直接责任人所在单位给予行政处分；

（七）违反第二十五条、第二十六条、第二十七条、第二十八条、第三十条、第三十一条规定的，处以警告，没收违法所得，并处以 20000 元以下的罚款；情节严重的，由原审批机关吊销许可证；

（八）违反第三十五条规定，窃取有线电视信号的，处以 20000 元以下的罚款；破坏有线电视设施的，除责令其赔偿损失外，并处以 20000 元以上 50000 元以下的罚款，违反治安管理的行为，由公安机关依照有关规定予以处罚。

（九）违反第三十八条规定，由于有线电视台（站）自身原因逾期未排除故障的，有线电视台（站）每日按有线电视用户年交纳收视维护费的 1% 向用户支付补偿费。

**第四十条** 有线电视工作人员，必须模范遵守本条例。对滥用职权、徇私舞弊的，由主管部门给予行政处分。构成犯罪的，依法追究刑事责任。

**第四十一条** 当事人对行政处罚不服的，可以在接到处罚通知书之日起十五日内，向作出处罚决定的上一级行政机关申请复议。对复议决定不服的，可以在接到复议决定之日起十五日内向人民法院提起诉讼。逾期不申请复议、也不向人民法院提起诉讼、又不履行处罚决定的，作出处罚决定的机关可以申请人民法院强制执行。

## 第七章 附 则

**第四十二条** 与有线电视共缆传输的有线广播的管理，可以参照本条例执行。

**第四十三条** 本条例由吉林市人民代表大会常务委员会负责解释。

**第四十四条** 本条例自发布之日起施行。

# 《国家广电总局关于印发〈广播电视有线数字付费频道业务管理暂行办法〉（试行）的通知》

## （广发办字［2003］1190号）

各省、自治区、直辖市、计划单列市广播影视局（厅），新疆生产建设兵团广播电视局，各省、直辖市广播影视集团（总台），总局机关各司局，有关直属单位：

为促进和规范广播电视有线数字付费频道业务健康发展，特制定《广播电视有线数字付费频道业务管理暂行办法》（试行），现印发给你们，请认真遵照执行。执行中有什么问题和建议，请及时报告总局。

广电总局

二〇〇三年十一月十四日

## 第一章 总 则

**第一条** 为促进和规范广播电视有线数字付费频道业务健康发展，维护广播电视有线数字付费频道业务运营主体和用户的合法权益，依据《广播电视管理条例》，制定本办法。

**第二条** 本办法适用于在中华人民共和国境内从事广播电视有线数字付费频道（频率）（以下统称付费频道）的开办、播出、集成、传输、接入、服务、监管等活动。

**第三条** 本办法所称付费频道是指以有线数字方式播出、传输并须单独付费才能收听收看的专业化广播电视频道。

付费频道集成运营机构是指经批准设立的从事付费频道集成、播出及代理营销业务的机构。

付费频道传输运营机构是指利用国家或省级有线广播电视干线网从事付费频道信号传送业务的机构。

付费频道用户接入运营机构是指利用广播电视分配网向用户提供付费频道接入服务的机构。

**第四条** 国家广播电影电视总局负责制定全国付费频道总体规划，确定付费频道总量、布局和结构；负责全国付费频道业务监督管理工作。县级以上地方广播电视行政部门负责本行政区域内的付费频道业务监督管理工作。

**第五条** 从事付费频道业务活动，应当遵守宪法和有关法律、法规，坚持正确的舆论导向，弘扬先进文化，抵制腐朽文化；应当符合国家标准、行业标准和行业规范，为用户提供内容健康和价格合理的服务。

**第六条** 开展付费频道业务，应根据社会主义精神文明建设的要求，遵循社会主义市场经济规律和广播电视发展规律，按照产业方式运作，培育市场运营主体，实行成本核算、自负盈亏。

**第七条** 禁止设立中外合资、中外合作、外商独资经营付费频道开办、播出、集成、传输、接入等业务的机构。

## 第二章　付费频道开办和运营

**第八条** 开办付费频道，应经国家广播电影电视总局批准；未经批准，任何组织或个人不得擅自开办付费频道。下列机构可以单独或联合申请开办付费频道：

（一）中央、省级、省会城市、计划单列市的广播电视播出机构；

（二）经批准设立的广播影视集团（总台）；

（三）经特殊批准的其他中央广播影视机构及其他拥有节目内容资源独占优势的中央单位。

**第九条** 开办付费频道，应具备下列条件：

（一）符合国家付费频道业务发展的总体规划；

（二）有可行性研究报告、频道专业化方案和产业运营方案；

（三）有与从事付费频道业务相适应的资金、技术设备及系统、专业人员和场所；

（四）有与从事付费频道业务相适应的节目制作、审查能力和相关资源；

（五）有为用户提供长期服务的能力和信誉；

（六）有合作事项的，应当符合本办法的规定；

（七）法律法规规定的其他条件。

**第十条** 符合下列条件之一的境内机构，可以参与付费频道的合作，但不享有付费频道开办主体资格：

（一）拥有节目内容资源独占优势的国有机构；

（二）依法设立的广播影视机构；

（三）依法成立的注册资金为 1500 万元人民币以上、净资产为 3000 万元人民币以上的无境外资金背景的机构。

上述机构参与付费频道合作的，应与开办机构签订合同，按照合同约定参与收益分配，应在合同中明确规定付费频道的节目编排、审查、播出等权利由开办机构享有和行使，付费频道的品牌和其他无形资产属开办机构所有。

第十一条 符合第八条规定的中央机构申请开办付费频道的，直接报国家广播电影电视总局审批；符合第八条规定的其他机构开办付费频道的，应向当地市级以上广播电视行政部门提出申请，逐级审核同意后，报国家广播电影电视总局审批。联合开办的，申请机构各方应经所在地的市级以上广播电视行政部门逐级审查同意后，由其中一家开办机构报国家广播电影电视总局审批。

第十二条 申请开办付费频道，应在规定的期限内提出，并提交符合规定的书面材料。市级以上广播电视行政部门应当自受理之日起 20 日内作出审查决定。20 日内不能作出审查决定的，经本行政机关负责人批准，可以延长 10 日，并应当将延长期限的理由告知申请机构。

第十三条 国家广播电影电视总局对开办付费频道的申请应进行专家评审，评审期限为 30 日。

经审查，予以批准的，由国家广播电影电视总局向申请开办的机构作出批复并颁发《广播电视付费频道许可证》；不予批准的，应当书面通知申请机构，并说明理由。

《广播电视付费频道许可证》有效期为 3 年，自颁发之日起计算。有效期满需继续开办付费频道的，应于期满前 6 个月按照本办法的规定重新办理审批手续。

第十四条 开办机构应在领取《广播电视付费频道许可证》之后 180 天内开播付费频道；未开播的，由国家广播电影电视总局收回其许可证。

开办机构应按照《广播电视付费频道许可证》载明的频道开办主体、定位、节目设置范围、呼号、标识、识别号及播出区域等事项从事业务活动；如需要变更的，须经国家广播电影电视总局批准。

第十五条 付费频道终止，应按照原审批程序提前 6 个月申报，其许可证由国家广播电影电视总局收回。付费频道因特殊情况需要暂时停止运营的，应当经国家广播电影电视总局同意；未经批准，连续停止运营超过 7 天或累计停止运营超过 15 天的，视为终止。付费频道终止的，应按照有关规定和协议办理有关手续并做好善后工作。

**第十六条** 付费频道由开办付费频道的广播电视播出机构或国家广播电影电视总局批准成立的付费频道集成运营机构播出，并由集成运营机构集成。

经批准在全国范围内从事付费频道集成运营的机构，受开办机构的委托在全国范围内营销付费频道；经批准在省级行政区域内从事付费频道集成运营的机构，受开办机构的委托在本省级行政区域内营销付费频道。

付费频道集成运营机构不得擅自对付费频道的内容进行调整、变更，不得擅自集成未经批准的付费频道，不得擅自拒绝集成依法经批准的付费频道。

**第十七条** 经集成的付费频道由付费频道传输运营机构负责传送到付费频道用户接入运营机构，由付费频道用户接入运营机构负责向用户提供付费频道接入服务。

付费频道传输运营机构、用户接入运营机构不得擅自对付费频道的内容进行调整、变更，不得擅自截传、转让、扩散、存贮付费频道内容，不得擅自传输、向用户提供未经批准或不符合本办法规定的付费频道，不得擅自拒绝传输、接入依法经批准的付费频道。

**第十八条** 从事付费频道的播出、集成、传输、接入等活动，应建立安全运行保障体系，按照广播电视数字化的技术体系、标准、规范的要求，使用具有广播电视设备器材入网认定证书的设备和系统，建立相应的技术平台，经验收合格后方可投入使用。

用户接入运营机构应按规定与付费频道业务运营监管技术平台建立连接系统，未连接的，不得擅自运营。

**第十九条** 付费频道各运营机构应根据国家有关规定，对费用结算与分摊、收入与分配等内容订立合同进行约定。

## 第三章 付费频道节目要求

**第二十条** 开办机构对付费频道的节目内容负责，实行播前审查、重播重审。付费频道节目禁止载有下列内容：

（一）反对宪法确定的基本原则的；

（二）危害国家统一、主权和领土完整的；

（三）泄露国家秘密、危害国家安全或者损害国家荣誉和利益的；

（四）煽动民族仇恨、民族歧视，破坏民族团结，或者侵害民族风俗、习惯的；

（五）宣扬邪教、迷信的；

（六）扰乱社会秩序，破坏社会稳定的；

（七）宣扬淫秽、赌博、暴力或者教唆犯罪的；

（八）侮辱或诽谤他人，侵害他人合法权益的；

（九）危害社会公德或者民族优秀文化传统的；

（十）有法律、行政法规和国家规定禁止的其他内容的。

第二十一条　付费频道节目应符合专业化、对象化的要求，专业性、对象性节目的播出时间不得低于当天总播出时间的90%。

第二十二条　付费频道的新闻类或信息类节目应真实、及时、公正。非影视剧付费频道不得播出影视剧节目。

第二十三条　付费频道播出的电影、电视剧、进口动画片，应依法取得《电影片公映许可证》、《电视剧发行许可证》、《动画片发行许可证》。其他广播电视节目的播出，由付费频道自行审查。

第二十四条　付费频道播出境外的电影、电视剧及动画片的时间不得超过该频道当天总播出时间的30%，不得以任何形式转播境外广播电视节目频道或栏目。

第二十五条　付费频道不得播出除推销付费频道的广告之外的商业广告，但经批准的专门播出广告或广告信息类服务的频道除外。

第二十六条　国家广播电影电视总局在特殊情况下，可以作出停止播出、更换节目或者指定转播特定节目的决定。

第二十七条　从事付费频道的相关活动，必须符合《中华人民共和国著作权法》等法律法规的规定，保护著作权人的合法权益。

## 第四章　服务和监管

第二十八条　付费频道用户接入运营机构应建立健全用户服务质量管理制度，向社会公布所提供服务的内容、资费标准等，按照与用户签订的合同提供接入服务。

第二十九条　付费频道由用户自主选择，自愿订购，不得强制用户订购。

第三十条　用户申请付费频道接入服务的，用户接入运营机构应及时提供接入服务，保证用户能够按照公布的服务标准接收付费频道。除用户不交纳费用或其他正当理由外，用户接入运营机构不得拒绝、拖延或者擅自中断、中止向用户提供服务。

第三十一条　用户应当按照约定交纳收视费。用户接入运营机构应方便用户交费。用户要求提供收费清单的，用户接入运营机构应免费提供。

用户逾期不交纳收视费的，用户接入运营机构有权要求用户补交收视费。用户逾期不交纳收视费超过收费约定期限 10 日的，用户接入运营机构可以暂停或终止付费频道服务，并可以依法追缴欠费、违约金或滞纳金。用户补足应缴费用的，用户接入运营机构应在 24 小时内恢复暂停的付费频道服务。

第三十二条　用户申告付费频道服务障碍的，用户接入运营机构应在接到申告之时起 24 小时内排除，重大故障可在 48 小时内排除，不能按期排除的，应当及时告知用户，并免收障碍期间的收视费。但由于用户的过错造成服务障碍的除外。

第三十三条　用户接入运营机构不能正常提供付费频道接入服务的，应提前告知用户，但不可抗力等特殊情况除外。

第三十四条　用户有权向各级广播电视行政部门投诉运营机构的违规违法行为，各级广播电视行政部门应及时处理。

第三十五条　付费频道的收费标准，由付费频道集成运营机构与付费频道开办机构、付费频道用户接入运营机构等相关运营机构按照国家有关物价管理的规定，共同协商确定，并报相关物价主管部门备案。

第三十六条　国家广播电影电视总局建立中央和省级付费频道业务运营监管技术平台。中央监管技术平台由国家广播电影电视总局监测机构运行维护管理，负责采集全国付费频道业务运营数据和信息。省级监管技术平台由省级广播电视行政部门监测机构运行维护管理，负责采集本行政区域内付费频道业务运营数据和信息，并及时、完整地传送给中央监管技术平台。

第三十七条　付费频道用户接入运营机构应及时、真实地向监管技术平台传送付费频道业务的运营数据和信息。付费频道开办机构应将频道识别号加入到相应频道数字传输流的业务信息中。

第三十八条　各级广播电视行政部门及其工作人员对付费频道业务的运营数据和信息应依法履行保密义务，不得擅自公开公布。

## 第五章　罚　则

第三十九条　违反本办法规定，擅自开办付费频道或擅自从事付费频道业务的,由县级以上广播电视行政部门予以取缔,没收其从事违法活动的设备,并处投资总额1倍以上2倍以下的罚款。

**第四十条** 违反本办法规定,制作、播出含有本办法第二十条规定禁止内容的节目的,由县级以上广播电视行政部门责令停止制作、播出,收缴其节目载体,并处1万元以上5万元以下的罚款;情节严重的,由原批准机关吊销许可证;违反治安管理规定的,由公安机关依法给予治安管理处罚;构成犯罪的,依法追究刑事责任。

**第四十一条** 违反本办法规定,有下列行为之一的,由县级以上广播电视行政部门责令停止违法活动,限期整改,给予警告,没收违法所得,可以并处2万元以下的罚款;情节严重的,由原批准机关吊销许可证:

(一)付费频道合作不符合本办法规定的;

(二)未经批准,擅自变更付费频道的开办主体、定位、节目设置范围、呼号、标识、识别号及播出区域的;

(三)播出专业节目比例不符合规定的;

(四)非影视剧付费频道播出影视剧节目的;

(五)播出境外节目不符合规定的;

(六)违反本办法第二十三条规定的;

(七)违反规定播出广告的;

(八)违反本办法第十六条、第十七条、第十八条规定的;

(九)无正当理由拒绝、拖延或者擅自中断、中止向用户提供付费频道服务的;

(十)未按本办法规定履行付费频道服务故障排除义务的;

(十一)未按本办法规定向监管技术平台传送付费频道业务运营数据和信息的。

**第四十二条** 对于其他违反《广播电视管理条例》等法律法规的行为,应依照有关法律法规的规定进行处罚。

**第四十三条** 广播电视行政部门工作人员在实施监督管理工作中滥用职权、玩忽职守、徇私舞弊,构成犯罪的,由司法机关依法追究刑事责任;尚不构成犯罪的,由主管部门依法给予行政处分。

## 第六章 附 则

**第四十四条** 本办法自2003年12月1日起施行。

# 《广州市人民政府印发〈广州市有线广播电视设施保护规定〉的通知》

各区、县级市人民政府，市府直属各单位：

现将《广州市有线广播电视设施保护规定》印发给你们，请遵照执行。

**第一条** 为保护本市有线广播电视系统网络设施的安全，确保有线广播电视节目播放质量，维护有线电视用户的合法权益，根据国家有关规定，结合本市实际情况，制定本规定。

**第二条** 本规定所称的有线广播电视设施是指有线广播电视系统使用的光缆、同轴电缆、光端机设备、微波设备、放大器、分支分配器、供电器、接收天线、卫星地面接收站、钢绞线、吊线、塔、杆、接地防雷设备及附属设施，前端机房、播控机房、演播室、摄像、录像、录音转播设备及附属设施，以及涉及有线广播电视的供电、通讯和交通设备及附属设施。

**第三条** 本市行政区域内的单位和个人，均应遵守本规定。

**第四条** 广州市广播电视局是本市行政区域内市属有线广播电视设施保护的行政主管部门，负责本规定的组织实施。

公安、工商、建设、规划、城管、供电、交通等行政管理部门，按照各自职责协同实施。

**第五条** 有线广播电视设施是国家财产，受法律保护，任何单位或个人不得侵占和破坏。

**第六条** 任何单位和个人对损害、破坏、盗窃或危害有线广播电视设施的行为，都有权制止或向有关部门举报。市广播电视行政管理部门对举报的有功者将给予表扬和奖励。

**第七条** 建设单位因建设工程需要或有关单位和个人确需移动、调整、搬迁和拆除有线广播电视设施的，应先向市有线广播电视台提出书面申请，经批准同意后，方可进行，并承担拆迁费用。

**第八条** 因建设施工损坏有线广播电视设施的，要及时向市有线广播电视台或市广播电视行政管理部门报告，同时采取补救或保护措施，并应承担赔偿责任。对不报告也不采取补救或保护措施的，视同破坏有线广播电视设施行为论处。

**第九条** 市有线电视用户每月应按规定缴交用于网络维修与保护的维护管理费和用于网络建设的有线电视安装费，逾期不缴交者，每逾期 1 天，按应缴费额的 2%缴纳滞纳金，逾期 30 天仍不缴交的，可停止服务。

**第十条** 禁止下列危及有线广播电视设施的安全或损害其工作效能的行为：

（一）私自移动天线、卫星地面接收站、塔、杆、吊线、挂钩、接地防雷设备及其附属设施的；

（二）擅自拆除、切断、损毁、移动网络传输线路和有关供电设施的；

（三）擅自移动和调整光接收机、放大器、供电器的；

（四）窃取有线广播电视信号的；

（五）擅自移动、调整、安装分支分配器和用户终端盒的；

（六）向光缆、同轴电缆、光端机设备、微波设备、放大器、供电器、分支分配器、天线、卫星地面接收站及其附属设施投掷物品或射击，造成损害的；

（七）向网络传输线路、天线和卫星地面接收站及其附属设备施放干扰信号的；

（八）在距天线、卫星地面接收站、馈线等设施的 500 米范围内点火烧荒的；

（九）故意损毁、破坏用于有线广播电视播出、采访和抢修活动的通讯、交通设施的。

**第十一条** 对违反本规定第十条规定的，除承担赔偿责任外，由市广播电视行政管理部门按下列规定处罚：

（一）违反（四）、（五）项规定的，处 300 元以上，2000 元以下罚款；

（二）违反（七）、（八）、（九）项规定的，处 2000 元以上，20000 元以下的罚款；

（三）违反（一）、（二）、（三）、（六）项规定的，处 3000 元以上，30000 元以下罚款。

广播电视行政管理部门进行罚款时使用财政部门统一印制的罚款收据。罚款按规定上缴国库。

**第十二条** 当事人对广播电视行政管理部门的行政处罚决定不服的，可在收到处罚决定书之日起 15 日内，向处罚部门的上级主管部门或同级人民政府申请复议，也可直接向当地人民法院提起诉讼。当事人逾期不申请复议，不提起诉讼又不履行处罚决定的，由作出处罚决定的单位向人民法院申请执行。

**第十三条** 对盗窃、破坏有线广播电视设施或冒充收费单位向有线广播电视用户骗取钱财，以及阻挠、刁难、围攻、殴打执法人员或广播电视工作人员执行公务，需要给予治安处罚的，由公安机关依照《治安管理处罚条例》的规定予以处罚。构成犯罪的，由司法机关依法追究刑事责任。

**第十四条** 本规定自发布之日起施行。